马克思主义哲学体系研究

历史演变与基本问题（下册）

杨 耕 _编著

杨耕文集

第6卷

Research on System of Marxist Philosophy

The Evolution of History and
Basic Issues（2 volumes）

华东师范大学出版社
·上海·

下册 重建马克思主义哲学体系的基本问题

第十五章

马克思主义哲学的理论主题和理论特征

马克思并不是一个把哲学课题化、体系化的职业哲学家,而"首先是一个革命家",是一个以实现无产阶级和人类解放为毕生使命的革命家,为此,"马克思毕生都在研究资本主义这一社会形态,为了完成这一目标,他运用了辩证法和历史唯物主义进行解释,但他从来没有刻意地偏离这一宏大但仍然明确的目标,去构建一个成熟的哲学体系"①。但是,马克思又的确具有丰富而深邃的哲学思想,其基本观点之间的确存在着内在的逻辑联系和理论体系。马克思哲学体系的显著特点就在于,以无产阶级和人类解放为理论主题,以实践唯物主义、辩证唯物主义和历史唯物主义的高度统一,形而上学批判、意识形态批判和资本批判的高度统一为理论特征。然而,在苏联马克思主义和西方马克思主义中,马克思哲学的这一理论主题和理论特征被淡化甚至遗忘了。马克思主义哲学或者被归结为关于自然、社会和思维运动的一般规律的科学,或者被人本主义化,演变为一种所谓的人道主义的马克思主义哲学。人类思想史表明,任何一门学科体系、任何一种学说体系在发展过程中,除了要研究新问题外,往往还需要再回过头

---

① [美]海尔布隆纳:《马克思主义:赞成与反对》,马林梅译,东方出版社2016年版,第7页。

去重新探讨像自己的理论主题、理论特征这样一些对学科、学说的发展具有方向性、根本性的理论问题。哲学以及马克思主义哲学也是如此。

一、时代课题的哲学解答

哲学体系往往以哲学家个人的名字命名,但它并非专属哲学家个人。黑格尔说过,"就个人来说,每个人都是他那时代的产儿。哲学也是这样,它是被把握在思想中的它的时代。"① 马克思把这一观点进一步发挥为"哲学是自己时代精神的精华","人民最精致、最珍贵和看不见的精髓都集中在哲学思想里"。② 由哲学家们创造的哲学体系不管其形式如何抽象,也不管它们具有什么样的"个性",都和哲学家所处的时代密切相关。法国启蒙哲学明快泼辣的个性,德国古典哲学艰涩隐晦的特征,存在主义哲学消极悲观的情绪……离开了它们各自的时代是无法理解的。从根本上说,任何一种哲学体系的出现都和它所处的时代相联系,都是一定时代的产物。

马克思主义哲学的产生是 19 世纪中叶社会发展的必然结果。英国工业革命及其后果、法国政治革命及其后果、世界历史的形成及其意义,这三者是资产阶级进行历史性创造活动的主要成果,这些成果及其引起的规模宏伟、具有现代形式的社会矛盾,是推动马克思创立"新唯物主义"的根本原因,构成了马克思主义哲学得以产生的时代背景。

肇始于 18 世纪 60 年代的英国工业革命,到了 19 世纪 40 年代已经取得了决定性胜利,生产已经机器化、社会化;1789 年开始的法国政治大革命,到了 1830 年推翻复辟王朝时也取得了历史性胜利,资本主义制度得到了确立和巩固。英国工业革命和法国政治革命的胜利,标志着人类历史从农业文明时代转向工业文明时代,从自然经济时代转向商品经济时代,从"自然联系还占优势"的时代转向"社会、历史所创造的因素占优势"的时代,从"人的依赖关系"时代转向"以物的依赖性为基础的人的独立性"的时代,③同时,这就从封建主义时代转向资本主义时代。问题在于,资产阶级在取得巨大胜利的同时,也给自己带来了巨大的社会问题:生产社会化和生产资料私有制之间存在着无法

---

① [德] 黑格尔:《法哲学原理》,范扬等译,商务印书馆 1961 年版,第 12 页。
② 《马克思恩格斯全集》第 1 卷,人民出版社 1956 年版,第 120、121 页。
③ 《马克思恩格斯全集》第 46 卷上,人民出版社 1979 年版,第 45、104 页。

解决的矛盾,人的活动和人的世界都异化了,人的生存处在一种异化的状态中,正是在这种异化状态中,人的个性被消解了,人成为一种"单面的人"。

时代特征和内在矛盾必然在理论上反映出来。在对资本主义制度的批判中,"批判的空想的社会主义"发现所有制是"社会大厦的基石",并认为历史运动有其内在规律,资本主义必然像以往的社会制度一样走向灭亡,让位于所有人都能得到自由和全面发展的新型社会。虽然"批判的空想的社会主义"总体上属于非科学形态,但它同过去的乌托邦主义却有质的区别,它是从新的时代中产生并反映着这个时代内在矛盾的新的学说;虽然"批判的空想的社会主义"没有解决问题,但毕竟提出了问题,即人类历史向何处去和人类如何实现自身的解放。

这一问题实际上是19世纪中叶的时代课题。马克思主义哲学不是"学院派",马克思主义哲学的创立同对这一时代课题的解答是密切相关、融为一体的。正如马克思所说,"正像古代各族是在幻想中、神话中经历了自己的史前时期一样,我们德意志人是在思想中、哲学中经历自己的未来的历史的。我们是本世纪的哲学同时代人,而不是本世纪的历史同时代人。德国的哲学是德国历史在观念上的继续。因此,当我们不去批判我们现实历史的 oeuvres incomplètes〔未完成的著作〕,而来批判我们观念历史的 oeuvres posthumes〔遗著〕——哲学的时候,我们的批判恰恰接触到了本世纪所谓的 that is the question!〔问题所在!〕的那些问题的中心。在先进国家是同现代国家制度的实际脱离,在甚至还没有这种制度的德国,首先却是同这种制度的哲学反映的批判脱离"①。

在解答时代课题的过程中,马克思不仅对德国古典哲学,而且对英国古典经济学、法国复辟时代历史学和"批判的空想的社会主义"都进行过批判性的研究和哲学的反思,不仅德国古典哲学,而且英国古典政治经济学、法国复辟时代历史学和"批判的空想的社会主义"也构成马克思主义哲学的理论来源。精神生产不同于肉体的物质生产。以基因为遗传物质的人种延续是同种相生,而哲学思维则可以通过对不同学科成果的吸收、消化和再创造,形成新的哲学形态。新唯物主义无疑属于哲学,但它的理论来源却不限于哲学。正像亲缘繁殖不利于种的发育一样,一种创造性的哲学一定会突破从哲学到哲学

---

① 《马克思恩格斯全集》第1卷,人民出版社1956年版,第458页。

的局限。马克思主义哲学就是这样一种创造性的哲学,一种新唯物主义哲学。

马克思对时代课题的解答始终贯穿着哲学批判。"德国人是一个哲学民族。"①在德国,社会变革问题首先要表现为理论活动、哲学运动。"即使从历史的观点来看,理论的解放对德国也有特别实际的意义。德国的革命的过去就是理论性的,这就是宗教改革。正像当时的革命是从僧侣的头脑开始一样,现在的革命则从哲学家的头脑开始。"②马克思所走的道路就是一条典型的德国人的道路。具体地说,马克思并不是直接从现实出发去解答时代课题,而是通过对哲学的批判回归现实,从而解答时代课题的:"黑格尔法哲学批判""对黑格尔的辩证法和整个哲学的批判""对批判的批判所作的批判""对法国唯物主义的批判""对费尔巴哈、布·鲍威尔和施蒂纳所代表的现代德国哲学的批判"……这一系列的哲学批判使马克思得到了严格的理论锻炼,使他对哲学本身以及其他理论形态有了更透彻的理解,对现实的社会矛盾有了更深刻的认识,从而创立了新唯物主义哲学。反过来,新唯物主义哲学的创立又使马克思比同时代人站得更高、看得更透,以一种深沉的智慧科学地解答了时代的课题。

二、理论主题的根本转换:从"世界何以可能"转向"人类解放何以可能"

作为新唯物主义,马克思主义哲学绝不是旧唯物主义以至整个传统哲学原有理论主题的延伸和对这个主题的进一步解答。相反,马克思主义哲学实现了哲学理论主题的根本转换,即"从世界何以可能"转向"人类解放何以可能",并由此建构起了一个新的哲学空间。

要真正理解哲学理论主题的这一根本转换,首要就要弄清传统哲学的性质和特征。

"传统哲学"是相对于"现代哲学"而言的,它是指从古希腊到 19 世纪中叶这一历史阶段的哲学形态,包括古代哲学和近代哲学。追溯整个世界的本原或终极存在是传统哲学的目标,并构成了其中不同派别的共同主题。从根本上说,传统哲学就是"形而上学",即关于超验存在之本性的理论,它力图从一

---

① 《马克思恩格斯全集》第 1 卷,人民出版社 1956 年版,第 591 页。
② 《马克思恩格斯全集》第 1 卷,人民出版社 1956 年版,第 461 页。

种"初始本原"或"终极存在"中去理解和把握事物的本性以及人的本质和行为依据。

近代唯物主义一开始具有反形而上学的倾向,但最终又回归形而上学,仍在探求"万物的本性和存在的致动因"这个"第一原因和真正原理",并力图由此演绎出一切事物的本性和原因。在近代唯物主义中,那种"抽象的物质""抽象的实体"成了一切变化的主体。黑格尔把形而上学和德国唯心辩证法结合起来,又建立起一个形而上学王国,从而使形而上学在 19 世纪的德国思辨哲学中"曾有过胜利的和富有内容的复辟"[1]。问题在于,黑格尔把一切都还原为"绝对理性",而把人本身仅仅看作是这种"绝对理性"自我实现的工具,这实际上彻底剥夺了人的能动性、创造性、主体性。

这就是说,无论是在近代唯物主义,还是在近代唯心主义之中,不仅"本体"成为一种抽象的存在,人也成了一种抽象的存在,人和人的主体性失落了。因此,形而上学在德国古典哲学经历了悲壮的"复辟"之后,不仅"在理论上威信扫地",而且"在实践上已经威信扫地"[2]。马克思断言:"这种形而上学将永远屈服于现在为思辨本身的活动所完善化并和人道主义相吻合的唯物主义。"[3]完成这一时代任务的正是马克思。在马克思看来,哲学应"反对形而上学",关注"自己时代的现实世界"和人的生存状况,"把人们的全部注意力集中到自己身上"[4]。

马克思时代的现实世界,就是资本主义世界。如前所述,在资本主义这个现实世界中,生产社会化和生产资料私有制之间的矛盾导致人的活动、人的关系和人的世界都异化了,人的生存状态成为一种异化的状态。这是一个"颠倒的世界"。揭露并消除这种异化、这个"颠倒的世界"应当是"为历史服务的哲学的迫切任务"[5]。可是,西方传统哲学,包括德国古典哲学却无法完成这一"迫切任务"。这是因为,从总体上看,西方传统哲学在"寻求最高原因"的过程中把本体同人的活动分离开来,同人类面临的种种紧迫的生存问题分离开来,从而使存在成为一种抽象的存在,物质成为一种"抽象的物质",本体则是同现

---

[1]《马克思恩格斯全集》第 2 卷,人民出版社 1957 年版,第 159 页。
[2]《马克思恩格斯全集》第 2 卷,人民出版社 1957 年版,第 162、161 页。
[3]《马克思恩格斯全集》第 2 卷,人民出版社 1957 年版,第 159—160 页。
[4]《马克思恩格斯全集》第 2 卷,人民出版社 1957 年版,第 161—162 页。
[5]《马克思恩格斯全集》第 1 卷,人民出版社 1956 年版,第 453 页。

实的人及其活动无关的抽象的本体。从这种抽象的本体出发无法认识现实的人和人的现实。以形而上学为存在形态的西方传统哲学向人们展示的实际上是抽象的真与善,它似乎在给人们提供某种希望,实际上是在掩饰现实的苦难,抚慰被压迫的生灵,因而无法消除人的生存的异化状态,将现实的人带出现实的生存的困境。因此,马克思认为,随着自然科学的独立化并"给自己划定了单独的活动范围",随着社会实践的发展"把人们的全部注意力集中到自己身上",哲学应该从"天上"来到"人间",关注人的生存的异化状态的消除,关注人类解放。

但是,马克思主义哲学不是抽象的人道主义,关怀的不是抽象的人的命运。马克思发现,如果不能给工人、劳动者这些占人口绝大多数、被压迫的人们以真实的利益和自由,人类解放就是空话,甚至沦为一种欺骗。所以,马克思提出了超越"政治革命"的"彻底革命、全人类解放"的问题,并认为能够完成这一历史使命、担当"解放者"这一历史角色的,只能是无产阶级。按照马克思的观点,无产阶级本身就是一个需要解放自己的阶级,在他身上"表明人的完全丧失";同时,无产阶级又是一个"只有通过人的完全回复才能回复自己本身"的阶级,是一个只有解放全人类才能最后解放自己的阶级。在人类解放过程中,无产阶级把哲学当作自己的"精神武器",哲学把无产阶级当作自己的"物质武器",无产阶级是人类解放的"心脏",哲学就是人类解放的"头脑"。[①]"头脑"不清,就不可能确立人类解放的真实目标,不可能理解人类解放的真正内涵。

因此,联系经济学的研究和历史学的考察,从哲学上探讨人类解放的内涵、目的和途径,就成为马克思的首要工作。这一工作的成果,就是马克思主义哲学的创立。马克思主义哲学就是关于无产阶级和人类解放的学说,马克思主义哲学的创立使哲学的理论主题发生根本转换,即从"世界何以可能"转向"人类解放何以可能"。

为了解答"人类解放何以可能",马克思主义哲学必须探讨人的存在方式或生存本体,并使哲学的聚焦点从宇宙本体转向人的生存本体。

按照马克思的观点,人类历史的"第一个前提"是"有生命的个人"的存在;"有生命的个人"要存在,首先就要进行物质生产活动,生产物质生活本身。物

[①]《马克思恩格斯全集》第1卷,人民出版社1956年版,第467页。

质生产活动是人类生存的"第一个前提",是人的"第一个历史活动"。从根本上说,人是在物质生产活动中自我塑造、自我改变、自我发展的。"一当人开始生产自己的生活资料的时候……人本身就开始把自己和动物区别开来。"人是什么样的,"这同他们的生产是一致的——既和他们生产什么一致,又和他们怎样生产一致"。① 人不仅是自然存在物,而且是社会存在物。换句话说,人是自然存在物和社会存在物的统一,而这种统一恰恰是在实践活动中完成的,直接决定人的本质的社会关系也是在实践活动中生成的。人通过实践创造了自己的社会关系、社会存在。换言之,人是实践中的存在,实践构成了人的存在方式,或者说,构成了人的生存本体。

正因为实践构成了人的存在方式和生存本体,所以,人的生存状态不是凝固不变的,而是处在不断的建构和改变之中。人的生存状态的异化及其扬弃也是在实践活动中发生和完成的,"异化借以实现的手段本身就是实践的"②。在资本主义社会,劳动这种人的生命活动的异化使人与人的关系体现为物与物的关系,不是人支配物,而是物统治人,人本身的活动对人来说成为一种异己的、同他对立的力量。马克思主义哲学正是通过对资本主义私有制的批判,揭示出被物的自然属性掩蔽着的人的社会属性,揭示出被物与物的关系掩蔽着的人与人的关系,并力图付诸"革命的实践"消除人的生存的异化状态,"确立有个性的个人"。如果说无产阶级和人类解放是马克思主义哲学的理论主题,那么,"确立有个性的个人",实现人的自由而全面发展就是马克思主义哲学的最高命题。

为了解答"人类解放何以可能",马克思主义哲学必须探讨现实世界或现存世界,并使哲学的聚焦点从解释世界转向改变世界。

按照马克思的观点,"人就是人的世界",现实的人总是生存于"自己时代的现实世界"中,而现存世界是人化自然与人类社会、社会的自然与自然的社会所构成的世界。一方面,现存世界生成于人的实践活动中,实践犹如一个转换器,通过实践,社会在自然中贯注了自己的目的,使之成为社会的自然;同时,自然又进入社会,转化为社会中的一个恒定的因素,使社会成为自然的社会,现存世界中的自然与社会是在人的实践活动中融为一体的。实践活动是

---

① 《马克思恩格斯选集》第 1 卷,人民出版社 1995 年版,第 67、68 页。
② 《马克思恩格斯全集》第 42 卷,人民出版社 1979 年版,第 99 页。

现存世界得以存在的根据和基础,在现存世界的运动中具有导向作用,即人通过自己的实践活动"为天地立心",在物质实践的基础上重建世界。实践"这种活动、这种连续不断的感性劳动和创造、这种生产,正是整个现存的感性世界的基础"①。实践构成了现存世界的本体。另一方面,现存世界一经形成又反过来制约甚至决定现实的人及其活动。现存世界的状况如何,现实的人的状态就如何,要改变资本主义社会中的人及其异化状态,首先就要改变资本主义社会。因此,"对实践的唯物主义者即共产主义者来说,全部问题都在于使现存世界革命化,实际地反对并改变现存的事物"②。正是在这个意义上,马克思认为,哲学家们只是用不同的方式解释世界,而问题在于改变世界。

"环境的改变和人的活动或自我改变的一致,只能被看做是并合理地理解为革命的实践。"③在马克思主义哲学中,实践不仅是人的生存的本体,而且是现存世界的本体,是改变现存世界、消除人的异化的现实途径,是确立"有个性的个人"这一人的生存和发展终极状态的现实途径。这样,马克思主义哲学就实现了对人的现实关怀和终极关怀的统一。这是一种双重关怀,是全部哲学史上对人的生存和价值的最激动人心的关怀。

人类解放的问题不是一个科学问题,也不仅仅是一个"人学"问题,实际上,它是一个如何看待和处理人与自然和人与社会的关系,即人与世界的关系问题,是一个世界观问题。反过来说,马克思主义哲学是从人与自然和人与社会的双重关系中去把握人本身,从世界观的视角解答"人类解放何以可能"的。

按照马克思的观点,"有生命的个人"总是在人与自然和人与社会的双重关系中存在的。"生命的生产,无论是通过劳动而达到的自己生命的生产,或是通过生育而达到的他人生命的生产,就立即表现为双重关系:一方面是自然关系,另一方面是社会关系"④。人与自然的关系制约着人与人的关系,人与人的关系又制约着人与自然的关系。更重要的是,"实物是为人的存在,是人的实物存在,同时也就是人为他人的定在,是他对他人的人的关系,是人对人的社会关系"⑤。这就是说,在现存世界中,"实物"存在实际上是人的存在,"实

---

① 《马克思恩格斯选集》第1卷,人民出版社1995年版,第77页。
② 《马克思恩格斯选集》第1卷,人民出版社1995年版,第75页。
③ 《马克思恩格斯选集》第1卷,人民出版社1995年版,第55页。
④ 《马克思恩格斯选集》第1卷,人民出版社1995年版,第80页。
⑤ 《马克思恩格斯全集》第2卷,人民出版社1957年版,第52页。

物"与"实物"关系的背后是人与人的关系,或者说,"实物"不仅体现着人与自然的关系,而且体现着人与人的关系。马克思主义哲学划时代的贡献就在于,它从"实物"存在的背后发现了人的存在,从物与物关系的背后发现了"人对人的社会关系"以及人与自然的关系,并从人与社会和人与自然的双重关系中追溯出人的实践活动的意义。

从根本上说,实践就是人以自身的活动引起、调整和控制人与自然之间物质变换的过程;为了实现人与自然之间的物质变换,人与人之间必须进行活动互换,并必然结成一定的社会关系。人与自然的关系和人与人的关系都生成于实践活动中,人的实践活动自始至终包含并展现为人与自然和人与人的关系。正是由于认识到实践活动是人与自然关系和人与人关系的基础,所以,马克思主义哲学力图通过对资本主义私有制条件下人对物占有关系的改变来改变人与人的关系,从而"把人的世界和人的关系还给人自己"①,实现无产阶级和人类解放。

实现无产阶级和人类解放,实现每个人的全面而自由的发展,让马克思一生魂牵梦萦,从精神上和方向上决定了马克思一生的理论活动。在《1844年经济学哲学手稿》中,马克思提出,共产主义就是私有财产,即人的自我异化的积极扬弃,是通过人并且为了人而对人的本质的真正占有,或者说,人以一种"全面的方式",作为一个"完整的人",占有自己的"全面的本质"。在《德意志意识形态》中,马克思提出,要消除"个人力量转化为物的力量"、人本身的活动对人来说成为一种异己的力量的现象,从而确立"有个性的个人",使"各个人在自己的联合中并通过这种联合获得自己的自由"。在《共产党宣言》中,马克思又提出,共产主义社会将是一个"联合体",在那里,每个人的自由发展是一切人的自由发展的条件。在《资本论》中,马克思再次重申,共产主义社会就是要确立人的"自由个性",实现每个人的全面而自由的发展。可以看出,无论是所谓的"不成熟"时期,还是所谓的"成熟"时期,马克思关注的都是消除人的生存的异化状况,实现人类解放。无产阶级和人类解放构成了马克思主义哲学的理论主题。

马克思主义哲学所实现的哲学理论主题的转换是与对哲学研究对象的变革一起完成的。

---

① 《马克思恩格斯全集》第1卷,人民出版社1956年版,第443页。

从历史上看,不同时代的哲学以至同一时代的不同哲学派别,都有自己特殊的研究对象。费希特指出:"我们想把每种哲学提出来解释经验的那个根据称为这种哲学的对象,因为这个对象似乎只是通过并为着这个哲学而存在的。"①这一观点颇有见地。纵览哲学史可以看出,每一种哲学用以解释世界并构造其理论体系的依据,就是这种哲学的对象。费尔巴哈哲学力图以"现实的人"为基本原则来解释世界并构造体系,因而"将人连同作为人的基础的自然当作哲学唯一的,普遍的,最高的对象"②。黑格尔哲学以抽象化的人类理性——绝对理性为依据来解释世界并构造体系,实际上就是以人类理性为研究对象。所以,黑格尔认为,"哲学是探究理性东西的"③。正是按照这种认识,黑格尔建立了一种"科学之科学"的哲学体系。

当马克思把哲学的理论主题从"世界何以可能"转向人类解放时,他就同时把人类实践活动以及人与世界的关系作为新唯物主义哲学的研究对象。如前所述,人类实践活动是现存世界和人本身得以存在的基础,内蕴着人与自然、人与人之间的矛盾。在马克思看来,共产主义就是"人和自然之间、人和人之间的矛盾的真正解决"④。作为"共产主义的唯物主义",马克思主义哲学极为关注人的实践活动及其所包含并展现出来的人与自然和人与社会的关系,即人与世界的关系,并把哲学的对象规定为人类实践活动以及人与世界的关系,把哲学的任务规定为解答实践活动中的人与自然、人与社会、主体与客体、主观与客观的关系问题,从而为无产阶级和人类解放提供科学的世界观和方法论。马克思主义哲学就是为改变现存世界的实践活动而创立的,实践的内容就是它的理论内容。实际上,马克思主义哲学本身就是对人类实践活动中各种矛盾关系的一种理论反思,"是描述人们实践活动和实际发展过程的真正实证科学"⑤。这样,马克思主义哲学便找到了哲学与改变世界的直接结合点。

作为现代唯物主义,马克思主义哲学所实现的哲学对象的变革,是与现代科学的发展一致的。"一旦对每一门科学都提出要求,要它们弄清它们自己在事物以及关于事物的知识的总联系中的地位,关于总联系的任何特殊科学就

---

① 北京大学哲学系编译:《十八世纪末—十九世纪初德国哲学》,商务印书馆 1975 年版,第 187 页。
② 《费尔巴哈哲学著作选集》上卷,荣震华等译,商务印书馆 1984 年版,第 184 页。
③ [德]黑格尔:《法哲学原理》,范扬等译,商务印书馆 1961 年版,第 10 页。
④ 《马克思恩格斯全集》第 42 卷,人民出版社 1979 年版,第 120 页。
⑤ 《马克思恩格斯选集》第 1 卷,人民出版社 1995 年版,第 73 页。

是多余的了。"随着现代科学的产生,"在以往的全部哲学中还仍然独立存在的,就只有关于思维及其规律的学说——形式逻辑和辩证法。其他一切都归到关于自然和历史的实证科学中去了"①。到了20世纪,对思维本身的研究也从哲学中分化出去了,成为一门独立的学科。现代科学和哲学本身的发展表明:企图在科学之上再建构一种关于整个世界"普遍联系"的世界观的确是"多余"的,其实质只能是"形而上学"在现代条件下的"复辟"。

马克思主义哲学关注的不是所谓的世界的终极存在,而是"对象、现实、感性"何以成为这样的存在,人的存在何以异化为这样的状态。传统哲学以一种抽象的、超时空的方式去理解和把握存在,而马克思主义哲学从实践出发去理解和把握人的存在,从人的存在,即社会存在出发去解读存在的意义。马克思主义哲学对本体论的这一变革是与对形而上学的批判、意识形态批判与资本批判密切相关、融为一体的。

三、"拒斥形而上学":马克思主义哲学的基本原则

如前所述,作为传统的哲学形态,形而上学是关于"存在的存在"或超验存在之本性的理论,它力图从一种永恒不变的"终极存在"或"初始本原"出发去理解和把握事物的本性以及人的本性和行为依据。马克思从一开始就"反对一切形而上学"。马克思主义哲学的创立之所以在哲学史上造成了革命性变革,就在于它使哲学的主题从"世界何以可能"转向"人类解放何以可能",从"宇宙的终极存在"转向人的现实存在。"反对"或"拒斥"形而上学同样是马克思主义哲学的基本原则。重建马克思主义哲学体系必须"拒斥形而上学"。

从起源上看,形而上学形成于亚里士多德的《形而上学》。按照亚里士多德的观点,"形而上学"就是"第一哲学",即关于存在之存在的学说,或者说是研究超感觉的、经验以外对象的学说。换言之,形而上学所追求的是一切实在对象背后的那种"终极存在"。正是在这个意义上,亚里士多德认为,哲学以"寻求最高原因的基本原理"为宗旨,因而是一切智慧中的"最高的智慧"。

在《形而上学》中,亚里士多德对形而上学这种哲学形态的研究对象、内容范围、概念术语都作了完整的论述,从而开创了理论形态的哲学。这无疑具有

---

① 《马克思恩格斯选集》第3卷,人民出版社1995年版,第364页。

积极意义。然而,亚里士多德之后,哲学家们不仅把形而上学中的存在日益引向脱离现实事物、脱离现实的人的存在,成为一种完全抽象化的本体,而且使形而上学中的存在逐渐成为一种君临人与世界之上的神秘的主宰力量。"形而上学"因此在中世纪与宗教神学"同流合污"了,失去了自身的积极意义。正因为如此,近代唯物主义一开始就反对形而上学。

近代英国唯物主义一开始就具有反形而上学的倾向。培根既是近代英国唯物主义的创始人,又是现代实验科学的创始人。在培根那里,唯物史"还在朴素的形式下包含着全面发展的萌芽。物质带着诗意的感性光辉对人的全身心发出微笑"①。然而,近代英国唯物主义发展到霍布斯那里,变得"片面了",变得"敌视人"了,一种"抽象的感性""抽象的实体"成了本体。具体地说,霍布斯在把培根的唯物主义"系统化"的同时,又把"感性"变成了"几何学家的抽象的感性",把"实体"变成了"抽象的实体",并认为"物质是一切变化的主体","人和自然都服从于同样的规律","人的一切情欲都是正在结束或正在开始的机械运动"②。正因为如此,马克思认为,到霍布斯那里,唯物主义"变得片面了","变得敌视人了"。③ 这就是说,近代英国唯物主义一开始就具有反形而上学的倾向,但最终又复归形而上学。

近代法国唯物主义一开始就明确反对形而上学。正如马克思所说,"18世纪的法国启蒙运动,特别是法国唯物主义,不仅是反对现存政治制度的斗争,同时是反对现存宗教和神学的斗争,而且还是反对17世纪的形而上学和反对一切形而上学,特别是反对笛卡儿、马勒伯朗士、斯宾诺莎和莱布尼茨的形而上学的公开而鲜明的斗争"④。

法国唯物主义之所以反对形而上学,归根到底是由"当时法国生活的实践性质"决定的。具体地说,在18世纪,自然科学已经独立化,从形而上学中分化出去了,即"实证科学脱离了形而上学,给自己划定了单独的活动范围"⑤;同时,在18世纪,随着反封建、反宗教斗争的发展,人本身再次觉醒,开始注意自己了。用马克思的话来说就是,"当时法国生活的实践性质"必然促使哲学

---

① 《马克思恩格斯全集》第2卷,人民出版社1957年版,第163页。
② 《马克思恩格斯全集》第2卷,人民出版社1957年版,第164页。
③ 《马克思恩格斯全集》第2卷,人民出版社1957年版,第163、164页。
④ 《马克思恩格斯全集》第2卷,人民出版社1957年版,第159页。
⑤ 《马克思恩格斯全集》第2卷,人民出版社1957年版,第161页。

"趋向于直接的现实,趋向于尘世的享乐和尘世的利益,趋向于尘世的世界"①,从而把全部注意力集中到人身上。

问题在于,形而上学所忽视的恰恰是人本身。马克思由此认为,在18世纪,"形而上学的全部财富只剩下想象的本质和神灵的事物了。形而上学变得枯燥乏味了"②。因此,无论是在实践上,还是在理论上,形而上学都已"威信扫地"。而此时,牛顿经典力学已获得了巨大的成功。经过伏尔泰的系统介绍,牛顿的科学思想和哲学观念在法国已经享有隆名盛誉,它造就的一种强烈的科学主义情绪刺激着相当一部分科学家、哲学家反对"形而上学"。

首先在理论上反对形而上学、并使其"在理论上威信扫地"的是培尔。"对宗教的怀疑引起了培尔对作为这种信仰的支柱的形而上学的怀疑"。于是,培尔从笛卡儿的怀疑论出发去批判形而上学,而笛卡儿哲学本身就是一种形而上学。所以,马克思认为,培尔批判"形而上学"的"武器是用形而上学本身的符咒铸成的怀疑论"③。这种批判可谓以毒攻毒。

接着是孔狄亚克"用洛克的感觉论去反对17世纪的形而上学"④,并集中批判了其中最具代表性的笛卡儿、斯宾诺莎、莱布尼茨和马勒伯朗士的"形而上学"。孔狄亚克从两个方面批判了"形而上学":一是依据洛克的唯物主义经验论,以感觉为出发点,围绕经验而展开认识论探讨,力图根据任何人都不能否认的事实进行推理;二是依据牛顿经典力学,以观察为基础,力图以牛顿力学倡导的自然科学的精确性来把握人类认识活动及其基本原则。对形而上学的批判,对唯物主义经验论的探讨,使孔狄亚克得出一个明确的结论:形而上学不是科学,并"证明法国人完全有权把这种形而上学当作幻想和神学的偏见的不成功的结果而予以抛弃"⑤。

孔狄亚克及其后继者对"形而上学"展开了猛烈的攻势,充分展示了法国唯物主义的理论风采,并在哲学史上留下了浓墨重彩的一章。然而,在这个理论批判和哲学探讨的过程中,孔狄亚克又把经验主义推向极端,人的认识仅仅成了被动接受信息的机械运动,只是在狭窄的经验范围内进行安排感觉材料

---

① 《马克思恩格斯全集》第 2 卷,人民出版社 1957 年版,第 161 页。
② 《马克思恩格斯全集》第 2 卷,人民出版社 1957 年版,第 162 页。
③ 《马克思恩格斯全集》第 2 卷,人民出版社 1957 年版,第 162 页。
④ 《马克思恩格斯全集》第 2 卷,人民出版社 1957 年版,第 165 页。
⑤ 《马克思恩格斯全集》第 2 卷,人民出版社 1957 年版,第 165 页。

的活动,人及其认识的能动性、创造性、主体性统统不见了。实际上,这是整个法国唯物主义的缺陷。这就势必导致认识论研究的转向,即探讨认识主体的能动性,并突出自我意识的作用。执行、完成这一"转向"任务并因此声名显赫的是康德和黑格尔,而且黑格尔又建立起一个庞大的、包罗万象的形而上学王国。

这表明,从培尔、孔狄亚克以至整个法国启蒙哲学到康德以至整个德国古典哲学的发展,从形而上学的衰败到形而上学的再度兴起,是历史和逻辑的必然。换言之,法国唯物主义举起了反对形而上学的大旗,但它并未完成反对形而上学的任务,或者说,没有从根本上摧毁形而上学。所以,形而上学后来在19世纪的德国又重新登上了哲学的王座。正如马克思所说,"黑格尔天才地把17世纪的形而上学同后来的一切形而上学及德国唯心主义结合起来并建立了一个形而上学的包罗万象的王国",从而使"形而上学""在德国哲学中,特别是在19世纪的德国思辨哲学中,曾有过胜利的和富有内容的复辟"①。

形而上学的这次"复辟"之所以是"胜利的复辟",是因为黑格尔在自己的形而上学体系中"以最宏伟的方式概括了哲学的全部发展",并产生了巨大的影响。正如恩格斯所说,"这是一次胜利进军,它延续了几十年,而且决没有随着黑格尔的逝世而停止。相反,正是从1830年到1840年,'黑格尔主义'取得了独占的统治"②。

形而上学的这次复辟之所以是"富有内容的复辟",是因为黑格尔使"形而上学"与概念辩证法融为一体了,整个世界被描述为处在不断运动、变化和发展的过程之中,而且黑格尔的辩证法力图揭示这种运动和发展的内在联系,从而不自觉地"给我们指出了一条走出这些体系的迷宫而达到真正地切实地认识世界的道路"③。

然而,在黑格尔的概念辩证法中,人仅仅是"绝对理性"自我实现的工具,只不过是一种"活的工具"。因此,尽管黑格尔认为"绝对理性"和"人类热情"交织成为世界历史的"经纬线",尽管黑格尔认为人的存在就是他的活动,但由于黑格尔仅仅把人看作是"绝对理性"自我实现的工具,因而他只是在形式上肯定了人的能动性,实际上彻底地剥夺了人的能动性以至主体性。"绝对理

---

① 《马克思恩格斯全集》第2卷,人民出版社1957年版,第159页。
② 《马克思恩格斯选集》第4卷,人民出版社1995年版,第220页。
③ 《马克思恩格斯选集》第4卷,人民出版社1995年版,第220页。

性"不仅成为实体,而且成为主体,成为脱离了现实的人和现实事物的绝对本体。这就是说,在黑格尔的形而上学体系中,不仅本体成为一种抽象的存在,人也成为一种抽象的存在,人和人的主体性失落了。因此,到了19世纪中叶,西方哲学再次掀起反"形而上学"的浪潮。"对思辨的形而上学和一切形而上学的进攻,就像在18世纪那样,又跟对神学的进攻再次配合起来。"①

首先是费尔巴哈。"费尔巴哈把形而上学的绝对精神归结为'以自然为基础的现实的人',从而完成了对宗教的批判。同时也巧妙地拟定了对黑格尔的思辨以及一切形而上学的批判的基本要点。"②与霍布斯的机械唯物主义把物质看作是一切变化主体,认为"人的一切情欲都是正在结束或正在开始的机械运动"不同,费尔巴哈的人本唯物主义把人看作思维与存在相统一的基础,并力图以现实的人为基本原则来解释世界并构造"新哲学"体系。"费尔巴哈比'纯粹的唯物主义'有很大的优点:他承认人也是'感性对象'。"③但是,由于费尔巴哈仅仅把人看作"感性对象",而不是"感性活动",所以,他不理解实践才是人的存在方式,是社会生活的本质和感性世界的基础。因此,费尔巴哈最终得到的仍是抽象的人、抽象的自然,最终仍陷入形而上学。

接着是孔德和马克思。如果说费尔巴哈"巧妙地"拟定了批判形而上学的"基本要点",那么,孔德和马克思则从根本上摧毁了形而上学。在哲学史上,马克思和孔德同时举起"拒斥形而上学"的旗帜。马克思甚至认为,他所创立的现代唯物主义才是"真正的实证科学"④。在时代性上,马克思的"拒斥形而上学"与孔德的"拒斥形而上学"具有一致性,这是现代科学对传统哲学的批判;在指向性上,马克思的"拒斥形而上学"与孔德的"拒斥形而上学"具有本质的不同。具体地说,孔德从自然科学的可证实原则出发批判形而上学,并把哲学局限在经验、知识以及可证实的范围内;马克思则从人的实践活动出发批判形而上学,并认为"拒斥形而上学"之后,哲学应关注人的生存的异化状态的消除,关注人的发展和人的解放。马克思不仅反对"思辨的形而上学",而且"反对一切形而上学";不仅肯定了"否定神学和一切形而上学"的哲学运动,而且

---

① 《马克思恩格斯全集》第2卷,人民出版社1957年版,第159页。
② 《马克思恩格斯全集》第2卷,人民出版社1957年版,第177页。
③ 《马克思恩格斯选集》第1卷,人民出版社1995年版,第77页。
④ 《马克思恩格斯选集》第1卷,人民出版社1995年版,第73页。

认为"需要有肯定的、反形而上学的体系"①。正因为如此,马克思提出,要创建一种"为思辨本身的活动所完善化并和人道主义相吻合的唯物主义"②。

从本质上看,这种"为思辨本身的活动所完善化并和人道主义相吻合的唯物主义",就是批判继承了黑格尔的唯心主义辩证法并高扬人的主体性的"新唯物主义",即马克思主义哲学。与旧唯物主义不同,新唯物主义关注的不是脱离了现实的人及其活动的所谓的世界的"终极存在",而是"对象、现实、感性"何以成为这样的存在;不是仅仅以客体的或直观的形式去理解"对象、现实、感性",而是从实践出发,从主体的方面去理解"对象、现实、感性",从而理解并把握人的生存的本体和现存世界的本体,探寻并发现消除人的异化和实现人类解放的现实途径,以实现对人的终极关怀和现实关怀的双重关怀。这表明,"拒斥形而上学"同样是马克思主义哲学的基本原则。实际上,马克思主义哲学不仅"拒斥形而上学",而且终结了形而上学。"形而上学就是柏拉图主义。尼采把他自己的哲学标示为颠倒了的柏拉图主义。随着这一已经由卡尔·马克思完成了的对形而上学的颠倒,哲学达到了最极端的可能性。哲学进入其终结阶段了。"③海德格尔的这一评价公正且深刻。

四、形而上学批判、意识形态批判和资本批判的高度统一

"形而上学就是一种超出存在者之外的追问,以求回过头来获得对存在者之为存在者以及存在者整体的理解。"④"形而上学是包含人类认识所把握的东西之最基本根据的科学。"⑤海德格尔的这一见解正确而深刻。形而上学形成之初,研究的就是"存在的存在",力图把握的就是"最基本根据"和"不动变的本体"。这就是说,形而上学一开始就与本体论密切相关,或者说,作为"论述各种有的抽象、完全普遍的哲学范畴",本体论"是抽象的形而上学"⑥。

从历史上看,形而上学在对世界终极存在的探究中确立一种严格的逻辑

---

① 《马克思恩格斯全集》第 2 卷,人民出版社 1957 年版,第 159、162 页。
② 《马克思恩格斯全集》第 2 卷,人民出版社 1957 年版,第 159—160 页。
③ [德]海德格尔:《面向思的事情》,陈小文等译,商务印书馆 1996 年版,第 70 页。
④ [德]海德格尔:《路标》,孙周兴译,商务印书馆 2001 年版,第 137 页。
⑤ 孙周兴选编:《海德格尔选集》上卷,上海三联书店 1996 年版,第 84 页。
⑥ [德]黑格尔:《哲学史讲演录》第 4 卷,贺麟等译,商务印书馆 1978 年版,第 189 页。

规则,即从公理、定理出发,按照推理规则得出必然结论。这无疑具有积极意义,标志着作为理论形态的哲学的形成。然而,哲学家们又把形而上学中的存在日益引向脱离了现实的人及其活动的存在,成为一种抽象的存在。无论是近代唯心主义哲学中的"绝对理念",还是近代唯物主义哲学中的"抽象物质",从根本上说都是一种与现实的人和现实的社会无关的抽象本体。因此,马克思明确提出"反对一切形而上学"①,并认为哲学应趋向现存世界和人的存在,对人的异化了的生存状态给予深刻批判,对人的解放和全面发展给予深切关注,从而成为无产阶级的"精神武器"和人类解放的"头脑"。

这样,马克思便"颠倒"了形而上学,使哲学从抽象的宇宙本体转向现存世界的本体和人的生存的本体。换言之,马克思主义哲学对本体论的变革与重建,是同对形而上学的批判密切相关、融为一体的。

马克思对形而上学的批判没有停留在"纯粹哲学"的层面上,而是将这种批判同意识形态批判结合起来了。在马克思那里,形而上学批判与意识形态批判同样是密切相关、融为一体的。

按照马克思的观点,就意识形态表现为自在的存在、"独立性的外观"而言,它是虚假的;就意识形态与现实社会生活的必然关联而言,它又是真实的。在资本主义社会,形而上学就是资产阶级的意识形态,或者说,是以意识形态的方式发挥其政治功能,从而为统治阶级政治统治辩护和服务的。因此,"彼岸世界的真理消逝以后,历史的任务就是确立此岸世界的真理。人的自我异化的神圣形象被揭穿以后,揭露非神圣形象中的自我异化,就成了为历史服务的哲学的迫切任务。于是对天国的批判就变成对尘世的批判,对宗教的批判就变成对法的批判,对神学的批判就变成对政治的批判"②。

形而上学之所以成为资产阶级意识形态,是因为形而上学中的抽象存在与资本主义社会中"抽象统治"具有同一性。"个人现在受抽象统治,而他们以前是互相依赖的。但是,抽象或观念,无非是那些统治个人的物质关系的理论表现。"③"统治阶级的思想在每一时代都是占统治地位的思想。这就是说,一个阶级是社会上占统治地位的物质力量,同时也是社会上占统治地位的精神力量。支配着物质生产资料的阶级,同时也支配着精神生产资料……占统治

---

① 《马克思恩格斯全集》第2卷,人民出版社1957年版,第159页。
② 《马克思恩格斯全集》第1卷,人民出版社1956年版,第453页。
③ 《马克思恩格斯全集》第46卷上,人民出版社1979年版,第111页。

地位的思想不过是占统治地位的物质关系在观念上的表现,不过是以思想的形式表现出来的占统治地位的物质关系;因而,这就是那些使某一个阶级成为统治阶级的关系在观念上的表现,因而这也就是这个阶级的统治的思想。"[1]

这表明,现实社会中抽象关系的统治与形而上学中抽象存在的统治具有必然关联性及其同一性。用阿多诺的话来说就是,形而上学的同一性原则与现实社会生活中的同一性原则不仅对应,而且同源,正是在商品交换中,同一性原则获得了它的社会形式,离开了同一性原则,这种社会形式便不能存在。所以,形而上学的同一性就是资产阶级意识形态,或者说,形而上学的同一性以意识形态的方式在资本主义社会发挥其政治功能。

"哲学只有通过作用于现存的一整套矛盾着的意识形态之上,并通过它们作用于全部社会实践及其取向之上,作用于阶级斗争及其历史能动性的背景之上,才能获得自我满足。"[2]哲学总是以抽象的概念体系反映着特定的社会关系,体现着特定阶级的利益和价值诉求。哲学既是知识体系,又是意识形态;追求的既是真理,又是某种信念。马克思自觉地意识到这一点,所以,在马克思那里,形而上学批判进行到一定程度必然展开意识形态批判。在这种双重批判中建立起来的马克思主义哲学,不仅是客观认知某种规律的知识体系,更重要的,是批判资本主义的意识形态。我们不能从西方传统哲学、"学院哲学"的视角去理解马克思主义哲学,而应从形而上学批判与意识形态批判双重批判的视野,从无产阶级和人类解放这一新的实践出发去理解马克思主义哲学。"他留给马克思主义哲学家的任务就是去创造新的哲学干预的形式,以加速资产阶级意识形态领导权的终结。"[3]

马克思的形而上学批判、意识形态批判又是与资本批判密切相关、融为一体的。

在马克思看来,无论是对形而上学的批判,还是对意识形态的批判,都应延伸到对现实生活过程的批判。这是因为,"意识[das Bewuβtsein]在任何时候都只能是被意识到了的存在[das bewuβte Sein],而人们的存在就是他们的现实生活过程。如果在全部意识形态中,人们和他们的关系就像在照相机中一样是倒立成像的,那么这种现象也是从人们生活的历史过程中产生的,正如

---

[1] 《马克思恩格斯选集》第1卷,人民出版社1995年版,第98页。
[2] 陈越编译:《哲学与政治:阿尔都塞读本》,吉林人民出版社2003年版,第238页。
[3] 陈越编译:《哲学与政治:阿尔都塞读本》,吉林人民出版社2003年版,第248页。

物体在视网膜上的倒影是直接从人们生活的生理过程中产生的一样"①。在马克思的时代,对现实生活过程的批判首先就是对资本主义生产方式的批判,即资本批判。这是其一。

其二,历史已经过去,在认识历史的活动中,认识主体无法直接面对认识客体;同时,历史中的各种关系又以"遗物""残片""萎缩"或"发展"的形式存在于现实社会中。所以,认识历史应该也只能"从事后开始",即"从发展过程的完成的结果开始"。② 在马克思的时代,这种"发展过程的完成的结果"就是资本主义社会。"资产阶级社会是历史上最发达的和最多样性的生产组织。因此,那些表现它的各种关系的范畴以及对于它的结构的理解,同时也能使我们透视一切已经覆灭的社会形式的结构和生产关系。"③因此,要真正认识历史,把握人类历史运动的一般规律,就必须对资本主义的生产方式进行批判,即对资本展开批判。"基督教只有在它的自我批判在一定程度上,可说是在可能范围内准备好时,才有助于对早期神话作客观的理解。同样,资产阶级经济只有在资产阶级社会的自我批判已经开始时,才能理解封建的、古代的和东方的经济。"④

按照马克思的观点,"资本不是物,而是一定的、社会的、属于一定历史社会形态的生产关系,它体现在一个物上,并赋予这个物以特有的社会性质"⑤。这就是说,资本不是物本身,但又是通过物并在物中而存在的。同时,作为一种特定的社会生产关系,资本赋予物以特有的社会性质。在资本主义社会,资本是最基本和最高的社会存在物,它自在自为地运动着,创造了一个不同于传统社会的现代社会:"在土地所有制处于支配地位的一切社会形式中,自然联系还占优势。在资本处于支配地位的社会形式中,社会、历史所创造的因素占优势。""如果说以资本为基础的生产,一方面创造出一个普遍的劳动体系,——即剩余劳动,创造价值的劳动,——那么,另一方面也创造出一个普遍利用自然属性和人的属性的体系,创造出一个普遍有用性的体系,甚至科学也同人的一切物质的和精神的属性一样,表现为这个普遍有用性体系的体现者,

---

① 《马克思恩格斯选集》第 1 卷,人民出版社 1995 年版,第 72 页。
② 《马克思恩格斯全集》第 23 卷,人民出版社 1972 年版,第 92 页。
③ 《马克思恩格斯全集》第 46 卷上,人民出版社 1979 年版,第 43 页。
④ 《马克思恩格斯全集》第 46 卷上,人民出版社 1979 年版,第 44 页。
⑤ 《马克思恩格斯全集》第 25 卷下,人民出版社 1974 年版,第 920 页。

而再也没有什么东西在这个社会生产和交换的范围之外表现为自在的更高的东西,表现为自为的合理的东西。因此,只有资本才创造出资产阶级社会,并创造出社会成员对自然界和社会联系本身的普遍占有。由此产生了资本的伟大的文明作用;它创造了这样一个社会阶段,与这个社会阶段相比,以前的一切社会阶段都只表现为人类的地方性发展和对自然的崇拜。只有在资本主义制度下自然界才不过是人的对象,不过是有用物;它不再被认为是自为的力量;而对自然界的独立规律的理论认识本身不过表现为狡猾,其目的是使自然界(不管是作为消费品,还是作为生产资料)服从人的需要。资本按照自己的这种趋势,既要克服民族界限和民族偏见,又要克服把自然神化的现象,克服流传下来的、在一定界限内闭关自守地满足于现有需要和重复旧生活方式的状况。资本破坏这一切并使之不断革命化,摧毁一切阻碍发展生产力、扩大需要、使生产多样化、利用和交换自然力量和精神力量的限制。"①可见,在资本主义社会,资本具有支配一切的权利。

资本不仅是物与物之间的关系,而且是人与物和人与人之间一种内在的关系,更重要的是,人与人的关系"采取了一种物的形式,以致人和人在他们的劳动中的关系倒表现为物与物彼此之间的和物与人的关系"②。资本是一个不断自我建构和自我扩张的自组织过程,在这个过程中,资本不仅改变了人与自然的关系,而且改变了人与人的关系,资本家不过是资本的人格化,而雇佣工人只是资本自我增值的工具;资本不仅改变了与人相关的自然界的存在属性,而且改变了人类社会的存在形态,创造了"社会因素占优势"的资本主义社会。"这种有机体制本身作为一个总体有自己的各种前提,而它向总体的发展过程就在于:使社会的一切要素从属于自己,或者把自己还缺乏的器官从社会中创造出来。"③这就是说,正是资本使资本主义社会总体化了。由此可见,资本本身就是一种独特的社会存在,就是现代社会的根本规定、存在形式和建构原则,构成了资本主义社会的基本建制。

因此,马克思以商品为起点范畴,以资本为核心范畴展开的对资本主义社会的批判,本质上是一种存在论意义上的批判。换言之,马克思主义哲学对本体论的重建、对形而上学的批判是通过资本批判实现的。正是在这种批判过

---

① 《马克思恩格斯全集》第46卷上,人民出版社1979年版,第45、392—393页。
② 《马克思恩格斯全集》第13卷,人民出版社1962年版,第23页。
③ 《马克思恩格斯全集》第46卷上,人民出版社1979年版,第235—236页。

程中,马克思主义哲学扬弃了抽象的存在,发现了现实的社会存在,发现了资本主义社会存在的秘密,并由此"透视出一切已经覆灭的社会形式的结构";发现了人与人的关系以物化方式而存在的秘密,并透视出人的自我异化的逻辑,从而把本体论与人间的苦难和幸福结合起来了,开辟了从本体论认识现实的道路,使无产阶级和人类解放得到了本体论证明。

这表明,马克思的资本批判理论不仅具有重大的经济学意义,而且具有重大的哲学意义。同时,马克思的资本批判不仅存在着哲学的维度,而且意味着"政治经济学理论的严格表述所不可缺少的理论(哲学)概念的产生"①。我们既不能从西方传统哲学、"学院哲学"的视角去认识马克思的资本批判,也不能从西方传统经济学、"学院经济学"的视角去认识马克思的资本批判。实际上,马克思的资本批判已经超出了经济学的边界,越过了政治学的领土,而到达了哲学的"首府"——存在论或本体论。马克思的哲学的意义只有在同马克思的资本批判的关联中才能显示出来;反之,马克思的资本批判只有在马克思的哲学这一更大的概念背景下才能得到真正理解,只有在无产阶级和人类解放这一更大的意识形态背景下才能得到真正理解。"就这种批判代表一个阶级而论,它能代表的只是这样一个阶级,这个阶级的历史使命是推翻资本主义生产方式和最后消灭阶级。这个阶级就是无产阶级。"②形而上学批判、意识形态批判和资本批判融为一体,这是马克思独特的思维方式,是马克思主义哲学独特的存在方式。

"文明的一切进步,或者换句话说,社会生产力(也可以说劳动本身的生产力)的任何增长,——例如科学、发明、劳动的分工和结合、交通工具的改善、世界市场的开辟、机器等等,——都不会使工人致富,而只会使资本致富,也就是只会使支配劳动的权力更加增大,只会使资本的生产力增长。因为资本是工人的对立面,所以文明的进步只会增大支配劳动的客观权力。"③当代的世界市场体系、国际政治结构和主流意识形态,都证明了马克思这一观点的真理性及其深刻性、超前性,并表明我们仍处在资本支配一切的时代。在当代,无论是对科学技术、价值观念和政治制度的分析,还是对个人存在方式、社会生产方式、国际交往方式的分析,都必须明白资本仍然是当代社会的基本建制,必须

---

① [法]阿尔都塞等:《读〈资本论〉》,李其庆等译,中央编译出版社2001年版,第215页。
② 《马克思恩格斯全集》第23卷,人民出版社1972年版,第18页。
③ 《马克思恩格斯全集》第46卷上,人民出版社1979年版,第268页。

领会资本的存在论或本体论意义。否则,任何理论"创新"都会成为无根的浮萍。建构马克思主义哲学的当代形态必须立足当代实际,以无产阶级和人类解放为理论主题,以实践本体论为理论基础,以形而上学批判、意识形态批判和资本批判的统一为理论形式。

五、实践唯物主义、辩证唯物主义和历史唯物主义的高度统一

马克思主义哲学是新唯物主义,是在对旧唯物主义和唯心主义哲学的批判中形成和发展起来的。要真正理解马克思主义哲学的理论特征,就要了解旧唯物主义以及唯心主义的主要缺点。

从总体上看,旧唯物主义包括自然唯物主义和人本唯物主义两种形态。

自然唯物主义始自古代哲学,后在霍布斯那里达到了系统化的程度,并一直延伸到法国唯物主义中的机械唯物主义派。从根本上说,自然唯物主义根据"时间在先"的原则,把整个世界还原为自然物质,人则成了自然物质的一种表现形态。在自然唯物主义那里,物质成了"一切变化的主体","人和自然都服从于同样的规律"。自然唯物主义确认了世界的物质统一性,却一笔抹煞了人的能动性、创造性、主体性;它研究"整个世界",却唯独不给现实的主体——人一个切实的立脚点。换言之,在自然唯物主义体系中,存在着"人学空场"。正是在这个意义上,马克思认为,自然唯物主义是一种"'纯粹的'唯物主义"[1],而到了霍布斯那里,"唯物主义变得敌视人了"[2]。

人本唯物主义起源于法国唯物主义中的另一派,即"现实的人道主义"[3],在费尔巴哈那里达到了典型的形态。"费尔巴哈比'纯粹的'唯物主义者有很大的优点:他承认人也是'感性对象'。"[4]具体地说,费尔巴哈把人看作是思维和自然相统一的基础,力图以"现实的人"为基本原则来理解世界。然而,费尔巴哈不理解实践是人的存在方式,"没有把感性世界理解为构成这一世界的个人的全部活生生的感性活动"[5]。因此,费尔巴哈得到的仍是抽象的人,忽视的

---

[1] 《马克思恩格斯选集》第 1 卷,人民出版社 1995 年版,第 77 页。
[2] 《马克思恩格斯全集》第 2 卷,人民出版社 1957 年版,第 164 页。
[3] 《马克思恩格斯全集》第 2 卷,人民出版社 1957 年版,第 160、165、167 页。
[4] 《马克思恩格斯选集》第 1 卷,人民出版社 1995 年版,第 77 页。
[5] 《马克思恩格斯选集》第 1 卷,人民出版社 1995 年版,第 78 页。

仍是人的能动性、创造性、主体性。同自然唯物主义一样,人本唯物主义也"只是从客体的形式",没有"从主体方面"去理解"对象、现实、感性"。正是在这个意义上,马克思把费尔巴哈的唯物主义"包括"在"旧唯物主义"的范畴之中,并认为旧唯物主义的主要缺点就是不了解实践活动及其意义。

与此相反,唯心主义却肯定了主体意识的能动性,论证了人在认识活动中是通过自身的性质和状况去把握外部对象的。这种认识成果集中体现在康德的批判哲学和黑格尔的否定性辩证法之中。问题在于,无论是康德的批判哲学,还是黑格尔的否定性辩证法,都否定了能动的意识活动的唯物主义基础,因而只是"抽象地发展了"人的"能动的方面"。造成这种状况的主要原因,就在于唯心主义也不理解现实的实践活动及其意义。

可见,旧唯物主义与唯心主义共同的主要缺点就是,二者都不理解人类实践活动及其意义。也正是由于这一主要缺点,在近代哲学中造成了唯物论和辩证法的分离;在旧唯物主义哲学中又形成了"唯物主义和历史彼此完全脱离",即形成了唯物主义自然观和唯心主义历史观的对立。

旧唯物主义与唯心主义主要缺点惊人的一致,促使马克思深入而全面地探讨了人类实践活动及其意义,并把马克思主义哲学规定为"实践的唯物主义",即"把感性理解为实践活动的唯物主义"[1]。"实践的唯物主义"所要表明的不仅仅是一种要把理论付诸行动的哲学态度,更重要的是指,实践的观点是马克思主义哲学首要的和基本的观点,实践原则是马克思主义哲学体系的建构原则。换言之,实践唯物主义构成了马克思哲学的基本特征之一。

按照马克思的观点,实践首先是人以自身的活动来引起、调整和控制人与自然之间物质变换的过程;在这个过程中,人与人之间又必然要互换其活动并结成一定的关系;同时,实践结束时得到的结果,在这个过程开始时就已经在实践者头脑中作为目的以观念的形式存在着,这个目的是实践者"所知道的,是作为规律决定着他的活动的方式和方法的"[2]。这就是说,实践内在地包含着人与自然的关系、人与社会的关系以及人与其意识的关系,正是这些关系的总和构成了现存世界的基本关系。

按照马克思的观点,自然界具有"优先地位",但"先于人类历史而存在的

---

[1]《马克思恩格斯选集》第 1 卷,人民出版社 1995 年版,第 56 页。
[2]《马克思恩格斯全集》第 23 卷,人民出版社 1972 年版,第 202 页。

自然界",或者在人的活动范围之外的自然界,对人类来说是"无",或者说"是不存在的存在"。这是因为,原生态自然界本身的意义只有通过人的开掘、发现,才能获得对人而言的现实性;只有通过人的实践改造之后,才能构成人们生活于其中的"感性世界";通过实践,人们不仅改造自然存在,而且自身也进入到自然存在之中,并赋予自然存在以新的尺度——社会性。现存世界中的自然界已不是原生态的自然界,而是"人类学的自然界"。这就是说,通过实践,自然与社会相互制约、相互渗透,成为社会的自然和自然的社会或"历史的自然和自然的历史"。现存世界是自然与社会"二位一体"的世界。

可以说,实践以缩影的形式映现着现存世界,它蕴含着现存世界的全部秘密,是人类所面临的一切现实矛盾的总根源。正因为如此,马克思主义哲学把"对象、现实、感性""当作实践去理解",从实践出发去反观、透视和理解现存世界,并认为"全部问题都在于使现存世界革命化"。这就是说,承认自然物质的"优先性",这只是新唯物主义与旧唯物主义的共性,它并未构成新唯物主义本身的特征。确认人以自身的实践活动所引起的人与自然之间的物质变换构成了现存世界和人的生存的基础,确认现存世界中的存在是具有社会关系内涵的、"可感觉而又超感觉的物或社会的物"①,这才是新唯物主义的"新"之所在,或者说是马克思的唯物主义"唯物"之所在。

实践是人的存在方式。马克思主义哲学把现存世界"当作实践去理解",实际上就是"从主体方面去理解"现存世界。在马克思主义哲学中,实践原则与主体性原则具有内在的一致性。这也就为理解人的本质以及人与世界的关系提供了一种新的思维方式。

按照马克思的观点,人最初来自自然界,"人的存在是有机生命所经历的前一个过程的结果。只是在这个过程的一定阶段上,人才成为人。但是一旦人已经存在,人,作为人类历史的经常前提,也是人类历史的经常的产物和结果。而人只有作为自己本身的产物和结果才成为前提"②。这就是说,人是通过自己的活动自我创造的结果。动物是以自身对环境的消极适应获得与自然的统一,维持自己生存的,所以,动物只能成为自然界的一部分。与此不同,人是以自身对环境的积极改造获得与自然的统一,维持自己的生存并不断发展

---

① 《马克思恩格斯全集》第23卷,人民出版社1972年版,第89页。
② 《马克思恩格斯全集》第26卷Ⅲ,人民出版社1974年版,第545页。

自己的，所以，人自成一类，构成了独特的人类存在。人类进化不仅仅是生物学意义上的遗传与变异，而且是历史学意义上的延续与创新，二者的统一正是在实践活动中完成的。实践因此构成了人的存在方式和生存本体。

在实践活动中，人是以物的方式去活动并同自然发生关系的，得到的却是自然或物以人的方式而存在，从而使人成为主体，自然成为客体。"整个所谓世界历史不外是人通过人的劳动而诞生的过程，是自然界对人说来的生成过程。"①这表明，实践使人与自然的关系成为"为我而存在"的关系②。这种"为我而存在"的关系是一种否定性的矛盾关系，即人类要维持自身的存在，即肯定自身，就要对自然界进行否定性的活动，改变自然界的原生态，使之成为"人化自然""为我之物"。与动物不同，人总是在不断制造与自然的对立关系中去获得与自然的统一关系的，对自然客体的否定正是对主体自身的肯定。这种肯定、否定的辩证法使主体与客体处于双向运动中。实践不断地改造、创造着现存世界，同时又不断地改造、创造着人本身。作为人的存在方式，实践当然体现着人的内在尺度以及对现存世界的批判性，包含着人的自我发展在其中。

可以看出，人与自然之间的这种"为我而存在"的否定性关系是最深刻、最复杂的矛盾关系。这种矛盾关系构成了马克思之前众多哲学大师的"滑铁卢"，致使唯物主义对人的主体性"望洋兴叹"，唯物论与辩证法遥遥相对。马克思主义哲学高出一等的地方就在于，通过对人的实践活动及其意义深入而全面的剖析，使唯物主义与人的主体性统一起来了，唯物论与辩证法因此也结合起来了。辩证唯物主义因此构成了马克思主义哲学的基本特征之一。

当马克思主义哲学以科学的实践观为基础把唯物主义与人的主体性、唯物论与辩证法结合起来的同时，也就实现了唯物主义自然观与唯物主义历史观的统一。这是同一个过程的两个方面。

通常认为，唯物主义历史观是一般唯物主义原理在社会领域中的推广或运用。然而，事实并非如此。爱尔维修早就"把他的唯物主义运用到社会生活方面"③，得到的却是唯心主义历史观。社会生活的特殊性犹如横跨在自然与社会之间的"活动翻板"。在马克思之前，即使是坚定的唯物主义者，当他们的视线由自然转向社会，开始探讨社会历史时，几乎都被这块活动翻板翻向了唯

---

① 《马克思恩格斯全集》第42卷，人民出版社1979年版，第131页。
② 《马克思恩格斯选集》第1卷，人民出版社1995年版，第81页。
③ 《马克思恩格斯全集》第2卷，人民出版社1957年版，第165页。

心主义的深渊。从认识论的角度看,造成这种状况的根本原因,仍在于以往的哲学家不理解实践活动及其意义,不理解社会生活在本质上是实践的。马克思主义哲学的高明之处就在于,从实践出发去理解社会以及社会与自然的关系,从而创立了唯物主义历史观。实践的观点不仅是马克思主义认识论的首要的和基本的观点,而且是马克思主义历史观的首要和基本的观点。

按照马克思的观点,人们为了创造历史,必须能够生活;为了能够生活,必须进行物质实践,实现人与自然之间的物质变换;为了实现人与自然之间的物质变换,人与人之间必须互换其活动,并必然结成一定的社会关系。社会关系"不过是他们的物质的和个体的活动所借以实现的必然形式"①,即使社会生产力本质上也是在人们改造自然的实践活动中形成的。实践是全部社会关系的发源地和全部社会生活的本质。从根本上说,社会就是在人与自然之间的物质变换中形成和发展起来的。人与自然之间的物质变换形成了社会存在和发展的"永恒的自然必然性"。

正因为如此,以往的哲学家,包括旧唯物主义者把人对自然的实践关系从历史中排除出去后,只能走向唯心主义历史观;而马克思从物质实践这一现实基础出发去解释观念以及历史过程,则创立了唯物主义历史观,从而消除了物质的自然与精神的历史对立的神话,实现了唯物主义的自然观和唯物主义历史观的统一。"自从历史也得到唯物主义的解释以后,一条新的发展道路也在这里开辟出来了。"②离开了历史唯物主义,就不存在辩证唯物主义。历史唯物主义因此构成了马克思哲学的又一基本特征。实际上,历史唯物主义不仅是唯物主义历史观,而且是它本身就是"唯物主义世界观,是内含着否定性的辩证法"的"真正批判的世界观"。③

在哲学史上,马克思第一次把实践提升为哲学的根本原则,转化为哲学的思维方式,从而创立实践、辩证、历史的唯物主义。用实践唯物主义称谓马克思主义哲学,是为了透显马克思主义哲学所内含的实践维度及其首要性和基础性,因为"对实践的唯物主义者即共产主义者来说,全部问题都在于使现存世界革命化,实际地反对并改变现存的事物"④;用辩证唯物主义称谓马克思主

---

① 《马克思恩格斯选集》第4卷,人民出版社1995年版,第532页。
② 《马克思恩格斯选集》第4卷,人民出版社1995年版,第228页。
③ 《马克思恩格斯全集》第3卷,人民出版社1960年版,第261页。
④ 《马克思恩格斯选集》第1卷,人民出版社1995年版,第75页。

义哲学,是为了透显马克思的唯物主义所内含的辩证法维度及其批判性和革命性,因为"辩证法在对现存事物的肯定的理解中同时包含对现存事物的否定的理解……按其本质来说,它是批判的和革命的"①;用历史唯物主义称谓马克思主义哲学,是为了透显马克思的唯物主义所内含的历史维度及其彻底性和完备性,因为马克思唯物主义的彻底性和完备性集中体现在历史唯物主义中。

六、重构马克思主义哲学的理论空间

"拒斥形而上学",以无产阶级和人类解放为理论主题,必然使马克思主义哲学立足于"社会的人类",以"实践"为理论基础和理论起点。与旧唯物主义把"物质"作为哲学的出发点范畴不同,新唯物主义把"实践"作为哲学的出发点范畴,把"实践"作为哲学体系的建构原则,从而建构了新的理论空间。

在《〈政治经济学批判〉导言》中,马克思曾论及经济范畴和社会发展的关系,认为"把经济范畴按它们在历史上起决定作用的先后次序来排列是不行的,错误的。它们的次序倒是由它们在现代资产阶级社会中的相互关系决定的,这种关系同表现出来的它们的自然次序或者符合历史发展的次序恰好相反。""不懂资本便不能懂地租。不懂地租却完全可以懂资本。资本是资产阶级社会的支配一切的经济权力。它必须成为起点又成为终点,必须放在土地所有制之前来说明。"②哲学范畴的安排也是一样。按历史的先后次序应该是自然界——社会——思维,但这种安排同样是"不行的,错误的"。

由此,我们也就不难理解马克思为什么提出,关于社会生活形式的思索及分析,总是从"事后"开始,从"发展过程的完成的结果"开始了。如果从"前面""原因"开始,就会局限于"前面""原因"所遵循的"比较简单的范畴""不发展的整体"之为,思维在这一"思维圈"内无法上升到"比较具体的范畴""比较发展的整体"。所以,思维行程要倒过来。换言之,哲学范畴的次序应以当下的实践结构作为建构理论空间、理论体系的依据。"在形式上,叙述方法必须与研究方法不同。研究必须充分地占有材料,分析它的各种发展形式,探寻这些形式的内在联系。只有这项工作完成以后,现实的运动才能适当地叙述

---

① 《马克思恩格斯选集》第 2 卷,人民出版社 1995 年版,第 112 页。
② 《马克思恩格斯全集》第 2 卷,人民出版社 1957 年版,第 111 页。

出来。这点一旦做到,材料的生命一旦观念地反映出来,呈现在我们面前的就好像是一个先验的结构了。"①

依据马克思的这一基本观点和基本原则,可以从八个方面重建马克思主义哲学的理论空间。

第一,出发点范畴——实践。

苏联马克思主义哲学体系是以抽象的"物质"为出发点范畴的,实践被囿于认识论之中,作为与认识相对应的范畴出现,实践的意义被缩小了;实践的客观性得到了充分强调,但实践的主体性却被忽视了,实际上,实践的主体性是人类实践活动与动物本能活动的本质区别;实践被"定性"为中介性范畴,而实践本身作为总体性的范畴被忽视了。

在重建马克思主义哲学体系,必须把"实践"作为出发点范畴、基础范畴和总体范畴。之所以如此,是因为实践是人的存在方式,人的主体地位是在实践中形成和发展的,正是在实践中,人扭转了乾坤,使物成为客体,使自身成为主体;实践是社会生活的本质和现存世界的基础,"整个所谓世界历史不外是人通过人的劳动而诞生的过程,是自然界对人说来的生成过程"②,实践是认识的最本质、最切近的基础,人是通过实践来理解和把握对象世界的,思维结构本质上是实践结构的内化和升华,必须从实践活动的结构来考察认识的本质和思维的逻辑。

第二,实践本体论以及由此产生的实践建构原则。

新唯物主义并不是脱离人的实践活动抽象地讨论世界的本质和物质统一性的问题,而是以实践为基础考察自然、社会和人的发展,理解"对象、现实、感性"何以成为这样的存在,从而把握人与世界的关系的。按照马克思的观点,在人产生之前或在人的活动之外的自然,对人来说,是"无",是"不存在的存在","排除历史过程"的"物质"是"抽象的物质",沿着这条道路走下去,必然悄悄地走向"唯心主义的方向"。③ 实际上,对人而言,"自然界不过是人的对象,不过是有用物;它不再被认为是自为的力量;而对自然界的独立规律的理论认识本身不过表现为狡猾,其目的是使自然界(不管是作为消费品,还是作

---

① 《马克思恩格斯选集》第 2 卷,人民出版社 1995 年版,第 111 页。
② 《马克思恩格斯全集》第 42 卷,人民出版社 1979 年版,第 131 页。
③ 《马克思恩格斯全集》第 42 卷,人民出版社 1979 年版,第 128 页。

为生产资料)服从于人的需要"①。"一定的外界物是为了满足已经生活在一定的社会联系中的人{这是从存在语言这一点必然得出的假设}的需要服务的。"②显然,离开人的实践活动抽象地讨论世界的本质、终极存在或初始物质,都是形而上学,都是抽象的本体论。

新唯物主义否定旧唯物主义那种以实体为核心的静态的、一经把握就永恒不变的本体——终极存在或初始物质,确立了实践本体论:实践是人的存在方式;是现存世界的基础,是一切社会关系"由此产生"的源泉。这是一种动态的、不断发展的、不断生成的本体。实践本体论的根本特点就在于,它立足于人的实践活动并关注于人自身的发展,是一种以扬弃的形式把自然、物质包括在自身之中的新唯物主义本体论。因此,必须以"实践"为建构原则,并随着人类实践格局的转换而在新的基础上重建马克思主义哲学的理论空间和理论体系。

第三,坐标系统——主体。

新唯物主义并不否认自然界对人的先在性,并不否认客体对主体的制约性,但新唯物主义同时认为,"对象、现实、感性"是主体实践活动的产物和结果,人的被决定性只是作为历史条件的制约因素出现在人的创造性活动之中。新唯物主义与旧唯物主义的一个重要区别就在于,它突出人的主体地位,形成了一个新的思维坐标系统,即主体系统。从主体及其活动来考察客体,客体本质上是"人的本质力量的对象化",是实践活动的对象化,是对象性的存在,人"通过自己的对象性关系,即通过自己同对象的关系而占有对象"③。

从总体上看,主体坐标系统有三个特点:一是形成了以人类为一方,世界为另一方的新的系统,在这个系统中,人是主体,世界是客体,物是对人的"有用物",换言之,新唯物主义不是从自然运动的视角来考察人与世界的关系,而是从实践活动的视角来理解和把握人与世界的关系;二是人以主体地位来把握和改变世界,人总是从自身的需要出发,通过有意识的活动,使客体按照主体需要的形式和方向运转起来,从而满足自己的需要,这是主体坐标系统的核心;三是改变世界的主体活动不仅在思维中积淀下来,形成了如皮亚杰所揭示

---

① 《马克思恩格斯全集》第46卷上,人民出版社1979年版,第393页。
② 《马克思恩格斯全集》第19卷,人民出版社1963年版,第405页。
③ 《马克思恩格斯全集》第42卷,人民出版社1979年版,第124页。

的认识发生的过程,而且通过社会的形式继承下来,形成了社会遗传系统,从而使人类社会像"滚雪球"似的不断发展壮大。

第四,社会——人的实践活动的展开形式。

社会是在人的实践活动中产生的,实际上是实践活动的展开形式。马克思从来没有脱离实践活动来研究社会,相反,马克思认为,全部社会生活在本质上是实践的,生产力是人们的实践能力;生产力与交往形式的关系就是交往形式与个人行动或活动的关系;"分工和私有制是相等的表达方式,对同一件事情,一个是就活动而言,另一个是就活动的产品而言"①。马克思研究了一系列"活动",如物质活动、政治活动、艺术活动、科学活动、宗教活动等等,并把社会的异化现象归结为"社会活动固定化",把未来社会看作是人们自主活动的社会。

为了深入分析社会及其运动规律,马克思把人的活动抽象为生产力与生产关系、经济基础(生产关系的总和)与上层建筑(政治关系与思想关系),并把社会关系归结于生产关系,把生产关系归结于生产力的水平,从而"把各国制度概括为社会形态这个基本概念",并发现社会运动规律及其"重复性和常规性"②,这就深入到人的活动内在结构中。但是,我们不能把生产力与生产关系、经济基础与上层建筑的"抽象"公式化、预成化,把它看成生成于人的实践活动之前或之外,凌驾于人的实践活动之上的所谓的社会运动规律。人既是历史的"剧中人",又是历史的"剧作者",历史规律,即社会运动规律的形成、存在和实现本质上是一个实践问题。我们必须从实践活动出发去理解历史规律,必须从具体的实践活动出发去把握具体的历史规律。我们应当明白,没有战争,就没有战争的规律,没有商品经济形态,就没有价值规律,没有资本主义生产方式,就没有剩余价值规律,如此等等。全部社会生活在本质上是实践的,历史本质上是人的实践活动在时间中的展开。

第五,世界——人的实践活动的前提和结果。

世界本身包含二重含义:一是指作为自然和社会总和的宇宙;二是指与人的对象世界,即作为社会与自然"二位一体"的现存世界(现实世界、感性世

---

① 《马克思恩格斯选集》第1卷,人民出版社1956年版,第84页。
② 《列宁全集》第1卷,人民出版社1984年版,第110页。

界),对于新唯物主义来说,"全部问题都在于使现存世界革命化"。新唯物主义哲学反对抽象地谈论物质、自然、社会、世界,认为那种脱离了人的实践活动的"物质""自然""社会",是"抽象的物质""抽象的自然""抽象的社会",一言以蔽之,那种脱离了人的实践活动的"世界",是"抽象的世界"。

从总体上看,新唯物主义是从双重意义上来讨论"世界"的。

一是世界既是人的实践活动的前提,又是人的实践活动的产物。没有对象世界,当然也就没有作为对象性活动的实践。但是,作为前提的"世界"又是社会的、历史的,是实践活动的对象化,是对象化的存在,因而又是人的实践活动的产物和结果。正如马克思所说,人们"周围的感性世界决不是某种开天辟地以来就直接存在的、始终如一的东西,而是工业和社会状况的产物,是历史的产物,是世世代代活动的结果"①。对于人来说,"世界"既是本原性的存在,又是对象性的存在。

二是"世界"的概念是随着认识的深化和实践的拓展而不断变化的。按照马克思的观点,现存世界是"历史的自然和自然的历史"的统一,"而且这种统一在每个时代都随着工业或快或慢的发展而不断改变"②。因此,作为对"自然的历史和历史的自然"的"抽象","世界"这个概念的内涵不是凝固不变的,而是历史变动的,它是以"主体"和"实践"为中介而特殊地生成的。这就从根本上拒斥了凝固的、一成不变的世界概念,形成了一个新的、通过实践对人生成的不断变化、开放的世界。

第六,唯物辩证法——以实践辩证法为核心的三级系统。

在苏联马克思主义和哲学体系中,辩证法被解说为自然界、社会、思维发展的一般规律,是关于普遍联系和永恒发展的学说;同时,辩证法又分为客观辩证法与主观辩证法,而沟通客观辩证法与主观辩证法的中介是"反映",即主观辩证法是客观辩证法的反映。这里,被忽视的恰恰是最重要的,这就是实践辩证法。马克思把辩证法从黑格尔的唯心主义囚笼中解放出来,建构"合理形态"辩证法的过程,就是从探讨劳动辩证法,即人的自我产生、自我发展的辩证法,并把在黑格尔那里"倒立着"的物质实践与精神活动的关系"倒过来"开始的。正是通过对实践深入而全面的分析,马克思发现,在实践活动中形成的人

---

① 《马克思恩格斯选集》第 1 卷,人民出版社 1995 年版,第 76 页。
② 《马克思恩格斯选集》第 1 卷,人民出版社 1995 年版,第 76—77 页。

与自然的关系是一种"为我而存在"的关系。这种"为我而存在"的关系是体现着主体的能动性、并具有社会关系内涵的最复杂的矛盾关系,是包含着否定性的辩证法、并具有批判性和革命性内涵的最深刻的矛盾关系,因而成为人类面临的一切矛盾关系的核心和根源。这就是说,实践辩证法是全部辩证法的"原型"。

实践首先是人以自身的活动来引起、调整和控制人与自然之间物质变换的过程。在这个过程中,人使活动的对象成为客体,使自己成为主体。实践辩证法就是以主体为轴心的主体与客体相互作用的辩证法,体现为主体客体化与客体主体化双向运动的辩证法;这种主体客体化与客体主体化的双向运动的辩证法以"扬弃"的形式包含着客观辩证法,并生成着主观辩证法,实践是思维的最切近的基础,思维结构本质上是实践结构的内化和升华。因此,客观辩证法与主观辩证法是对实践辩证法作二极抽象的产物。如果把三者综合起来,"合理形态"的辩证法,即唯物主义辩证法就是一个以实践辩证法为核心,包含着客观辩证法与主观辩证法在内的三极抽象系统。

第七,认识——实践结构的内化和升华。

反映论是一切唯物主义认识论的"共性",但不是新唯物主义认识论的"个性",新唯物主义的认识论肯定了认识的反映性,但并没有停留在反映论上。按照马克思的观点,认识是反映,但不是一般的反映,而是经过"观念地改造过"的反映,即"观念的东西不外是移入人的头脑并在人的头脑中改造过的物质的东西"[①]。认识之所以区别于人的其他反映,就在于认识总是以"概念""式""改造""建构""物质的东西"。但是,这种"概念""式"绝不是仅仅通过感觉、知觉、表象得到的,它们有着更为深刻的基础,这就是实践的"式"。如果仅仅把认识看作反映,那么,就没有把握认识本身的特殊性质。

概念、范畴系统也是随着实践和社会的发展而变化的。因此,对世界认识的深度和广度取决于实践的"式"以及由实践的"式"内化和升华的思维的"式"。换言之,不存在一条抽象的"反映""摹写",以及抽象的从感性认识到理性认识的过程,即使感觉本身也受到实践活动和社会关系的制约,正如马克

---

① 《马克思恩格斯选集》第 2 卷,人民出版社 1995 年版,第 112 页。

思所说,"五官感觉的形成是以往全部世界历史的产物"①。在研究"逻辑的范畴和人的实践"的关系时,列宁指出:"人的实践活动必须亿万次地使人的意识去重复不同的逻辑的式。"②我们必须寻找一条新的认识论道路,这就是,把认识看作是实践结构的内化和升华,并受到社会关系制约的过程,而不是仅仅停留于抽象的"反映论"上。

第八,人的发展——社会发展的最高价值。

人既是他律的,又是自律的,既是被限定的,又是自我超越的。就其他律、限定性而言,人,无疑是被规定的,人的本质是一切社会关系的总和;同时,人又是自律、自我超越的,无论是社会关系,还是社会历史,都是人类自己创造出来的。马克思指出:"人的存在是有机生命所经历的前一个过程的结果。只是在这个过程的一定阶段上,人才成为人。但是一旦人已经存在,人,作为人类历史的经常前提,也是人类历史的经常的产物和结果,而人只有作为自己本身的产物和结果才成为前提。"③更重要的是,人具有自我意识,不仅能够意识到客体条件,而且能够意识到主体自身条件,从而把自己作为自己的认识和改造对象,因而人又是自我塑造的。人的自由就在于,人不仅能够认识世界,而且能够认识自身,从而不断地设定出新的发展的目标,重新塑造自己。

"人们的社会历史始终只是他们的个体发展的历史。"④新唯物主义从人的实践和实践的人出发,要求"排除一切不依赖于个人而存在的东西",实现"联合起来的个人对全部生产力总和的占有",创造每个人的自由发展是一切人的自由发展的条件,从而确立有"个性的个人"⑤,实现每个人的全面而自由发展。共产主义就是"以每个人的全面而自由的发展为基本原则的社会形式"⑥。如果说实现无产阶级和人类解放是马克思主义哲学的理论主题,那么,实现每个人的全面而自由发展就是马克思主义哲学的最高命题和最高价值。马克思主义哲学既是知识级体系,又是意识形态,是真理观和价值观的高度统

---

① 《马克思恩格斯全集》第42卷,人民出版社1979年版,第126页。
② 《列宁全集》第55卷,人民出版社1990年版,第160页。
③ 《马克思恩格斯全集》第26卷Ⅲ,人民出版社1974年版,第545页。
④ 《马克思恩格斯选集》第4卷,人民出版社1995年版,第532页。
⑤ 《马克思恩格斯全集》第3卷,人民出版社1960年版,第79、77、87页。
⑥ 《马克思恩格斯全集》第23卷,人民出版社1972年版,第649页。

一,而价值观是价值关系应然状态的展示和期盼。

　　以无产阶级和人类解放为理论主题,以现实的人为思维坐标,以实践为出发点范畴和建构原则,去探讨人与自然的关系和人与社会的关系,即人与世界的关系,使马克思主义哲学展现出一个新的理论空间,这就是"真正实证的科学"和"真正批判的世界观"[1]的统一。

---

[1] 《马克思恩格斯全集》第3卷,人民出版社1960年版,第31、261页。

第十六章

实践本体论的建构与主体性原则的确立

从哲学诞生的那一天起,人类就执着地追寻着世界的终极存在,追寻着人生的终极意义,本体论也因此在哲学中处于基础性和根本性的地位。本体论同哲学相依相随,只要哲学存在着,本体论问题就不容回避。传统本体论奠基于"万物皆有根据"这一"充足根据律"原则之上,它所追问的最高根据就是最高存在者,终极根据乃终极存在者。因此,要消解传统本体论,就要消解这一"充足根据律",把根据解释为存在,把存在解释为根据。问题在于,在人的活动范围之外,"存在甚至完全是一个悬而未决的问题"①。因此,马克思主义哲学从人的实践活动出发去理解存在,即把存在理解为人的存在,而在马克思主义哲学中,实践本体论又是与主体性原则密切相关,甚至融为一体的。从根本上说,马克思主义哲学关注的就是人的存在,其本体论就是实践本体论。

一、本体论的存在及其意义

本体论的存在同人的本性有着深刻的关系,或者说,本体

---

① 《马克思恩格斯选集》第3卷,人民出版社1995年版,第383页。

论的深层根据就在人的活动及其本性之中。人是实践存在物,实践本身就具有否定性、超越性,总是力图摆脱现实条件的限制,以人本身的发展为坐标来重新"安排周围世界"。正是这种生存方式决定着人总是力求在终极性的层面上探究世界的奥秘。人类思维总是力求把握多样世界的共性,因而具有普遍性;总是力求触及有限世界的无限性,因而具有终极性;总是力求透视现象世界背后的本质世界,因而具有本体性。作为人的活动及其本性追求的理论表现,本体论就根源于这种普遍性、终极性、本体性之中。

本体论是不可否定或放弃的。人类孜孜不倦地追求诸如存在、自由、上帝等非经验所能解决的问题,正是本体论实际存在的事实证明。没有本体论,哲学就无法在理论上表述客观实在,就无法在体系上完成自我同一。可以说,没有本体论就没有哲学。"一切形而上学的思想都是存在论(Ontologie),或者,它压根儿什么都不是。"①我们可以不赞同某一具体的本体论,可以质疑某种本体论的合法性,但我们无法回避或绕开本体论,对其他哲学问题的解答不能没有本体论的基础和立场。

亚里士多德提出,一切事物的存在都有由其所出的本原,而"全部本原的共同之点就是存在或生成或认识由之开始之点"②。所谓"原",就是事物最初的生成以及所动变的来源,就是事物的所由成,或所从来,或所由以说明的第一原因。在亚里士多德看来,对第一原因的追问是哲学的本性,本体论因此成为"形而上学"的核心。换言之,哲学从诞生之日起就与本体论结下了不解之缘。

与柏拉图不同,亚里士多德不是把现象背后的超感性的实体看作万物存在的根据,即本体,把追求现象背后的本体看作哲学的任务,而是力图在现象本身中寻找本体。在亚里士多德看来,本体世界不是从现象世界中超拔出来的,从世界之外去寻找一切存在者的终极原因,只能是徒劳;事物的根据和原因就在于事物自身,存在与存在者相互包容、浑然一体,原因不在事物之外,而在事物之中。因此,终极原因仍是一个"实体",是第一存在者。"所以我们所探求的就是原因,即形式,由于形式,故物质得以成为某些确定的事物;而这就是事物的本体。"③

---

① 孙周兴选编:《海德格尔选集》下卷,上海三联书店1996年版,第764页。
② 《亚里士多德全集》第7卷,颜一译,中国人民大学出版社1993年版,第110页。
③ [古希腊]亚里士多德:《形而上学》,吴寿彭译,商务印书馆1959年版,第178页。

海德格尔对亚里士多德的这一观点持批判态度,认为亚里士多德遗忘了"存在"。在海德格尔看来,决定一切存在者的最终根据应该是处于存在者背后的"存在",事物的终极原因是不在场的"存在",使一切存在者在场的根据恰恰就是不在场的"存在"。海德格尔在批判传统本体论的过程中,自觉或不自觉地建立起一种新的本体论,即"基础本体论"。这种基础本体论首先把存在理解为人的存在,把人理解为存在借以展现的场所和情境,认为人和世界都不是具有固定本质的现成的东西,作为"此在"的人,不是现成地摆在那里的,相反,人首先在行动中领会存在,即生存,人和世界的一切本质规定都是在人的行动、人的存在的展开中获得的。只有"从存在本身方面来规定人的本质"[1],才能克服传统本体论。

海德格尔认为,两千多年的西方哲学所思考的存在实际上只是存在者,存在被当作存在者来追问,存在本身却被遗忘了;存在不能以"是什么"来追问,存在不是某种东西,也不是抽象出来的共性,而是不可言说的,因为你一旦说出某种存在,如物质、神、精神等,它就成了某种具体的存在者,而不是存在本身了;作为一种充满激情的"思",哲学就是"思"一切存在者的存在意义,而人本身乃是一种"思"着的存在,人们所"思"的存在是"最普遍的概念",同时又是"不可定义的概念""不言自明的概念"。海德格尔的本体论的确是"另类"本体论。

如果说海德格尔在批判传统本体论的同时,又建构了一种新的本体论,那么,维特根斯坦在"拒斥形而上学"的同时,则彻底否定了本体论。从总体上看,维特根斯坦是借助于"语言学转向"来否定本体论的。按照维特根斯坦的观点,传统本体论对感觉世界和超验世界的划分,使哲学研究沉湎于对概念体系的构造,实际上,包括本体论在内的形而上学问题和陈述都是伪问题、假陈述,本原、理念、始基、存在、本质等超验的本体论词汇都是无意义的,应当通过语言的逻辑分析予以彻底清除。然而,这只是维特根斯坦的一厢情愿。语言问题不可避免地要涉及语言与世界、语言与存在的关系,因此,本体论问题总是在哲学家的思想深处涌动,不可能在哲学研究中被彻底清除。正因为如此,本体论的存在及其意义在另一些分析哲学家那里不断地被反省,并得到了肯定。

---

[1] 孙周兴选编:《海德格尔选集》上卷,上海三联书店1996年版,第389页。

蒯因明确肯定本体论在哲学研究中不可或缺的重要性,认为任何理论与学说都不可能回避本体论,都有坚定而明确的"本体论的承诺"(ontological commitment):"一个人的本体论对于他据以解释一切经验乃至最平常经验的概念结构来说,是基本的。从某一特殊概念结构内部来判断——此处如何可能下判断呢?——一个本体论的陈述不需要任何单独的证明,这是不待言的。"①蒯因把本体论简化为"何物存在"(What is there?)的问题,主张通过使用现代逻辑学中的"量化变项",即带有量词、有量的约束的变项对"何物存在"作出本体论的许诺。"为了使一个理论所作的肯定是真的,这个理论的约束变项必须能够指称的那些东西,而且只有那些东西才是这个理论所许诺的。""存在就是作为一个变项的值"。在蒯因看来,这是"检验某个陈述或学说是否符合先前的本体论标准"②。这就确定了"本体论承诺"的标准。

蒯因的"本体论承诺"在现代西方哲学中可谓独树一帜,他在否定本体论的分析哲学中肯定本体论,说明了本体论在哲学研究中的不可或缺性。尽管蒯因强调"本体论承诺"是在语言使用中作出的,是指一种理论和学说在本体论上承诺"何物存在",而不是指传统本体论所指的确有某物存在,以及世界上到底有何物存在,但是,这种"本体论承诺"表明,哲学无法摆脱本体论,哲学家在进行"形而下"的语言分析时,必然自觉或不自觉地超越这种具体分析,陷入"形而上"的思考和追求之中。换言之,哲学的"语言学转向"消解了传统本体论,但它又绕不开本体论。

二、本体论的"实践转向"

马克思的本体论既不同于亚里士多德的本体论,也不同于海德格尔的本体论。马克思主义哲学关注的不是所谓的世界的"终极存在",也不是那个所谓的"不可言说"的"存在",而是"对象、现实、感性"何以成为这样的存在。在《关于费尔巴哈的提纲》中,马克思以明确的语言把新唯物主义本体论与旧唯物主义以及唯心主义本体论的本质区别表述出来:"从前的一切唯物主义(包括费尔巴哈的唯物主义)的主要缺点是:对对象、现实、感性,只是从客体的或

---

① [美]蒯因:《从逻辑的观点看》,江天骥等译,上海译文出版社1987年版,第10页。
② [美]蒯因:《从逻辑的观点看》,上海译文出版社1987年版,第13、15页。

者直观的形式去理解,而不是把它们当作感性的人的活动,当作实践去理解,不是从主体方面去理解。因此,和唯物主义相反,能动的方面却被唯心主义抽象地发展了,当然,唯心主义是不知道现实的、感性的活动本身的。"①

在马克思主义哲学中,实践的权威是全方位的,它不仅体现在认识论之中,而且搏动于自然观、历史观以及辩证法之中:在自然观中,实践构成了自在自然与人化自然分化和统一的基础,从而扬弃了人与自然之间的二元对立;在历史观中,实践构成了人的存在方式和社会的本质,是"历史的自然"和"自然的历史""二位一体"的基础,从而消除了物质的自然和精神的历史对立的神话;在辩证法中,实践构成了自然辩证法与历史辩证法分化和统一的基础,实践本身就内含着否定性的辩证法,从而使自然辩证法与历史辩证法之间达到了真正的和解。因此,马克思不仅从客体的形式去理解"对象、现实、感性",更重要的,是"从主体方面去理解""对象、现实、感性",并"把它们当作感性的人的活动,当作实践去理解",从而真正理解"对象、现实、感性"何以成为这样的存在,并创立了一种新的本体论,即实践本体论。

从马克思主义哲学的形成史看,马克思是通过对费尔巴哈的本体论,尤其是对黑格尔本体论的批判,来否定传统本体论并建立实践本体论的。由于黑格尔哲学是传统哲学的发展顶峰,黑格尔的本体论是传统本体论的集中体现,所以,马克思对黑格尔哲学及其本体论的批判实际上就是对整个传统哲学及其本体论的批判。

黑格尔是以抽象化的人类理性——绝对精神——作为世界本体的。按照黑格尔的观点,绝对精神经过自身逻辑阶段的否定性发展,外化、异化为自然界和人类社会,尔后再经过人的意识的否定性发展达到自我意识,认识自然界和社会的本质,认识绝对精神本身。这样,绝对精神通过概念的展开、外化、发展,最后又扬弃全部外化、异化回到自身,实现自我。黑格尔实际上是把本体论的演化归结为逻辑范畴的自身运演,历史被看作是"逻辑的思辨的思维的生产史",是"抽象的、绝对的思维的生产史"②。"既然把任何一种事物都归结为逻辑范畴,任何一个运动、任何一种生产行为都归结为方法,那么由此自然得出一个结论,产品和生产、事物和运动的任何总和都可以归结为应用的形而上

---

① 《马克思恩格斯选集》第1卷,人民出版社1995年版,第54页。
② 《马克思恩格斯全集》第42卷,人民出版社1979年版,第161页。

学。"①马克思指出,黑格尔以为世界上已经发生和正在发生的一切,就是他思维中发生的一切,"以为他是在通过思想的运动建设世界;其实,他只是根据绝对方法把所有人们头脑中的思想加以系统的改组和排列而已"②。实际上,"思想、观念、意识的生产最初是直接与人们的物质活动,与人们的物质交往,与现实生活的语言交往在一起的"。"意识在任何时候都只能是被意识到了的存在,而人们的存在就是他们的现实生活过程。"③

"全部社会生活在本质上是实践的。凡是把理论引向神秘主义的神秘东西,都能在人的实践中以及对这个实践的理解中得到合理的解决。"④马克思深刻地认识到,对传统本体论的批判不能停留在理论层面,必须从"理论批判"走向"实践批判",只有消除现实生活过程中的矛盾和异化,才能真正克服传统本体论的弊病。由此,马克思把对传统本体论的理论批判延伸到对现实生活的实践批判,从而实现了本体论的实践转向,建构了实践本体论。传统本体论是以一种抽象的、超时空的方式去理解和把握存在问题,实践本体论则从实践出发去理解和把握人的存在,从人的存在出发去解读存在的意义,从而使本体论从"天上"来到"人间",使无产阶级和人类解放得到了本体论的证明。

任何一种哲学都不可能没有自己的本体论,至少有"本体论承诺"。马克思主义哲学当然有自己的本体论。在《博士论文》中,马克思就提出过本体论问题,论述了"本体论的证明"和"本体论的规定";在《1844年经济学哲学手稿》中,马克思提出了"本体论的肯定的问题",认为"人的感觉、激情等等不仅仅是在[狭隘]意义上的人类学规定,而且是真正本体论的本质(自然)肯定"。"只有通过发达的工业,也就是以私有财产为中介,人的激情的本体论本质才能在总体上、合乎人性地实现。"⑤在《德意志意识形态》中,马克思集中论述了人的存在的问题,这实际上就是本体论问题。卢卡奇正确指出,马克思没有写过专门的本体论著作,但马克思主义哲学"在最终的意义上都是关于存在的论述,即都是纯粹的本体论"⑥。马克思主义哲学扬弃了传统本体论,但没有抛弃

---

① 《马克思恩格斯选集》第1卷,人民出版社1995年版,第140页。
② 《马克思恩格斯选集》第1卷,人民出版社1995年版,第141页。
③ 《马克思恩格斯选集》第1卷,人民出版社1995年版,第72页。
④ 《马克思恩格斯选集》第1卷,人民出版社1995年版,第56页。
⑤ 《马克思恩格斯全集》第42卷,人民出版社1979年版,第150页。
⑥ [匈]卢卡奇:《关于社会存在的本体论·上卷——社会存在本体论引论》,白锡堃等译,重庆出版社1993年版,第637页。

本体论,这如同马克思主义哲学批判了传统哲学,但没有抛弃哲学一样。如果从马克思主义哲学中抽掉本体论,马克思主义哲学就失去了立论的根基,就会被架空。实际上,马克思对黑格尔、费尔巴哈哲学以至整个传统哲学的批判,就是从本体论的层面上发动并展开的。

马克思对传统本体论的批判不同于海德格尔对传统本体论的批判。

海德格尔是从所谓的存在与存在者的"本体论"差别着眼,展开对传统本体论的批判的。海德格尔哲学实质上是以一个不可言说只可意会的"存在"为核心建立起来的一种形而上学,它在"此在"和一切存在者背后设立一个不可言说的神秘的存在,一个一切皆由之出而它自己却隐身晦暗之中的本体。问题在于,如果不依据存在者,无法通达存在,把存在从存在者那里剥离开来,恰恰切断了通达存在的道路。实际上,游离于存在者之外的抽象的存在是不存在的,存在总是存在者的存在,对存在的追问必然落实到存在者那里。纯而又纯、什么都不是的存在是不存在的,这种"存在"只能是一种想象的产物。海德格尔的基础本体论不乏真知灼见,但最终走上了神秘主义这一不归之路。

马克思则是从对象性存在与非对象性存在的关系着眼,从实践这一对象性活动出发,展开对传统本体论的批判的。按照马克思的观点,实践是对象化的活动,人的存在是一种对象性存在,非对象性的存在物只能是思想上虚构出来的抽象的东西,"一个存在物如果在自身之外没有自己的自然界,就不是自然存在物,就不能参加自然界的生活。一个存在物如果在自身之外没有对象,就不是对象性的存在物。一个存在物如果本身不是第三者的对象,就没有任何存在物作为自己的对象,也就是说,它没有对象性的关系,它的存在就不是对象性的存在"①。非对象性的存在物是不存在的,"一个存在物如果不是另一个存在物的对象,那么就要以不存在任何一个对象性的存在物为前提。只要我有一个对象,这个对象就以我作为它的对象"②。对象性的存在物之所以能够进行对象性活动,根源就在于它的本质规定中包含着对象性的东西,就在于它本身是被对象所规定的。"劳动的产品就是固定在某个对象中、物化为对象的劳动,这就是劳动的对象化。劳动的实现就是劳动的对象化。"③这就突破了传统本体论对存在的理解,开启了本体论以至整个哲学发展的新方向——

---

① 《马克思恩格斯全集》第42卷,人民出版社1979年版,第168页。
② 《马克思恩格斯全集》第42卷,人民出版社1979年版,第168—169页。
③ 《马克思恩格斯全集》第42卷,人民出版社1979年版,第91页。

"实践转向"。

实际上,实践作为一种社会现象早就引起了哲学家的注意。苏格拉底就提出过"哲学的实践"这一概念。亚里士多德区分了理论活动与实践活动,并认为实践是包括实现目的在内的活动。但是,亚里士多德所理解的实践主要是伦理和政治行为。康德正式把"实践"概念引入哲学,但问题在于,康德的"实践"概念没有脱离伦理实践的范围。费尔巴哈把"实践"和"生活"联系起来,提出了一些富有启发性的见解,但费尔巴哈不理解实践与生活的真实关系,"不了解'革命的'、'实践批判的'活动的意义"①。黑格尔以思辨的形式揭示了实践活动的创造性特征,不仅指出了理论活动与实践活动的区别,而且涉及实践在改造世界、创造人类历史方面的重要意义。但是,黑格尔"不知道现实的、感性的活动本身"②,从根本上说"是在抽象的范围内把劳动理解为人的自我产生的行动"③。

传统哲学之所以没有正确理解和把握实践的本质,除了唯心主义与旧唯物主义各自的主观原因,还有客观原因,那就是实践作为人所特有的活动本身就具有矛盾的特征:一方面,实践是人的有目的的活动,受人的理性、意志的支配,体现了人对理想世界的追求,包含着人的主观因素;另一方面,实践又是作为物质实体的人通过工具等物质手段同物质世界之间进行物质变换的客观过程。

当马克思把物质生产活动作为实践的首要形式和根本内容时,他所理解的实践是同自然过程既相联系、又相区别的社会过程,是一种自在自为的活动。按照马克思的观点,物质生产首先是人类调整和控制人与自然之间物质变换的过程;在这个过程中,人与人之间必然要互换活动并结成一定的社会关系。人与自然的关系制约着人与人的关系,人与人的关系又制约了人与自然的关系。同时,物质生产过程结束时得到的物质结果,在这个过程开始时就作为目的在生产者的头脑中以观念的形式存在着,并通过物质生产活动转变为现实存在。这就是说,实践既是人与自然之间物质变换的过程,又是人与人之间互换活动的过程,同时,还是人与自然之间物质与观念的转换过程。

这样,马克思就找到了把主观性、能动性、创造性与客观性、现实性、物质

---

① 《马克思恩格斯选集》第1卷,人民出版社1995年版,第54页。
② 《马克思恩格斯选集》第1卷,人民出版社1995年版,第54页。
③ 《马克思恩格斯全集》第42卷,人民出版社1979年版,第175页。

性统一起来的基础——人类实践活动。

在马克思的哲学中,实践是指人能动地改造物质世界的对象性活动。对实践本质的这一理解和规定,首先肯定了实践活动的对象性质,即它是以人为主体、以客观事物为对象的现实活动。实践把人的目的、理想、知识、能力等本质力量对象化为客观实在,创造出按照自然规律本身无法产生或产生的几率几乎等于零的事物,从而创造出一个属人的对象世界。因此,实践是人所特有的对象化活动。正如马克思所说,"劳动的实现就是劳动的对象化"[①]。

作为人所特有的对象化的活动,实践使人自己的本质力量转化为对象物。在这一过程中,对象按照主体的需要和要求发生了结构与形式上的变化,形成了自然界原来所没有的种种对象物。这种种对象物是人在与外部世界的相互作用中创造出来的,是人的体力、智力和目的的物化体现,也就是主体的本质力量通过活动转化为静止的物质的存在形式,即积淀、凝聚和物化在客体中。因此,主体的对象化也就是主体通过对象性活动向客体渗透和转化,即主体客体化。人类一切实践活动的结果都是主体客体化的结果。

从活动过程看,主体客体化是通过目的、手段(工具)和结果的反馈调控过程展开的,或者说,人对物质世界的实践把握是通过目的、手段和结果这三个环节进行的。

目的是实践活动开始之前在人的头脑中预定的活动结果。从目的的形成来看,目的首先是人们对自身需要的意识,同时,包含着对客体及其与主体关系的认识。由于外部对象不能现成地满足人的需要,所以,人必须根据自己的内在需要对外部对象进行改造。这种改造首先是在思维中进行的,即通过"思维操作",在思维中形成了一个符合人的内在需要和主观要求的"理想存在",在观念中建立起主体与客体新的统一的关系。这种思维改造对于实际改造来说是一种超前改造,是实践改造外部对象的过程在思维中的预演。这种超前改造形成了实践的目的,并规定了人们活动的目标。

实践活动中的目的性把人类实践过程同自然运动过程区别开来。在自然运动过程中,客体及其发展直接受因果规律制约,主要被过去的事件所支配,是过去制约现在。人类实践过程却不是一般的"原因——结果"的转化过程,而是"目的——结果"的转化过程,目的作为环节插入客观联系的因果链条之

[①]《马克思恩格斯全集》第42卷,人民出版社1979年版,第91页。

中,作为一种特殊的原因而起作用。在这种特殊的因果关系中,目的作为原因并不指向过去的事件,而是指向一种尚未发生的事件。因此,人的活动并不是纯粹地为过去的事件所制约,而是同时受到未来事件的制约。这样,人的实践过程就表现为一种自在自为的活动过程。这种过程改变了客体的自然进程,使其成为主体制约下的活动过程。这就是主体活动的客观性与客体运动的客观性的本质区别。

"'因果关系的运动'=实际上在不同的广度或深度上被捉摸到、被把握住内部联系的物质运动以及历史运动。"①可以说,整个自然科学就是依据因果范畴建立起来的,离开因果范畴就没有自然科学。人类实践活动却是体现着目的性的活动,离开目的就无法说明人的实践活动。但是,人的有目的的活动与客观的因果性的关系并非冰炭那样难以相容。正如恩格斯所说,人的活动能够"引起自然界中根本不发生的运动(工业),至少不是以这种方式发生运动,并且我们能赋予这些运动以预先规定的方向和范围。因此,由于人的活动,就建立起因果观念……人类的活动对因果性作验证……可以说是对因果性作了双重的验证"②。

目的是主观的,而它要改造的对象却是客观的。换言之,目的不能直接作用于客观对象,物质力量只能用物质力量来摧毁,客观对象只能被一种客观力量所改变。手段,即工具,正是这样一种现实的客观力量。目的要在外部对象中实现自身,必须依靠工具,但工具是依据主观目的的要求选定的,只有符合主观目的要求的"物"才能成为工具,实现不同目的必须使用具有不同功能的工具。工具是服务于目的并为目的所控制的。

工具实际上是主体置于自己与客体之间,用来把自己的活动传递到客体上去的物或物的综合体:"这样,自然物本身就成为他的活动的器官,他把这种器官加到他身体的器官上……延长了他的自然的肢体。"③这就是说,工具是人的身内器官的功能与身外自然力的矛盾统一。工具由身外的自然物所构成,它在实践活动中的功能却是人的身内器官功能的外化,是人的身外器官。正是依靠这种身外器官的作用,人首先占有和支配了一部分外部自然力,把这些自然力变成主体自身的力量,并用这部分自然力去征服其他自然力,以实现自己的目的。这样,人们就可以突破身内器官功能的局限,使主体的力量具有了

---

① 《列宁全集》第 55 卷,人民出版社 1990 年版,第 135 页。
② 《马克思恩格斯选集》第 4 卷,人民出版社 1995 年版,第 328—329 页。
③ 《马克思恩格斯全集》第 23 卷,人民出版社 1972 年版,第 203 页。

无限发展的可能性。

人的实践活动的特点是使用人们自己制造的工具,而不是使用天然工具。这说明,工具首先是人们过去活动的结果,而后才是未来活动的前提;工具不是天然的自然物,而是凝聚了、物化了人的过去活动的自然物。如果说人的身内器官是一种天然器官,那么,工具作为一种身外器官则是一种人工器官,是"社会人的生产器官"[①]。因此,工具与人的肉体器官的关系,不仅是身外器官与身内器官的关系,而且是人工器官与天然器官的关系。只有同时具备过去活动结果与未来活动前提这两种性质的东西,才具备工具的性质。换言之,工具是人的过去活动与未来活动的矛盾统一。

工具把人的过去活动与未来活动统一起来,把前人活动与后人活动统一起来,就使人的活动具有不同于动物活动的特点。这样,每一代人在使用工具进行活动时,实质上是把前人活动及其成果作为自己的手段,因而每一代人都突破了本身力量的局限,把人类历史上创造的力量的总和纳入自身之中,以"类"的资格去从事新的活动。这就使人类能力的发展成为一个不断向上的、滚雪球式的过程,形成了区别于生物进化规律的社会发展规律。

目的通过工具而实现。实践结果就是在外部对象世界中以客观形式实现了的人的主观目的,因此,实践结果是主观性与客观性的统一。在这个过程中,主体自觉地认识、把握和利用客体自身的规律,使客体达到适应主体需要的性质和状态。这样一来,自然界本身潜存着的因果联系,就通过"目的→手段→结果"的运动被有选择地实现出来了。实践结果一旦形成,就进入与目的的对比之中。通过这种对比关系,人们就能发现实践的成与败。同自然运动的结果相比,实践活动的结果有一个显著的特点,这就是它具有成败的属性。

总之,人类的实践活动之所以与自然的物质运动具有不同的特点,就是因为实践活动是在目的支配下、运用工具改造客观对象的活动,是必然性与应然性相统一的活动。

三、实践:人的生存的本体

马克思指出:"一个种的全部特性、种的类特性就在于生命活动的性

[①]《马克思恩格斯全集》第23卷,人民出版社1972年版,第409页。

质。"①这一论断极为深刻,它表明这样一个真理,即判断一个物种的存在方式就是看其生命活动的形式。具体地说,动物是在消极适应自然的过程中维持自己生存的,动物的存在方式就是其本能活动,是由其生理结构特别是活动器官的结构决定的。与此不同,人是在运用工具积极改造自然的过程中维持自己的生存的,因此,实践构成了人的存在方式,即生存本体。

从人类历史的前提看,人类历史的第一个前提就是"有生命的个人"的存在,而实践恰恰构成了人的生命活动。"全部人类历史的第一个前提无疑是有生命的个人的存在。"②问题在于,"有生命的个人"是通过改造自然的活动而存在的,因此,"有生命的个人"就是从事实践活动的人。"这是一些现实的个人,是他们的活动和他们的物质生活条件,包括他们已有的和由他们自己的活动创造出来的物质生活条件。"③因此,人类的第一个历史活动,也是每日每时必须进行的基本活动,就是物质生产活动,"生产物质生活本身"。实践不断地创造着人类生存和发展的条件,因而成为人的生命之根和立命之本。

从人的本质上看,人的本质在其现实性上是社会关系的总和,而社会关系是在人的实践活动中生成的。人的本质并不是单个人天生就具有的东西,也不是从所有个人身上抽象出来的生物属性的共同性。动物的本性就在动物本身,人的本质却在他依存的社会。"黑人就是黑人。只有在一定的关系下,他才成为奴隶。"④这就是说,使黑人成为奴隶的不是所谓的黑人的"本性",而是黑人生活在其中的社会关系。一个人"成为奴隶或成为公民,这是社会的规定"⑤,取决于他生活在其中的那个社会的性质。所以,人的本质在其现实性上,是社会关系的总和。问题在于,社会关系是在实践活动中生成的,"以一定的方式进行生产活动的一定的个人,发生一定的社会关系和政治关系"⑥。正是在实践过程中,人们之间形成一定的社会关系,这种社会关系反过来又制约和规定人的本质。换言之,人在实践活动中"创造、生产人的社会联系、社会本质",从而使自己成为"社会存在物"。

---

① 《马克思恩格斯全集》第42卷,人民出版社1979年版,第96页。
② 《马克思恩格斯选集》第1卷,人民出版社1995年版,第67页。
③ 《马克思恩格斯选集》第1卷,人民出版社1995年版,第67页。
④ 《马克思恩格斯选集》第1卷,人民出版社1995年版,第344页。
⑤ 《马克思恩格斯全集》第46卷上,人民出版社1979年版,第220页。
⑥ 《马克思恩格斯选集》第1卷,人民出版社1995年版,第71页。

从人的生命活动与动物的生命活动的区别来看,"有意识的生命活动把人同动物的生命活动直接区别开来"。问题在于,人的意识是在实践中生成、实现和确证的。正是在实践过程中,在劳动和语言的推动下,人的肉体组织发展出意识和自我意识的能力,从而使人的生命活动成为有意识的生命活动,人成为"有意识的类存在物"。正如马克思所说:"通过实践创造对象世界,即改造无机界,证明了人是有意识的类存在物。"①

"社会存在物""有意识的类存在物"使人的活动具有了自觉能动性,使人脱离了动物界,成为"能动的自然存在物"。人在实践活动中把自己从动物界提升出来,创造出了人之为人的一切特征,使自己成为一种自我创造的主体性存在。人的秘密就在实践活动中。正如马克思所说,"个人怎样表现自己的生活,他们自己就是怎样。因此,他们是什么样的,这同他们的生产是一致的——既和他们生产什么一致,又和他们怎样生产一致"②。实践构成了人类特殊的生命形式,即人的生存本体。

四、限定中的超越:实践主体与客体相互作用的实质

人是实践的存在物。在实践活动中,人把自身之外的存在变成了自己活动的对象,变成自己的客体,与此同时,也就使自己成为主体性的存在。从人的活动的视角去考察人与世界的关系,就出现了主体与客体这两个哲学范畴。一般来说,主体是指从事着实践活动和认识活动的人,客体是指实践活动和认识活动所指向的对象。

实践的主体是实践活动中具有自主性和能动性的因素,担负着提出实践目的、操纵实践工具、改造实践客体,从而驾驭和控制实践活动的多重任务。实践的主体具有能力结构。在主体的能力结构中存在着三种基本要素。

第一,"人本身的自然力"是主体能力结构中的物质基础。人本身具有与自然物相适应的自然力,因而可以与自然界进行物质交换,能以一种现实的、感性的力量同自己的对象发生相互作用。当然,人作为实践主体的物质性,不同于一般自然物的物质性。人的物质力量是精神支配下的物质力量,因而人

---

① 《马克思恩格斯全集》第 42 卷,人民出版社 1979 年版,第 96 页。
② 《马克思恩格斯选集》第 1 卷,人民出版社 1995 年版,第 67—68 页。

不仅能积极地适应自然界,而且可以能动地改造自然界,创造出自然界本身不可能自动生成的客观对象。

第二,为主体所实际掌握、运用的知识是主体能力结构中的智力因素。在实践活动中,作为主体能力的知识要素主要是作为主体改造客体的目的和方法而发生作用的。主体只有掌握了关于实践对象、实践手段及实践主体自身的有关知识,才能根据主体的需要、客体的本性及实践手段所提供的可能性恰当地提出实践目的,并设计实现这一目的的具体途径、方法和步骤。主体对有关实践活动的知识掌握得越深刻、越全面,他从事实践活动的自觉性也就越高。

第三,主体的情感和意志是主体能力结构中的精神因素,对主体实践活动的发动与停止、对主体实践能力的发挥起着重要的控制和调节作用。实践的主体是知、情、意相统一的整体,实践主体能力的发挥不仅取决于知识的主导作用,而且总是伴随着主体对客体的情感体验和意志努力。正如马克思所说,"激情、热情是人强烈追求自己的对象的本质力量"[①]。

实践的主体具有自己的社会结构。从社会构成来看,实践的主体可以划分为个人主体、集团主体、社会主体和人类主体四种形式。个人有其相对独立的实践范围和形式,在这个意义上,个人是独立的主体,即个人主体;集团主体是指以一定的群体形式进行实践活动时所形成的主体;社会主体是指生活在一定地域的人们所组成的社会整体,在阶级对抗的时代,尽管社会中存在着利益不同的阶级,但只要这个社会内部对抗还没有发展到外部冲突,它就要在一定的意义和程度上使自己以整体形式从事某些实践活动;人类主体则是指发展着的人类整体。迄今为止,自觉的人类主体还没有完全形成,人类只能在某些有限的领域,在特定的条件下,共同以人类主体的身份从事改造世界的实践活动。只有将来消灭了阶级,自觉的人类主体才能真正形成。

对主体社会结构的分析表明,在实践活动中,具体的主体不仅同具体的客体发生着改造与被改造的关系,而且主体与主体之间必然结成一定的社会关系,它们之间相互依存、相互影响和相互作用。具体的实践主体,一方面受到客体以及其他主体的制约和影响,另一方面又以其能动的活动影响客体以及其他主体。因此,在实践活动中,不但主体与客体之间发生相互作用,而且主

[①] 《马克思恩格斯全集》第42卷,人民出版社1979年版,第169页。

体内部的不同主体之间也发生着相互作用。

在实践活动中,客体是主体活动对象的总和,是进入主体活动领域,并同主体发生功能性关系,或为主体活动所指向的客观事物。对于实践的客体要从三方面去理解。

首先,客体是一种不以主体意志为转移的客观存在,这是客体自身的客观性方面。不仅客观事物在成为客体之前就具有客观性特征,而且进入主体与客体的关系结构以后,这种客观性特征也仍然保持着。同时,客体与客观事物不是等同的概念,客观事物只有被纳入到主体活动范围内,作为主体活动的指向,或与主体发生功能性关系时,才成为客体。哪些客观事物能够成为实践的客体,不仅取决于这些客观事物的自在本性,而且也取决于人的本质力量的发展程度。换言之,哪些客观事物能成为实践的客体,既取决于客观事物具有哪些可被人类利用的性质,又取决于人的实践的水平能否利用客观事物的这些性质。

其二,客体是由人的实践活动历史地规定着的,也就是说,客观事物各个方面不是同时整个地成为实践活动的客体的。就整个自然界来说,客观事物被纳入到主体实践活动范围要有一个过程,即使是已经进入主体与客体关系结构的客观事物,人们也只有通过实践的不断发展,才能不断发现它们的属性和结构,从而以新的方式改造它们,以不断满足人的需要。

其三,客体的变化和发展不仅表示客体本身发生了特定的变化,而且这种变化和发展本身就是主体本质力量的确证。这就是说,通过客体的变化发展可以透视主体能力及其需要的变化发展,客体不断扩大的过程,同时也就是主体本质力量不断发展的过程。正如马克思所说,"工业的历史和工业的已经产生的对象性的存在,是一本打开了的关于人的本质力量的书"①。

同主体一样,客体也是一个历史范畴。被纳入到主体活动范围的客体是不断变化和发展的,客体因此也就具有了与主体历史活动相联系的多种形式,其中有三种基本形式,即自然形式的客体、社会形式的客体和精神形式的客体。这三种类型的客体构成了客体的内在结构。

自然形式的客体是客体的最基本形式。在人类最初的、最基本的实践中,客体是自然。这种客体既包括同人的对象性活动发生关系的自然物,也包括

---

① 《马克思恩格斯全集》第42卷,人民出版社1979年版,第127页。

人们用某种方式改造或制造出来的人工自然物。人工自然物既是主体实践活动的结果，同时又是主体实践活动进一步改造的对象。

社会形式的客体首先是指已经对象化了的现实社会结构，如经济制度、政治制度等等，同时也包括体现在物上的社会关系。从事实践活动的人，必须同时把在自己的活动中形成的人与人的社会关系作为认识和改造的对象，社会关系因此成为社会形式的客体。

精神形式的客体是指以物的形式存在，并成为人们实践活动对象的精神生产的结果，如以书籍为物质载体的各种理论、学说等。精神客体都有自己的"物化"形式，但人们所注重的不是它们的"物化"形式，而是这些"物化"形式所体现或携带的精神内容。精神客体是人类在自己的活动中创造出来的，同时又成为人们继续进行研究和认识的对象。

主体与客体是实践活动的两极，主体与客体要形成现实的实践活动，还需要一个将这二者现实地连接起来的中介，这就是各种形式的工具以及运用、操作这些工具的程序和方法。实践的工具是适应主体与客体相互作用的方式而产生和发展起来的。就实物构成来看，实践的工具可以分成两类。

一类是作为人的肢体延长、体能放大的工具系统。从手工工具、畜力到机器系统和动力系统，都属于这种实践工具。这一部分实践工具的共同特点，是强化了人的某一方面的体力，放大了人的某一方面的功能，从而作为主体与客体之间相互作用的中介和导体而发挥作用。

另一类是作为人的感官和大脑延伸、智力放大的工具系统。从传统的望远镜、显微镜到现代的自动探测器、遥感装置，从机械计算器到电子计算机系统等等，都属于这类实践工具。这一类工具是人的感官和大脑的放大，对它们的使用突破了人的感官和大脑的自然界限，极大地提高了主体接收、处理和加工信息的能力。

实践活动是一个以主体、中介、客体为基本骨架的动态的发展系统。其中，主体是能动性的因素，客体是制约性因素，实践的工具则是把主体与客体连接起来，使二者之间的相互作用得以实现的中介。

从实践的主体与客体相互作用的特点和实质看，这种相互作用既不同于一般的物质实体之间的相互作用，也不同于一般的精神与物质之间的相互作用，而是把这两种相互作用包含于自身的一种特殊的相互作用。具体地说，主体与客体的相互作用具有物质性的特点，但又不能把这种相互作用的本质归结为一般的物质性。除人以外,物与物之间的相互作用都是无意识的、盲目的,都不可能以主体与客体相互作用的形式出现。而在主体与客体的相互作用中,出现了一般物质实体相互作用所没有的崭新的关系,这就是目的与手段、能动者与受动者、创造者与被创造者之间的关系。因此,主体在主体与客体的相互作用中处于主导地位和中心地位。

正因为如此,在实践过程中,主体一方面受到客体的限定,另一方面又不断地发展自己的能力和需求,以自觉能动的活动不断打破客体的限定,从而超越现实客体。主体与客体之间这种限定和超越或限定中的超越关系,就是实践主体与客体相互作用的实质。

从实践主体与客体相互作用的内容和结果看,这种相互作用是通过主体对象化和客体非对象化的双向运动而实现的。

所谓主体对象化,是指人通过实践使自己的本质力量转化为对象物。马克思指出,"在生产中,人客体化,在消费中,物主体化"①。物质生产活动是人们运用自身的力量并运用工具改造天然物的过程。在这一过程中,对象按照主体的需要发生了结构和形式上的变化,形成了自然界原来所没有的种种对象物。这些对象物是人的体力和智力的物化体现,是主体的本质力量通过活动转化为静止的物质的存在形式,即积淀、凝聚和物化在客体中。因此,主体的对象化也就是主体通过对象性活动向客体的渗透和转化,即主体客体化。实际上,不仅生产如此,人类一切实践活动的结果都是主体对象化的结果。

所谓客体非对象化,是指客体从客观对象的存在形式转化为主体生命结构的因素或主体本质力量的因素,客体失去对象化的形式,变成主体的一部分。在主体对象化的同时,还发生着客体非对象化的运动。在物质生产活动中,主体一方面通过物质和能量的输出改变着客体,同时主体也需要把一部分客体作为直接的生活资料加以消费,或者把物质工具作为自己身体器官的延长包括在自身的生命活动中。这些都是客体向主体的渗透和转化,即客体主体化。实际上,人通过改造对象的活动消化精神产品,使之转化为主体意识的一部分,也是客体非对象化,即客体主体化的表现。

主体对象化或者说主体客体化,造成人的活动成果的体外积累,形成了人类积累、交换、传递、继承和发展自己本质力量的特殊方式——社会遗传方式,

---

① 《马克思恩格斯全集》第46卷上,人民出版社1979年版,第26页。

从而使人类的文明成果不会因个体的消亡而消失。同时，人通过客体非对象化或者说客体主体化这种形式占有、吸收对象（包括前人的活动成果），又不断丰富人的本质力量，从而提高主体能力，使主体能以更高的水平去改造客体。因此，实践主体与客体的相互作用总是不断地在新的基础上进行。

主体对象化和客体非对象化或者说主体客体化和客体主体化的双向运动，是人类实践活动两个不可分割的方面，人们就是通过这种活动形式不断解决着现实世界的矛盾。这种运动形式是客体对主体的限定性和主体对客体的超越性的生动表现。换言之，限定中的超越，这是实践主体与客体相互作用的实质，构成了人类实践活动的本质内容。正是在这种限定中的超越中，人类创造出属人的对象世界。

五、实践：世界二重化的基础

实践的观点是马克思主义哲学首要的和基本的观点，这一命题本身就蕴含着实践的世界观意义。实践的世界观意义集中体现在世界的二重化，以及属人的对象世界，即现存世界的形成和发展上。

世界的二重化首先体现为主观世界与客观世界的分化，而实践则是主观世界和客观世界分化与统一的基础。

所谓主观世界，是指人的意识、观念世界，是人的头脑反映和把握物质世界的精神活动以及心理活动的总和，它既包括意识活动的过程，又包括意识活动过程所创造的观念，即意识活动的成果。主观世界不仅起于主体的心意以内，而且表现为主体的心意状态。从总体上看，主观世界是知、情、意的统一体。

客观世界是指"物质的、可以感知的世界"，是人的意识活动之外的一切物质运动的总和。从内容上看，客观世界包括两个部分，即自然存在和社会存在。前者不依赖人的活动而独立存在，后者形成于人的实践活动之中但又不以人的意志为转移。二者的共同之处就在于，它们都是具有客观实在性的物质存在，而非意识、观念的存在或集合体。

主观世界与客观世界具有异质性。客观世界存在于人的意识活动之外，具有直接现实性，并按照自己固有的规律运动着。外部自然存在的物质基础在其自身，人的社会存在的物质基础是物质生产方式。主观世界则是以人脑为物质(生理)基础,以意识诸要素及其运动为机理。主观世界存在于人脑之内,其广延性、伸张性,即意识、思维空间体现在意识、思维活动中。从这个意义上说,主观世界就是主体精神活动所具有的智慧,思维能力大小强弱的幅度、界限,它所能接受、理解和处理信息的思维容量域。

主观世界与客观世界具有异质性,但从内容上看,二者又具有同构性。所谓同构,是指具有彼此对应的基本要素及其结构方式。主观世界和客观世界的同构性是由主观世界本身形成的前提、条件和基础造成的。主观世界并不是离开客观世界而独立自有的实体,也不是一个超然于客观世界而绝对孤立自存的世界,相反,它从属于客观世界。

当然,起于心意之内的"由己性"是主观世界的基本特征之一。正是这种"由己性",使人们可以在心意之内随意组合、建构客体,从而使主观世界既可能表现、肯定客观世界,又可能偏离、超越客观世界。但是,从内容上看,这种表现、肯定或偏离、超越都源于客观世界。主观世界是对客观世界的反映,它在观念的形式中反映着客观世界的内容,在概念中凝结着对客观世界本质的理解。"观念的东西不外是移入人的头脑并在人的头脑中改造过的物质的东西而已。"[1]主观世界实质上是被人的头脑所反映并转换为观念形式的客观世界,在内容上源于客观世界,因此,二者必然具有同构性。

问题在于,主观世界并不是客观世界自动分化的结果,也不是人们对客观世界"直观"的结果,更不是由各种"先天范畴"构成的思维之网。主观世界以及主观世界和客观世界的关系形成于人的实践活动中。就其发生而言,实践是主观世界最切近的基础。正是在实践活动中,世界发生了分化,物质世界被反映在人的头脑中并转化、内化为主观世界。换言之,实践使世界二重化为主观世界和客观世界。

实践不仅使世界二重化为主观世界和客观世界,而且从根本上制约着主观世界和客观世界接触的范围,以及主观世界的广度和深度。客观世界的内容转化为主观世界的内容是一个不断扩大和深入的过程。对于每一时代的特定的主体来说,并不是客观世界的所有内容都能转化为主观世界的内容,只有纳入到人的实践以及认识活动范围内的那部分客观世界才能转换为主观世界的内容,或者说,只有被纳入到人的实践以及认识活动中的那部分客观世界为

---

[1] 《马克思恩格斯全集》第23卷,人民出版社1972年版,第24页。

主体所接受和认识,并沉积、内化为意识的内容、容量框架、纵横幅度和界限,才能转换为主观世界。实践是主观世界和客观世界的接触点,从根本上制约着世界的二重化运动。

实践又是主观世界和客观世界的转换器。不仅客观世界只有通过实践以及认识活动才能转换为主观世界,而且主观世界,尤其是其中的理想存在只有通过实践才能转换为现实的存在,成为客观世界的一部分,并不断地更新着客观世界的内容。正是在这个意义上,列宁指出:"人的意识不仅反映客观世界,并且创造客观世界。"①实践本身就是主观见之于客观的活动,是主观和客观的"交错点","它不仅具有普遍性的品格,而且还具有直接现实性的品格"②。正因为如此,实践成为主观世界和客观世界相互转换的基础和途径。

实践是人的有目的的活动。这种有"目的的活动不是指向自己……而且为了通过消灭外部世界的规定的(方面、特征、现象)来获得具有外部现实形式的实在性"③。换言之,人在实践活动中并非仅仅接受客观世界及其规律,而且要依据自己的目的利用客观规律去改变客观世界的现存状况,使之成为符合人的目的要求的新的状态,即成为属人的对象世界。因此,在主观世界和客观世界分化与统一的过程中,又同时形成了自在世界和属人的对象世界,即人类世界的分化与统一。

自在世界和人类世界是两个相对应的概念。自在世界又称天然自然,这一概念包含着两重含义:首先,自在世界是人类世界产生之前就已存在的自然界,是人类世界产生之前的先在世界;其次,自在世界又是人类活动尚未达到的自然界。自然界在广度和深度上都是无限的,永远存在着人类活动尚未达到的部分,即尚未被人化的部分。人类世界则是指在人类实践基础上形成的人化自然和人类社会的统一体。

自在世界和人类世界都具有客观实在性。人们并不是在自在世界之外创造人类世界,而是在自在世界所提供的材料的基础上建造人化自然、人类社会、人类世界的。人的实践可以改变天然自然的外部形态、内部结构乃至其规律起作用的方式,但它不可能消除天然自然的客观实在性。相反,天然自然的客观实在性通过实践延伸到人化自然、人类社会、人类世界之中,并构成了人

---

① 《列宁全集》第55卷,人民出版社1990年版,第182页。
② 《列宁全集》第55卷,人民出版社1990年版,第183页。
③ 《列宁全集》第55卷,人民出版社1990年版,第183页。

类世界客观实在性的自然基础。

人类世界不同于自在世界。自在世界是独立于人的活动或尚未被纳入到人的活动范围内的自然界,其运动变化完全是自发的,一切都处在盲目的相互作用之中。人类世界和人的活动不可分离。人化自然是被人的活动所改造过的自然,它体现了人的需要、目的、意志和本质力量;人的社会关系则是人的社会活动的对象化。

当然,人类世界不可能脱离自在世界,它以自在世界为自己存在和发展的前提。但人类世界毕竟不同于自在世界,它并不是自在世界自动延伸的产物。从根本上说,人类世界是人的实践活动的对象化,是人的对象世界。统一的物质世界本无自在世界和人类世界之分,只是出现了人及其活动之后,"自然之网"才出现缺口并一分为二,即在自在世界的基础上分化出一个与它既对立又统一的人类世界。实践就是自在世界和人类世界分化与统一的基础。

作为改造自然的、有目的的活动,实践不仅使自在世界即天然自然发生形态的改变,而且把人的目的性因素注入到自然界的因果链条当中,使自然界的因果链条按同样客观的"人类本性"运动。实践虽然不能使自然物的本性和规律发生变化,但却能把人的内在尺度运用到物质对象上去,按人的方式来规范物质转换活动的方向和过程,改变物质的自在存在形式。

正因为如此,在物质实践中,人是以物的方式同自然界发生关系的,得到的却是自然或物以人的方式而存在,天然自然这个"自在之物"日益转化为体现了人的目的并能满足人的需要的"为我之物"。这一过程就是自然"人化"的过程,其结果是从天然自然中分化出人化自然。"自然的人化"强调的是"自然界对人说来的生成过程"①。换言之,"自然的人化"强调的不是自然界的变化,而是自然界在人的实践过程中不断获得属人的性质,不断地被改造成为人的生存和发展的条件,成为人的本质力量的确证和展现。所以,马克思认为,人化自然"是人的现实的自然界",是"人类学的自然界"。

自然的"人化"过程同时就是人类社会形成和发展的过程。人们在从事实践改造自然的同时,又形成、改造和创造着自己的社会联系和社会关系。实践首先是人以自身的活动来引起、调整和控制人与自然之间物质变换的过程;在这个过程中,人和人之间又要互换其活动并必然结成一定的社会关系。这就

---

① 《马克思恩格斯全集》第 42 卷,人民出版社 1979 年版,第 131 页。

是说,实践本身就包含着人与自然之间的物质变换和人与人之间的活动互换,包含着人与自然的关系和人与人的关系。

可见,人化自然和人类社会及其内在联系都是在实践活动中形成的。人化自然和人类社会的统一构成了人类世界。人通过自己的实践在自在世界的基础上建造了属人的世界,从而又使世界二重化为自在世界和人类世界。

在实践活动中,自在世界和人类世界"这两方面是不可分割的;只要有人存在,自然史和人类史就彼此相互制约"①。具体地说,自在世界构成了人类世界存在和发展的自然前提,人的实践活动把天然自然同化于人自身,转化为自己的本质力量,同时又把这种本质力量对象化于人类世界;人类世界形成之后又反过来制约天然自然,不断地改变自在世界的界限。现代科学成果表明,自然史上的最高"会聚"发生在自然史向人类史的转化,此时较低层次的自然系统成为较高层次的社会、文化系统的组成部分,而社会、文化系统又对自然系统施加着"约束"。

天然自然通过实践活动转化为人化自然,并在人化自然、人类世界中延续了自己的存在;同时,人化自然又不可避免地参与到整个大自然的运动过程中,或者说,仍然要加入到由自然规律支配的自在世界的运动过程中。这里,会出现两种情况:一是自在世界运动以其强大的力量强行铲除人化自然的痕迹,使人的活动成果趋于淡化甚至消失;二是人化自然改变了自然规律起作用的范围和结果,改变了各种自然过程,特别是生物圈内物质、能量的流通与变换。这就可能产生对人不利的负面效应,如生态失衡。正因为如此,恩格斯提出了自然界"对人的报复",以及"人类同自然和解"的问题。马克思也认为,应当合理地调节人和自然之间的物质变换,"在最无愧于和最适合他们的人类本性的条件下进行这种物质变换。但是不管怎样,这个领域始终是一个必然王国。……自由王国只有建立在必然王国的基础上,才能繁荣起来"②。

可见,人的实践活动是一种不断分化世界,不断使世界二重化,又不断统一世界的活动。对人来说,世界既是本原性的存在,又是对象性的存在。所以,马克思认为,不仅要从客体方面,而且要从主体方面,从"感性的人的活动",即实践方面去理解"对象、现实、感性"。实践分化与统一世界的过程,实

---

① 《马克思恩格斯选集》第1卷,人民出版社1995年版,第66页。
② 《马克思恩格斯全集》第25卷下,人民出版社1974年版,第927页。

际上就是使"自在之物"转化为"为我之物","按照人的样子来组织世界"①的过程,是创造出按照自在世界本身的运动不可能产生的事物,即创造世界、形成现存世界的过程。

六、实践:现存世界的本体

本体的原意是指"作为存在的存在",实际上是指事物得以产生、存在和发展的源泉、基础和根据。现存世界,即人类世界当然不能归结为人的意识,但同样不能还原为天然自然。人类意识、人类社会以至整个人类世界对天然自然具有不可还原性。人的实践才是人类世界得以存在和发展的源泉、根据和基础,在人类世界的运动中具有导向作用,即人通过自己的实践活动"为天地立心",在物质实践活动的基础上重建世界。换言之,实践是现存世界,即人类世界的本体。

现存世界在内容上包含着自然和社会两个方面。但是,人类世界不是自然界和社会的相加,而是在实践基础上形成的人化自然和人类社会"二位一体"的世界。在现存世界中,自然与社会相互制约、相互渗透,呈现在人们面前的是"历史的自然和自然的历史",或者说,是社会的自然和自然的社会。

从本质上看,社会的自然也就是"人化自然"。毫无疑问,人们并不是在自在自然之外创造人化自然,而是在自在自然所提供的材料的基础上表现自己的本质力量,建造人化自然。人的实践可以改变自在自然的外部形态和内部结构乃至其规律起作用的方式,但是它不可能消除自在自然的客观实在性。相反,自在自然的客观实在性通过实践延伸到人化自然之中,并构成了人化自然客观实在性的自然基础。

人化自然又不同于自在自然,自在自然是独立于人的活动或尚未被纳入到人的活动范围内的自然界,其运动完全是自发的,一切都处在盲目的相互作用中。人化自然和人的活动不可分离。人化自然是被人的活动所改造的自然,它体现了人的需要、目的、意志和本质力量,是人的活动的对象化。人化自然的独特性就是它对主体实践活动的依赖性。从根本上说,人化自然是人的实践活动的对象化,属于人的对象世界。统一的物质世界本无自在自然和人

---

① 《马克思恩格斯全集》第42卷,人民出版社1979年版,第24页。

化自然之分,只是出现了人及其活动之后,"自然之网"才出现了缺口并一分为二,即在自在自然的基础上叠加了一个与它既对立又统一的人化自然。而实践就是自在自然和人化自然分化与统一的基础。

实践不仅使自在自然发生形态的改变,同时还把目的性因素注入到自然界的因果链条之中,使自然界的因果链条按同样客观的"人类本性"发生运转。实践虽然不能使自然物的本性和规律发生变化,但却能把人的目的运用到物质对象上去,按人的方式来规范物质转换活动的方向和过程,改变物质的自在存在形式。正如恩格斯所说:"我们不仅发现一个运动后面跟随着另一个运动,而且我们也发现,只要我们造成某个运动在自然界发生时所必需的那些条件,我们就能引起这个运动,甚至我们还能引起自然界中根本不发生的运动(工业),至少不是以这种方式发生运动,并且我们能赋予这些运动以预先规定的方向和范围。"①

在实践中,自在自然这个"自在之物"日益转化为体现了人的目的并能满足人的需要的"为我之物",这一过程就是自然的"人化"过程,其结果是从自在自然中分化出人化自然。"自然的人化"强调的是"自然界对人说来的生成过程",换言之,"自然的人化"强调的不是自然界的变化,而是自然界在人的实践过程中不断获得属人的性质,不断地被改造为人的生存和发展的条件,成为人的本质力量的确证和展现。因此,人化自然"是人的现实的自然界",是"真正的、人类学的自然界"②。

人们在从事物质生产、改造自然的同时,又改造、创造着自己的社会联系和社会关系。"为了进行生产,人们相互之间便发生一定的联系和关系;只有在这些社会联系和社会关系的范围内,才会有他们对自然界的影响,才会有生产。"③没有人与人之间的社会关系,也就不可能有人与自然的现实关系,"一切生产都是个人在一定社会形式中并借这种社会形式而进行的对自然的占有"④。这就是说,自然的"人化"是在社会之中而不是在社会之外实现的。正是在这个意义上,马克思指出:"自然界的人的本质只有对社会的人说来才是存在的;因为只有在社会中,自然界对人说来才是人与人联系的纽带……才是

---

① 《马克思恩格斯选集》第4卷,人民出版社1995年版,第328页。
② 《马克思恩格斯全集》第42卷,人民出版社1979年版,第128页。
③ 《马克思恩格斯选集》第1卷,人民出版社1995年版,第344页。
④ 《马克思恩格斯全集》第46卷上,人民出版社1979年版,第24页。

人的现实的生活要素;只有在社会中,自然界才是人自己的人的存在的基础。"①这就是说,自然的"人化"过程同时就是人类社会形成和发展的过程。

实践改造自然,不仅仅是改变自然物的形态,更重要的,是在自然界中灌注人的本质力量和社会力量,使人的本质力量和社会力量本身进入到自然存在当中,并赋予自然存在以新的尺度——社会性或历史性。在现存世界中,自然界意味着什么,自然对人的关系如何,人对自然的作用采用了什么样的形式、内容和范围等,都受到社会关系的制约。一定的社会关系体现在人化自然上,并给自然物一种独特的社会性质。要把人化自然从实践的社会形式中分离出去是不可能的。在现实世界中,自然不仅保持着天然的物质本性,而且被打上了人的烙印;不仅具有客观实在性,而且具有社会历史性。人化自然是一个社会(历史)范畴,本质上是社会的自然或"历史的自然"。

在现存世界中,如同自然被社会所中介一样,反过来,社会也被自然所中介。人类社会是在劳动所引起的人与自然之间的物质变换中形成并发展起来的,人类历史也无非是"自然界对人的生成过程"。在现存世界中,作为客体的自然其本身的规律绝不可能被完全消融于对它进行占有的社会过程中。通过实践,自然进入到社会之中,转化为社会生活的要素,并制约着社会的发展。自然不是外在于社会,而是作为一种恒定的因素出现在历史过程中;社会的需要归根到底只有通过自然过程的中介才能实现。

"在实践上,人的普遍性正表现在把整个自然界——首先作为人的直接的生活资料,其次作为人的生命活动的材料、对象和工具——变成人的无机的身体。"②人与自然之间的物质变换构成了社会存在和发展得以实现的"永恒的自然必然性"。社会发展既不是纯自然的过程,也不是脱离自然的超自然的过程,而是包括自然运动在内的、与自然历史"相似"的过程。正是在这个意义上,社会是自然的社会或"自然的历史"。把自然以及人对自然的理论和实践关系从社会(历史)中排除出来,也就等于把社会(历史)建立在虚无上。

社会的自然与自然的社会或"历史的自然和自然的历史"都是人们对象性活动的产物。实践是社会与自然相互作用、相互制约、相互渗透的中介,也是二者互为中介的现实基础。一句话,实践是现存世界得以存在的根据和基础,

---

① 《马克思恩格斯全集》第42卷,人民出版社1979年版,第122页。
② 《马克思恩格斯全集》第42卷,人民出版社1979年版,第95页。

在现存世界的运动中具有导向作用。现存世界当然不能归结为人的意识,但同样不能还原为自在自然。社会的自然与自然的社会都是通过人类实践活动实现或表现的。现存世界只能是实践中的存在。实践的世界观或本体论意义首先体现在它使世界二重化了,创造出一个与自在世界既对立又统一的人类世界,即现存世界。

实践的本体论意义不仅体现在世界的二重化以及现存世界的形成上,而且体现在现存世界的不断发展中。如前所述,现存世界是实践中的存在,而实践本身就处在不断的变化发展之中。因此,现存世界是一个动态的,不断生成、不断形成更大规模和更多层次的开放体系。马克思早就批判过费尔巴哈唯物主义认识世界的直观性:"他没有看到,他周围的感性世界决不是某种开天辟地以来就直接存在的、始终如一的东西,而是工业和社会状况的产物,是历史的产物,是世世代代活动的结果,其中每一代都立足于前一代所达到的基础上,继续发展前一代的工业和交往,并随着需要的改变而改变它的社会制度。"[1]人与自然的统一"在每个时代都随着工业或慢或快的发展而不断改变"[2],"这种活动、这种连续不断的感性劳动或创造、这种生产,是整个现存的感性世界的基础"[3]。

现存世界对人的生存具有直接的现实性,所以,马克思又把现存世界称为"现实世界""感性世界""人类世界"。人类世界的现实性包含着客观性,而人类世界的实践性又进一步确证人类世界的客观性,并使人类世界及其与自在世界的关系呈现出历史性。现实性、客观性、历史性、实践性,构成了人类世界及其与自在世界关系的总体特征,其中,实践性是根本特征。人类世界只能是实践中的存在,实践构成人类世界的真正的本体。正因为如此,马克思把感性世界理解为"构成这一世界的个人的全部活生生的感性活动"[4]。

正因为现存世界对人的生存具有现实性,而实践又构成了现存世界的本体,所以,实践与人的生存状态密切相关。如前所述,动物是在消极适应自然的过程中维持自己生存的,动物的存在方式就是其本能活动,是由其生理结构特别是其活动器官的结构决定的。与此不同,人是在利用工具积极改造自然

---

[1]《马克思恩格斯选集》第1卷,人民出版社1995年版,第76页。
[2]《马克思恩格斯选集》第1卷,人民出版社1995年版,第77页。
[3]《马克思恩格斯选集》第1卷,人民出版社1995年版,第77页。
[4]《马克思恩格斯选集》第1卷,人民出版社1995年版,第78页。

的过程中维持自己生存的,实践成为人的生命之根和立命之本,由此构成了人类特殊的生命形式,即构成了人的生存本体。

因此,马克思的哲学在确认实践是人的生存的本体的同时,又确认实践是现存世界的本体,二者是同一个问题的两个方面。在这个意义上,马克思的哲学是实践本体论。

传统本体论所追寻的宇宙本体是一个"不动的原动者",它断定有一个永恒的不动实体,在感觉事物之外有一个永恒不变而独立的实体。这是一种脱离现实的社会、现实的人及其活动的抽象的本体,是一切现实事物背后的所谓的"终极存在",实际上是一种"不存在的存在"。从这种抽象的存在或本体出发,无法认识现实。唯心主义本体论是这样,旧唯物主义本体论也是如此,而且二者是两极相通的。正如马克思所说,"那种排除历史过程的、抽象的自然科学的唯物主义的缺点,每当它的代表越出自己的专业范围时,就在他们的抽象的和唯心主义的观念中立刻显露出来"[1]。

马克思把哲学的聚焦点从宇宙本体转向人的生存本体和现存世界的本体,并确认实践是人本身感性存在的基础,是人生活于其中的感性世界存在的深刻基础,确认人通过实践创造了人的存在、社会存在。因此,马克思主义哲学并不是以一种抽象的、超时空的方式去理解和把握存在,而是从实践出发去理解和把握人的存在、社会存在,从人的存在、社会存在出发去解读存在的意义。这就是说,马克思主义哲学把人的存在本身作为哲学追寻的目标。

这表明,马克思主义哲学的本体论所探求的并不是所谓的"终极存在",而是"对象、现实、感性"何以成为这样的存在。"对象、现实、感性"生成于人的实践活动,是"对人而言"的。换言之,"对象、现实、感性"与人的实践活动是连接在一起的,本体论与人的实践活动密切相关。所以,马克思认为,对"对象、现实、感性"不能只从客体的形式去理解,而应同时"把它们当作感性的人的活动,当作实践去理解","从主体方面去理解",并明确指出:"对实践的唯物主义者即共产主义者来说,全部问题都在于使现存世界革命化,实际地反对并改变现存的事物。"[2]就这样,马克思主义哲学开辟出一条从本体论认识现实的

---

[1]《马克思恩格斯全集》第23卷,人民出版社1972年版,第410页。
[2]《马克思恩格斯选集》第1卷,人民出版社1995年版,第75页。

道路。

七、对马克思主义本体论理解的两种模式

斯大林对马克思主义哲学本体论的理解和论述在马克思主义史上曾长期占据统治地位,被定于一尊,奉为经典。卢卡奇则是西方马克思主义的创始人,他对马克思主义哲学本体论的理解和论述代表着西方马克思主义者解读马克思哲学的路向,并从20世纪80年代以后,开始影响中国哲学界。所以,对斯大林与卢卡奇的观点作一简要评述有助于我们正确理解马克思主义哲学及其本体论。

从时间上看,苏联模式的马克思主义哲学形成于20世纪20—30年代,在斯大林的《论辩证唯物主义和历史唯物主义》那里被定于一尊,成为马克思主义哲学的唯一形式或正统形式。苏联模式的马克思主义哲学在一定程度上、一定范围内反映并深化了马克思哲学的一些观点,但从总体上和根本上说,这种体系或模式没有反映出马克思哲学的本真精神,相反,它在很大程度上曲解了马克思的哲学及其本体论。具体地说,在苏联马克思主义哲学模式中,辩证唯物主义是一种研究自然界的方法和解释自然界的理论,历史唯物主义不过是这种所谓的辩证唯物主义,即一种自然观在社会历史领域中的"推广"和"运用"。在斯大林看来,"历史唯物主义就是把辩证唯物主义的原理推广去研究社会生活,把辩证唯物主义的原理应用于社会生活现象,应用于研究社会,应用于研究社会历史"①,而辩证唯物主义则是这样一种思想体系,即"它对自然界现象的看法,它研究自然现象的方法,它认识这些现象的方法是辩证的,它对自然界现象的解释,它对自然界现象的了解,它的理论是唯物主义的"②。

不难看出,斯大林实际上是把辩证唯物主义理解为一种与历史过程无关的自然观,并把这种所谓的辩证唯物主义作为历史唯物主义的理论基础。在这种所谓的辩证唯物主义中,自然是脱离人的活动的自然,是从历史中抽象出来的自然,实际上就是马克思在批判费尔巴哈时所说的那种开天辟地以来就已存在的、始终如一的东西。经过这一分离、抽象之后,一种"抽象物质"便构

---

① 《斯大林选集》下卷,人民出版社1979年版,第424页。
② 《斯大林选集》下卷,人民出版社1979年版,第424页。

成了所谓的辩证唯物主义的基石,形成了以自然为基石的本体论。

以此为基础,斯大林进行了一系列从自然到社会的逻辑推演:"既然自然现象的联系和相互制约是自然界发展的规律,那么由此可见,社会生活现象的联系和相互制约也同样不是偶然的事情,而是社会发展的规律";"既然我们关于自然界发展规律的知识是具有客观真理意义的、可靠的知识,那么由此应该得出结论:社会生活、社会发展也同样可以认识,研究社会发展规律的科学成果是具有客观真理意义的、可靠的成果";"既然自然界、存在、物质世界是第一性的,而意识、思维是第二性的,是派生的;既然物质世界是不依赖于人们意识而存在的客观实在,而意识是这一客观实在的反映,那么由此应该得出结论:社会的物质生活、社会的存在,也是第一性的,而社会的精神生活是第二性的,是派生的;社会的物质生活是不依赖于人们意志而存在的客观实在,而社会的精神生活是这一客观实在的反映,是存在的反映",如此等等。①

这就是说,在斯大林那里,从辩证唯物主义到历史唯物主义实际上是从自然存在到社会存在的逻辑运作过程。尽管在《论辩证唯物主义和历史唯物主义》中,斯大林没有提到"本体"或"本体论"一词,但他实际上是把马克思主义哲学归结为自然本体论。这样一来,马克思主义哲学从社会存在到自然存在的逻辑方向被颠倒了,人的生存方式被忽略了,实践的本体论意义以及人的主体性被遮蔽了。这是向以"抽象物质"为本体的自然唯物主义的复归,是一次惊人的理论倒退,马克思哲学划时代的贡献在相当大的程度上被抛弃了。这表明,斯大林实际上是在用旧唯物主义的逻辑解读马克思的新唯物主义。从根本上说,苏联模式的辩证唯物主义就是马克思所说的那种"抽象的唯物主义",那种"排除历史过程的、抽象的自然科学的唯物主义"。当它脱离人的实践活动和社会生活,侈谈"世界的物质性"时,就已经悄悄地踏上了马克思所批判的"抽象物质的或者不如说是唯心主义的方向"②。

斯大林在一定程度上、一定范围内看到了历史唯物主义与辩证唯物主义之间的联系,但他割裂了理论与方法的内在联系,混淆了马克思的新唯物主义与旧唯物主义的本质区别。在论述"马克思主义哲学唯物主义的基本特征"时,斯大林向我们展示的实际上是新唯物主义与旧唯物主义的共同点,并把

---

① 《斯大林选集》下卷,人民出版社1979年版,第435—436页。
② 《马克思恩格斯全集》第42卷,人民出版社1979年版,第128页。

"物质是一切变化的主体"这句话当作马克思本人的话加以引用,把它作为"马克思主义哲学唯物主义的基本特征"之一。实际上,这是一段明显的误引,即斯大林把马克思对霍布斯思想的复述看成是马克思本人的思想,把马克思所批判的观点看成是马克思本人所赞赏的观点。这不是偶然的疏忽,它表明斯大林并未清楚认识到新唯物主义与旧唯物主义的本质区别。

总之,斯大林所理解的辩证唯物主义实质上是一种理论与方法相分离、唯物论与辩证法简单相加,并且带有浓厚的自然唯物主义色彩的自然观。以这样一种"排除历史过程"的所谓的辩证唯物主义作为历史唯物主义的理论基础或马克思主义哲学的本体论,必然使马克思主义哲学所关注的人的实践及其本体论意义被消解,人与人的关系被掩盖在物与物的关系之中,生产方式的发展成了一种神秘的运动过程,历史规律成了一种独立于人的实践活动之外的预成的"绝对计划"。斯大林企图通俗地阐述马克思主义哲学,但他却简单化地理解了马克思的哲学及其本体论,并在这条道路上走到了逻辑的终点。

卢卡奇对斯大林的哲学思想持一种激烈批判的态度。在马克思主义史上,卢卡奇的创造性贡献之一,就是确认科学的实践观是历史唯物主义的理论基础,并把历史唯物主义规定为社会存在本体论,即社会实践本体论。按照卢卡奇的观点,在社会存在中,实践,尤其是作为"第一实践"的劳动,始终占据着基本的、核心的地位,整个社会存在就其本体论特征而言,正是建筑在人类实践的基础上。"正是马克思的劳动理论,即把劳动理解为有目的、创造性存在物的唯一的生存方式的理论,第一次奠定了社会存在的特性。"[1]正是在这个意义上,卢卡奇把社会存在本体论又称为"社会实践本体论"。

卢卡奇认为,"人的劳动总有目的——它定下目的,而这个目的是选择的结果,因此人的劳动表达人的自由。但是这种自由的存在,只表现在使服从物质世界因果规律的客观自然力量运转起来"[2]。这就是说,对象性的劳动包含着人的目的性,存在着客观的物质前提。这是一种能动的、改造自然的活动,它在客观的因果链条中插入了人的目的这一环节,不仅使自然发生形式变化,而且还在自然物中实现人的目的,从而使自然不断地被"社会化"。同时,自然存在对社会存在的"限制"不会消失,"这里谈的是自然限制的退却,而不是自

---

[1] [匈]卢卡奇:《社会存在本体论导论·下卷——若干最重要的综合问题》,白锡堃等译,重庆出版社1993年版,第24页。
[2] 杜章智等编译:《卢卡奇自传》,社会科学文献出版社1986年版,第294页。

然的消失",人类不可能"完全扬弃这些限制"。这样,卢卡奇就把人和自然的物质变换以及物质和观念的变换过程纳入实践范畴,从而使实践概念有了实在的内容。

卢卡奇的见解与马克思的见解是一致的。在《1861—1863年经济学手稿》和《资本论》中,马克思明确提出:劳动首先是人与自然之间物质变化的过程,是占有自然物质的有目的的活动。"劳动首先是人和自然之间的过程,是人以自身的活动来引起、调整和控制人和自然之间的物质变换的过程。""劳动过程结束时得到的结果,在这个过程开始时就已经在劳动者的表象中存在着,即已经观念地存在着。他不仅使自然物发生形式变化,同时他还在自然物中实现自己的目的,这个目的是他所知道的,是作为规律决定着他的活动的方式和方法的,他必须使他的意志服从这个目的。"①卢卡奇由此认为,实践构成了人类社会的本体论基础:"正是劳动把目的性和因果性之间的、以二元论为基础的、统一的相互关系引入存在之中,而在劳动之前,自然界只有因果过程。所以,这一由两个方面构成的复合体仅仅存在于劳动及其社会结果中,存在于社会实践中。于是,改造现实的目的性设定的活动就成了一切人类社会实在的本体论基础。"②

由于正确理解了实践及其在社会中的地位,卢卡奇便极为强调"物质实践""劳动"是马克思主义哲学的基本范畴,并通过实践范畴把社会和自然联系起来,力图建立社会存在本体论。"劳动概念是我分析的关键""遵循马克思的思想,我把本体论设想为哲学本身,但是在历史基础之上的哲学……人类社会,它的本质就是人的有目的的行为,也就是劳动。这是最主要的新范畴,因为它把一切都包括在内。"③的确如此,马克思明确指出:"全部社会生活在本质上是实践的。"④

至此,卢卡奇回到马克思,恢复了马克思的哲学本体化的本来面貌,并展示了一个新的思想地平线。

可是,就在卢卡奇向我们展示了一个新的思想地平线时,他突然又后退了一步,即把一般本体论或者说自然本体论作为社会存在本体论的前提和基础,

---

① 《马克思恩格斯全集》第23卷,人民出版社1972年版,第201—202、202页。
② [匈]卢卡奇:《社会存在本体论·上卷——社会存在本体论引论》,白锡堃等译,重庆出版社1993年版,第11页。
③ 杜章智等编译:《卢卡奇自传》,社会科学文献出版社1986年版,第203页。
④ 《马克思恩格斯选集》第1卷,人民出版社1995年版,第56页。

认为"社会本体论应以一般本体论为前提","一般本体论或更具体地说是无机自然本体论之所以是一般的,是因为没有哪一种存在物不是以某种方式以无机界为存在基础的"①。因此,社会存在本体论只能建立在自然本体论的基础上。"只是在一种辩证唯物主义本体论的基础上,历史唯物主义才获得了它的内在必然性,才获得了它的坚实的科学根据。"②

卢卡奇对斯大林的哲学思想进行了严厉的批判。在具体阐述历史唯物主义原理时,卢卡奇的确不同于斯大林,达到了社会存在本体论的新境界,然而,在理解历史唯物主义与辩证唯物主义的关系,以及辩证唯物主义与自然唯物主义的关系时,卢卡奇又与斯大林不谋而合,具有惊人的相似之处,即卢卡奇最终把辩证唯物主义理解为历史唯物主义的理论基础,同时又把辩证唯物主义自然本体论化。这样一来,马克思所批判的自然唯物主义、自然本体论竟然反过来成为马克思主义哲学的前提和基础了。

这的确是一个悲剧,一个对卢卡奇来说似乎不该发生、可确实发生了的理论悲剧。造成这种状况的根本原因就在于,在卢卡奇的脑海中有一个挥之不去的阴影,即一种依据"时间在先"的发生学的考察方法。以此为方法论依据,卢卡奇把无机自然、有机自然和人类社会这三大存在方式"在伟大的不可逆转的世界存在过程中的先后顺序当作从本体论上进行自我思考的核心来加以理解"③。由此,我们也就不难理解卢卡奇为什么最终把自然本体论作为社会存在本体论的前提和基础了。

历史常常出现这样一种奇特的现象,即一个伟大哲学家的某一理论以至其整个哲学理论往往在其身后,在经历了较长时间的历史运动之后,才真正显示出它的内在价值,重新引起人们的重视。马克思实践本体论的历史命运也是如此。马克思的实践本体论是在19世纪中叶提出、创建的,"从来没有人像马克思那样全面地研究过社会存在本体论"④。然而,这种新的本体论在当时

---

① [匈]卢卡奇:《社会存在本体论·上卷——社会存在本体论引论》,白锡堃等译,重庆出版社1993年版,第372页。
② [匈]卢卡奇:《社会存在本体论·下卷——若干最重要的综合问题》,白锡堃等译,重庆出版社1993年版,第181—182页。
③ [匈]卢卡奇:《社会存在本体论·上卷——社会存在本体论引论》,白锡堃等译,重庆出版社1993年版,第26页。
④ [匈]卢卡奇:《社会存在本体论·上卷——社会存在本体论引论》,白锡堃等译,重庆出版社1993年版,第370页。

乃至相当长的历史时期内并未引起人们的关注和理解。20世纪的历史运动，实践、科学以及哲学本身的发展，使马克思实践本体论的内在价值和当代意义凸显出来了。因此，我们应在实践的基础上重构实践本体论，从而实现马克思主义本体论的复兴。

八、主体性原则：马克思主义哲学的基本原则

主体性作为哲学范畴并不是马克思主义哲学的独创，但马克思主义哲学对其有独特的理解。否认马克思主义哲学的主体性范畴和主体性原则，或者仅仅把它归结为主观性，都是对马克思主义哲学的误读。正是对主体性范畴的新唯物主义的理解，使马克思主义哲学同传统哲学，包括旧唯物主义哲学在本质上区分开来了。

探讨主体性范畴，必须把哲学史上曾经有过的和当代西方仍然流行的关于主体性的理解，同马克思主义哲学对主体性的理解区分开来，必须对它们的内涵、侧重点和角度作出理论上的认定和区别。

从哲学发展史来看，主体性作为一种观念早已产生，古希腊哲学家普罗泰戈拉提出"人是万物的尺度"，中国古代哲学家孟子提出"万物皆备于我"的命题，就表征着主体性范畴的重要意义。但在马克思对主体性范畴作出实践唯物主义的改造前，主体性范畴在一些不正确的前提下和过于狭窄的范围内运行着。归结起来，主要有四种类型。

其一，主体性是从我出发的抽象精神能动性原则。笛卡儿的"我思故我在"，康德的"人为自然立法"，费希特的"自我设定非我"，黑格尔的绝对精神的"实体即主体"等等，都是这一演化过程中的不同阶段。特别是康德，把历史上由客体出发，使主体围绕客体旋转的思维方式，扭转为从主体出发，使客体围绕主体旋转的思维方式，提出了具有普遍意义的主体性原则问题。但是，无论是康德，还是黑格尔和上述其他人，都只是在精神性、主观性的框架内，或在认识论的范围内谈主体性。马克思批评他们"和唯物主义相反，能动的方面却被唯心主义抽象地发展了，当然，唯心主义是不知道现实的、感性的活动本身的"[①]。马克思一语中的，唯心主义的主体性是抽象的能动性，其要害就在于不

---

① 《马克思恩格斯选集》第1卷，人民出版社1995年版，第54页。

懂得感性活动即实践。

其二,主体性是从私人利益出发的个人主义原则。个人作为历史范畴,是资本主义生产方式的产物。资产阶级的思想家把个人抽象为"鲁滨逊式"的和卢梭的"自然人",并把"私人利益"确定为社会的最高原则。他们提出这样的思想:每个人追求自己的私人利益,而且仅仅是自己的私人利益;这样,也就不知不觉地为一切人的私人利益服务,为普遍利益服务。因此,当每个人追求自己私人利益的时候,也就达到了私人利益的总体即普遍利益。① 马克思也批评了这种观点,因为对私人利益的普遍肯定立即可以转化为普遍否定,这就是每个人都妨碍别人的利益实现;而且关键在于,尽管"个人总是'从自己出发的'",但"单个人的历史决不能脱离他以前的或同时代的个人的历史,而是由这种历史决定的"②。在这里,问题分成两个方面:一是个人在任何情况下总是从自己出发,这是毫无疑问的;二是个人从自己出发"不是唯一的",而是"这种历史决定的"。对此必须作出分析。

其三,主体性是以非理性为内核的个人存在原则。作为对理性的逆动,尼采在"重估一切价值"的口号下,开辟了当代非理性主义思潮的先河。这一思潮把人的个体存在归结为意志、生命运动、非理性,直到弗洛伊德深入到"本我"的潜意识领域。即使这样,非理性主义作为对资本主义畸形的工业文明的反抗,作为揭示理性对立面的非理性的意义,仍然有着不可否认的合理因素。

其四,主体性是以"理解"为特殊途径的人的意义世界的原则。人对世界的把握,是通过大量中介系统来进行的,中介使统一的世界多重化。以符号中介为例,符号一方面是指称,一方面是意义,因而在这一中介过程中世界对人具有了二重化或多重化的意义。符号的功能也相对独立,指称指向对象世界,而意义指向文化世界。从维柯的"历史哲学"、狄尔泰的"释义学方法"一直到现代的现象学、现象学的释义学、哲学释义学以及理解社会学等,始终把重心置放于"理解"和"解释"上,即指向人的"意义世界""文化世界"。这一人文主义思潮走着不同于科学主义的道路,其影响在现代世界越来越大。

毋庸讳言,主体性在西方已经走的和正在走的道路,强调的是人的精神能动性、思维的建构性、人的个体存在、非理性和意义世界,它们在反对对世界作

---

① 《马克思恩格斯全集》第46卷上,人民出版社1979年版,第102页。
② 《马克思恩格斯全集》第3卷,人民出版社1960年版,第514、515页。

纯客体主义、自然主义的把握的同时,也反对着唯物主义和马克思主义。但是,这绝不能证明主体性就是主观性,弘扬主体性便是赞美个人主义、唯心主义。

这里,存在两个问题:一是西方哲学史对主体性形形色色的理解,在总体上和方向上是错误的,但它们的合理性仍然是必须肯定和承认的,而要做到这一点,就要研究、分析和合理地批判它们;二是马克思对主体性有着自己的理解方式,对我们说来,重要的是深入研究和阐明马克思主义的主体性和主体性原则,并沿着这一方向前进。因噎废食、谈虎色变,绝不是马克思主义者的态度。

只要研读马克思的《关于费尔巴哈的提纲》《1844年经济学—哲学手稿》《神圣家族》《德意志意识形态》等著作,就不难发现,马克思正是以他对主体性的理解来建构自己的新唯物主义的,这一立场贯穿马克思的一生。

应该指出,在马克思的时代,旧唯物主义已经江河日下,只从纯"客体"和"直观"的角度来理解世界,把自然规律套到社会和人的活动上面,完全抹杀了人的能动性,如在霍布斯那里,"唯物主义变得敌视人了"①。而唯心主义的能动性是抽象的,二者共同的根本缺陷就是不懂实践。马克思则是从"革命的实践"出发来建构自己的主体范畴的。在马克思看来,主体不是精神、理性和作为唯一者的"我",主体是活生生的在"社会历史中行动的人",是"社会的人类"。这就是说,所谓主体,是指人与周围世界相互作用过程中的社会实践者、行为者、改造者、控制者。马克思一再强调,新唯物主义的立脚点是"人类社会或社会的人类"。这种新唯物主义不同于历史上以"解释世界"为己任的旧哲学,而是一种主体能动的"改变世界"的哲学。② 可见,马克思的哲学从实践和主体出发,实现的是一场哲学思维方式、坐标、出发点和哲学形态的革命。

在马克思的哲学中,主体性是社会实践者的特性,是以实践活动为轴心而展开的主体与客体关系中的主体的特性。具体地说,主体性是人对世界的实践改造性,是从人的内在尺度出发来把握物的尺度的特性,是以人的发展和人的主体地位为思维坐标的、对世界改造的意义。主体性是马克思主义哲学关于群众的历史作用和无产阶级历史使命理论的哲学根据。马克思主义哲学的

---

① 《马克思恩格斯全集》第2卷,人民出版社1957年版,第164页。
② 《马克思恩格斯选集》第1卷,人民出版社1995年版,第57页。

主体性范畴表征着这样三个方面的问题：一是人在世界中的地位，即人尽管是世界发展的产物，但人产生之后，对世界处于一种主导地位；二是人对世界的把握方式，是以实践为轴心的，是人类参与到整个世界运动中的存在方式；三是人与世界关系的发展方向。只要把 20 世纪的发展与人类历史、物质世界的历史相比较，就不难发现，至高无上的自然界的存在"不过是人的对象，不过是有用物；它不再被认为是自为的力量；而对自然界的独立规律的理论认识本身不过表现为狡猾（指理性的狡猾——引者注），其目的是使自然界（不管是作为消费品，还是作为生产资料）服从于人的需要"①。

这就是说，以往的哲学以说明世界是什么为目标，而马克思主义哲学从根本上改变了这一点。正如马克思所说，费尔巴哈"和其他的理论家一样，只是希望确立对存在的事实的正确理解，然而一个真正的共产主义者的任务却在于推翻这种存在的东西"②。哲学应从"自然的崇拜"中解放出来，使自在的世界服从人的需要和人的发展。当然，由此绝不能得出可以无视自在世界客观性的结论，这里只是提出了这样的思维方式；人类作为世界的主体当然要把握对象的客观性，但绝不应停留在客观性上；更重要的是，如何使客观性与人的内在尺度、存在方式、需要、利益、发展等结合起来。正是在这一意义上，可以把马克思主义哲学归结为按人的发展来改变世界的哲学。这就是马克思主义哲学的主体性范畴的主要意义所在。

如果从总体和动态过程来分析马克思主义哲学的主体性范畴，那么，主体性范畴有三个显著特征。

第一，"从主体出发"或"从'我'出发"的特点。

主体性说明人对世界的关系总是"从自己出发"的"为我而存在"的关系。否则，就无所谓主体的地位可言。这里，必须指出："为我而存在"的关系，并非指世界是为某个个人、私人而存在的，而是指人类对世界的把握是以"人类为中心"的，是从人的内在尺度出发的对物的把握，是从社会出发的对自然的把握。马克思把这种关系称为"为我而存在"的关系，并认为这是人类区别于动物的根本特性之一："凡是有某种关系存在的地方，这种关系都是为我而存在的；动物不对什么东西发生'关系'，而且根本没有'关系'；对于动物来说，它对

---

① 《马克思恩格斯全集》第 46 卷上，人民出版社 1979 年版，第 393 页。
② 《马克思恩格斯选集》第 1 卷，人民出版社 1995 年版，第 96—97 页。

他物的关系不是作为关系存在的。"①

动物与他物的关系是一种自在的关系,它不能把这种关系作为自己的对象,因而"为我而存在"的关系,因而也就不是主体;人类则把自己提升为唯一的自由自觉的能动者和改造者,当实现这一历史转折后,世界也就转化为主体对象性活动中的对象世界,成为人的"有用物"。这说明,人与世界的关系就是人作为主体与对象世界的关系,人类只从人类的角度,从自身的坐标、内在尺度而特殊地把握世界。企图离开这一出发点,而从无中心、无人类的角度来描述世界,在实践中是做不到的,在理论上则是历史的倒退。

毫无疑问,主体性这一"为我而存在"的关系,对于旧唯物主义思维方式的冲击是致命的,它包含着对世界、自然界、社会和人类发展的革命性的理解,它与现代科学和实践所揭示的方向相一致。要承认马克思主义的主体性范畴,就必须承认人对世界的关系是"为我而存在"的关系,而且人类又把这一关系本身作为自己认识和改造的对象,从而使人的活动达到自由自觉。

第二,实践改造的特点。

按照马克思主义哲学的观点,主体性的本质特征就是对世界的实践改造性,这是马克思主义哲学区别于其他哲学流派对主体性理解的根本之点,其内涵就是以人的方式来改造物的存在方式,使物按人的方式而存在。这是人参加到世界进程中去的方式,因而绝不能把实践仅仅理解为人与世界的一种中介关系。主体的实践改造性表明主体是"普遍利用自然属性和人的属性的体系",是"社会成员对自然界和社会联系本身的普遍占有"。②

当然,还可以从其他方面对实践改造性作出分析:从内容上考察,实践改造性是人化世界一切关系得以发生、存在和发展的原生点;从形式上考察,实践改造关系包含着物质转换关系、精神认识关系、价值评价关系三大关系;从动态过程考察,实践改造活动则包含目的、手段、自我认识、反馈、追求真善美以及理想等的综合运动过程。应该说,现代西方思潮中的精神能动性、人的个体性、非理性、意义世界等,都只有置入实践发展过程中才能得到合理解释,同样,思维与存在、历史主体与客体、历史决定论与选择论的关系等,也只有在实践活动中才能得到全面理解。总之,从实践出发是把握自然、社会、思维和人

---

① 《马克思恩格斯选集》第 1 卷,人民出版社 1995 年版,第 81 页。
② 《马克思恩格斯全集》第 46 卷上,人民出版社 1979 年版,第 392、393 页。

的发展的基石,也是理解主体性的钥匙。

第三,符合人类发展的特点。

尽管马克思批判抽象的人道主义、纯粹的"我",但这并不能证明人性、个人等范畴在马克思那里是无足轻重的。恰恰相反,马克思提出了自己的人性、个人等范畴,并把它们贯彻到主体性范畴中。马克思认为,历史"也是个人本身力量发展的历史"①,整个历史无非是"人类本性"的不断改变而已,而未来的共产主义,只是人类在最无愧于和最适合于他们的"人类本性"的条件下来进行这种物质变换。这就指明了人与自然关系发展的方向,即在什么样的条件下来协调二者的关系,包括三方面内容:人类本性、个人;物质转换;最无愧于和最适合于他们的人类本性的条件。

那种认为强调主体便是否认或忽视客体的观点是没有根据的。因为主体始终是对象性活动中的主体,而主体性是进行主体活动的主体特性,这些概念本身展现为一种关系中的存在,是一种现实的历史发展的关系,只不过在主客体关系中,主体具有主导的地位,因而是一个更为重要的范畴罢了。

从上述三个方面把握马克思主义哲学的主体性范畴具有根本性。这里,需要注意两个问题。

其一,主体性包含着主观性,但不能归结为、等同于主观性,问题是反过来的,主观性从属于主体性。当主体作为能动的物质系统去改造作为客体的物质系统时,它当然包含着对世界进行认识的主观性,但更重要的是主体对客体的物质、能量、信息的转换过程,对社会关系和自然的普遍占有过程。把主体性当作主观性,实际上仍然为近代哲学的理解所局囿,而没有达到马克思主义哲学的理解;把马克思主义哲学的主体性理论当作主观性来批判,必然导致向旧唯物主义的倒退。

其二,主体性包含个人性、非理性等在内,但不能因此把主体性归结为个人性、非理性等。马克思主义哲学的主体性是在实践活动中展开的主体性,并不是纯粹的个人活动、私人利益的冲动。问题在于,如果把马克思主义哲学的主体性范畴当作纯粹个人活动、私人利益的冲动等来理解,或者把纯粹个人活动、私人利益的冲动当作主体性的本质来批判,其结果都将是对马克思主义哲学的一种背离。

———————
① 《马克思恩格斯选集》第 1 卷,人民出版社 1995 年版,第 124 页。

第十七章

重建唯物主义历史观

唯物主义历史观的创立无疑是思想史的"事件",它使"历史"真正成为科学。然而,唯物史观本身又是一个问题的王国。无论是唯物史观的研究对象,还是理论职能;无论是唯物史观的出发点范畴,还是基本原则;无论是唯物史观的决定论,还是选择论;无论是唯物史观的生产方式观点,还是社会形态观点……都存在着认识上的较大分歧。重建马克思主义哲学体系,需要厘清唯物史观的这些重要问题。

一、实践:唯物主义历史观的出发点范畴

在唯物主义历史观创立之前,存在着三种历史观,即唯心主义历史观、人本唯物主义历史观和自然主义历史观。唯心主义历史观或者用神灵的意志来说明人类社会的产生,认为历史本质上是"神定的一种秩序",或者主张精神或观念是历史的本质,认为"绝对理性"或人的观念,尤其是英雄的意志是社会发展的决定力量。人本主义历史观认为人性决定社会的本质、特征及其变化,人类历史是人的本性——人性异化——人性复归的历史。人本主义历史观实际上是一种用抽象的人性解释历史,以人性作为观察和解决社会问题最高标

准的历史观。自然主义历史观看到了自然条件对社会的影响和制约作用,但它又夸大了这种作用,夸大了社会与自然的同一性。正如恩格斯所说,"自然主义的历史观……是片面的,它认为只是自然界作用于人,只是自然条件到处决定人的历史发展,它忘记了人也反作用于自然界,改变自然界,为自己创造新的生存条件"①。

从认识论的角度看,唯心主义历史观、人本主义历史观和自然主义历史观之所以没有正确理解社会的本质,根本原因就在于,不理解实践及其在社会生活中的地位和作用,或者"不知道现实的、感性的活动本身",或者"不了解'革命的'、'实践批判的'活动的意义"②。

唯物主义历史观通过对实践在社会生活中的作用的深入而全面的分析,科学地揭示了社会的本质,即"全部社会生活在本质上是实践的"③。

第一,实践是社会关系的发源地。

如前所述,实践是人以自身的活动来引起、调整和控制人与自然之间物质变换的过程。在这个过程中,人们不仅同自然界发生了一定的关系,而且人与人之间也要互换其活动并结成一定的关系。人们如果不"以一定的方式共同活动和互相交换其活动",便不能进行生产。"为了进行生产,人们相互之间便发生一定的联系和关系;只有在这些社会联系和社会关系的范围内,才会有他们对自然界的影响,才会有生产。"④

这就是说,人与自然的关系和人与人的关系相互制约,共生于实践活动中。实践构成了社会关系的发源地,并以浓缩的形式包含着全部社会关系。正如马克思所说:"以一定的方式进行生产活动的一定的个人,发生一定的社会关系和政治关系。"⑤

第二,实践构成了社会生活的基本领域。

实践有三种基本类型,即制造物质生活资料的实践、改造社会关系的实践以及创造精神文化的实践。这三种实践既相互区别又相互作用,构成了社会生活的基本领域,即社会的物质生活、政治生活和精神生活。在整个社会生活

---

① 《马克思恩格斯选集》第4卷,人民出版社1995年版,第329页。
② 《马克思恩格斯选集》第1卷,人民出版社1995年版,第54页。
③ 《马克思恩格斯选集》第1卷,人民出版社1995年版,第56页。
④ 《马克思恩格斯选集》第1卷,人民出版社1995年版,第344页。
⑤ 《马克思恩格斯选集》第1卷,人民出版社1995年版,第71页。

过程中,物质生产实践具有基础和决定作用。物质生产实践所引起的人与自然之间的物质变换构成了社会存在的基础,物质生活的生产方式制约着整个社会生活、政治生活和精神生活的过程。所以,唯物主义历史观始终是"从物质实践出发来解释观念的形成"①。

这就是说,存在与意识的关系生成于人的实践活动之中。社会存在是人的实际生活过程,社会意识则是对人的实际生活过程的"反射"与"回声",只有实践才能揭示社会意识的"秘密"。例如,在宗教神学中,世界被二重化为宗教世界和世俗世界,而造成这一现象的根本原因,是世俗世界本身发生了自我分离和自我矛盾,就是说,"世俗基础使自己从自身中分离出去,并在云霄中固定为一个独立王国"②。因此,"凡是把理论引向神秘主义的神秘东西,都能在人的实践中以及对这个实践的理解中得到合理的解决"③。

第三,实践构成了社会发展的动力之源。

人们自己创造自己的历史,社会发展不过是人的实践活动在时间中的展开。社会发展的动力不会也不可能产生于人的实践活动之外,它只能产生于人的实践活动之中。社会发展的根本动力,即生产力与生产关系的矛盾就形成于人们的物质生产实践中。马克思指出,生产关系与生产力"就是交往形式与个人的行动或活动的关系"④。即使社会发展的最终决定力量——生产力也不是纯粹的外部自然力,而是人的实践能力。实践构成了社会发展的动力之源。

唯物主义历史观确认实践是社会的本质,也就是从实践出发去理解社会,或者说,把社会"当作实践去理解"。在阐述唯物主义历史观的根本特征时,马克思指出:唯物史观"始终站在现实历史的基础上,不是从观念出发来解释实践,而是从物质实践出发来解释观念"。"意识在任何时候都只能是被意识到的存在,而人们的存在就是他们的现实生活过程。"⑤这表明,唯物史观的出发点范畴是实践。

出发点范畴的不同,预示着唯物主义历史观与唯心主义历史观、人本主义

---

① 《马克思恩格斯选集》第 1 卷,人民出版社 1995 年版,第 92 页。
② 《马克思恩格斯选集》第 1 卷,人民出版社 1995 年版,第 55 页。
③ 《马克思恩格斯选集》第 1 卷,人民出版社 1995 年版,第 56 页。
④ 《马克思恩格斯选集》第 1 卷,人民出版社 1995 年版,第 123 页。
⑤ 《马克思恩格斯选集》第 1 卷,人民出版社 1995 年版,第 92、72 页。

历史观、自然主义历史观的本质不同。按照马克思的观点,全部社会生活在本质上是实践的,历史无非是人通过人的劳动而诞生的过程,是历史主体与客体相互作用的过程。从发生学意义上说,历史主体与客体都不是预成的、以自身完满的形态进入人类历史的,相反,历史主体与客体都是人们实践活动的创造和重建的结果。人的社会存在只能是实践中的存在,生产力是人们的实践能力。从根本上说,历史是人的实践活动在时间中的展开,是主体连续不断的建构过程,是自然界对人的生成过程,是"人改造自然"与"人改造人"的过程。因此,唯物主义历史观从"感性的人的活动"出发,以实践为出发点范畴来考察和理解一切历史现象,来审查、评价和改变以往历史观的范畴和规范。

人只能通过实践才能维持自己的存在。实践首先是人以自身的活动引起、调整和控制人与自然之间物质变换的过程;在这个过程中,人与人之间也必须进行活动互换,并结成一定的社会关系;而物质实践又生产物质生活本身,制约政治生活、精神生活、社会生活。这就是说,实践是一切社会关系"由此产生"的源泉,是历史运动的本质内容,是人的存在方式。正是在这三重意义上,实践具有历史本体论的意义。不是别人,正是马克思把历史理解为追求着自己目的的人的活动,并认为"整个所谓世界历史不外是人通过人的劳动而诞生的过程,是自然界对人说来的生成过程"[1]。因此,以实践为出发点范畴来考察历史主体与客体的关系,反思历史的进程及其规律,便成为唯物主义历史观的根本特征。

在唯物主义历史观中,实践原则也就是主体性原则,马克思始终是把实践和主体联系在一起来考察人类历史的,并认为人既是历史的"剧中人",又是历史的"剧作者"[2]。具体地说,人不仅生活和活动于一定的社会关系中,而且又不断地变革和创造着自己的社会关系。实践是主体自身不断重建的活动,是环境的改变与人的自我改变相统一的活动。因此,出现在历史中的人不仅是一个被决定的存在,而且(甚至首先)是一个创造性的存在。人的被决定性只是作为某种历史条件的制约因素出现在人的创造活动之中。

唯物主义历史观确认历史规律的客观性,并认为历史规律构成了人们历史活动的可能性前提,决定了历史发展的大概趋势,从而制约着人类历史的行

---

[1]《马克思恩格斯全集》第42卷,人民出版社1979年版,第131页。
[2]《马克思恩格斯选集》第1卷,人民出版社1995年版,第147页。

程。正是在这个意义上,马克思认为,社会的历史同自然的历史是"相似的"。然而,相似不等于相同。从本质上说,历史规律是人们自己活动的规律,它不可能脱离人的实践活动而成为独立的实体,也不是消融人的能动性、创造性的"盐酸池"。人是历史的主体,人的实践活动是历史的本体。因此,唯物史观的前提是现实的个人及其活动。在马克思看来,"只要描绘出这个能动的生活过程,历史就不再像那些本身还是抽象的经验论者所认为的那样,是一些僵死的事实的汇集,也不再像唯心主义者所认为的那样,是想象的主体的想象活动"①。

对于唯物主义历史观来说,实践、主体性问题不是一个局部性的问题,而是一个全局性的问题。然而,自从斯大林的唯物史观模式被定于一尊以来,实践原则、主体性原则都被忽视了,历史发展被看成是"内在结构"自律的变化,人仅仅被看作是社会关系、历史规律的体现者和传导者,一种脱离了人的实践活动,脱离了经济、政治、文化的交互作用而自动、纯粹起作用的"经济必然性"成了历史的主宰。唯物主义历史观的划时代贡献在相当大的程度上被抛弃了。

实际上,人在这个世界上诞生之后,就进入了存在的组合,并以自身赋予存在以新的尺度。如果仅仅从客体方面来研究历史,那只能是一种片面的研究。现代科学技术革命触及人的活动的一切领域,深刻地改变了人的生存条件。这种改变是双重的:既增强了人对自然的统治力量,又使得这种统治力量有可能摆脱人的控制,反过来威胁到人类的生存。同时,现代社会改革的实践又再次突出了社会环境对人的制约性和人对社会环境的改造和创造的问题。这表明,现代科学和实践的发展,都越来越突出了实践问题、主体问题;同时,现代科学和实践的发展又为人们对实践问题、主体问题进行哲学反思提供了普遍的必要性和现实的可能性。因此,重建唯物主义历史观必须以实践为出发点范畴,以主体为轴心重审历史主体与客体关系,反思历史的进程及其规律。

以实践为出发点范畴,唯物主义历史观还具有两个重要特征,即经济必然性和历史总体性。

与黑格尔把历史规律归结为历史理性不同,马克思把历史规律归结为物

---

① 《马克思恩格斯选集》第 1 卷,人民出版社 1995 年版,第 73 页。

质实践活动,归结为生产方式运动中产生的经济必然性。经济必然性的内容就是,生产力决定生产关系,从而决定整个社会关系;生产力则是人们改造自然的能力,实质上就是人与自然相互作用的结果。在历史观中,没有比这样一种相互作用更根本的相互作用了。相互作用是事物发展的终极原因。在这个意义上,历史哲学不能追溯到比人与自然的相互作用更远的地方了。物质生活的生产方式制约着整个社会生活、政治生活和精神生活的过程,经济必然性构成一条贯穿于全部历史进程并能使我们从根本上理解这个进程的红线。经济必然性是唯物历史观的内在原则。

但是,历史是人们自己创造的,经济必然性不可能脱离人们的实践活动而成为独立的实体,自动地发生作用;同时也不可能脱离政治、文化等社会因素而纯粹地发生作用。政治、文化等社会因素之间相互作用,同时对经济必然性产生反作用。在这种相互作用中,政治、文化等社会因素能够在某种限度内改变经济必然性,使经济必然性或多或少地受到影响,并发生某种程度的"变形"。经济必然性同样具有历史性。经济必然性在人与自然的相互作用中产生,在与政治、文化等社会因素的相互作用中发生某种程度的改变,也必然在历史主体和客体的相互作用中实现。

唯物主义历史观并不研究整个历史,但却把历史作为整体来研究。构成唯物史观重要特征的,不仅是经济必然性原则,而且还有历史总体性原则。卢卡奇因此指出,必须把"总体的具体的统一"的辩证方法引入对历史的分析中,"只有在这种把社会生活中的孤立事实作为历史发展的环节并把它们归结为一个总体的情况下,对事实的认识才能成为对现实的认识"①。这种知识就是"概念总体"。

根据历史总体性原则,在整个历史进程中,没有一个重大历史事件的起源不能用经济关系来说明;同时,没有一个重大历史事件不为一定的政治因素和意识形态所引导、所伴同、所追随。历史的演变在任何时候都不是在一种经济的平面上进行的。经济变革需要通过政治变革来实现,而观念变革又是政治变革的先导,如此等等。经济、政治、观念的交互作用形成一种立体网络,历史演变正是通过这种网络结构而进行的。

因此,唯物主义历史观把历史理解为一个总体,理解为一个能够变化,并

---

① [匈]卢卡奇:《历史与阶级意识》,杜章智等译:商务印书馆1999年版,第58页。

且经常处于变化过程中的有机体。"这种历史观就在于,从直接生活的物质生产出发阐述现实的生产过程,把同这种生产方式相联系的、它所产生的交往形式即各个不同阶段上的市民社会理解为整个历史的基础,从市民社会作为国家的活动描述市民社会,同时从市民社会出发阐明意识的所有各种不同理论的产物和形式,如宗教、哲学、道德等等,而且追溯它们产生的过程。这样当然也能够完整地描述事物(因而也能够描述事物的这些不同方面之间的相互作用)。"①

可见,在对于历史的理解中,唯物主义历史观当然要根据经济必然性理解历史,但唯物史观并不把自己局限于"经济解剖学",而是同时注意直接或间接为经济必然性所决定的社会现象的总和。在这个意义上,唯物史观是关于历史总体的唯物主义"现象学"。历史总体性因此是唯物史观的又一内在原则。

二、历史认识论:唯物主义历史观的理论生长点

在现代,历史哲学关注的重点和力图解决的基本问题,就是历史认识的主观形式与客观内容的关系问题。唯物主义历史观同样关注并力图解决历史认识的主观形式与客观内容的关系这一历史认识论的基本问题。历史认识论是唯物史观的理论生长点和发展突破口。唯物史观的理论生长点包含三重含义:一是马克思有所论述,但又未具体展开、详加探讨的问题,或者说,是以胚胎、萌芽形式包含在唯物史观中的问题;二是这一问题又是现代科技革命和社会变革实践所突出的问题,即"热点"问题;三是现代实践和科学的发展又为解决这一问题提供了普遍的必要性和现实的可能性。正是在这三重意义上,历史认识论是唯物史观的理论生长点。

探讨人们创造历史活动的内在结构和运行机制是马克思那个时代首先要解决的主要课题。按照马克思的观点,自在自为运动着的是物质实践活动,人们在改造、认识自然界的同时,也在改造、创造和认识自己本身——他的肉体组织、社会关系和思维结构等。从根本上说,历史就是人对自然和社会的改造活动在时间中的展开。同时,人类创造历史的活动又是实际改造活动和观念认识活动共同作用的结果。其中,认识历史的活动也是人们创造历史活动的

---

① 《马克思恩格斯选集》第 1 卷,人民出版社 1995 年版,第 92 页。

组成部分。如同自然是人们认识活动的客体一样,社会历史也是人们认识活动的客体,并同样转化为认识的内容而被观念地加以把握。

唯物主义历史观不仅探讨了历史本身如何运动,而且也分析了人们如何认识历史运动。例如,马克思提出了顺向与逆向相统一的历史研究原则,即不仅要按照历史在时间上的发展顺序,作从古至今的考察,而且要作从今返古的考察。猴体解剖对于人体解剖是一把钥匙。低等动物身上表露的高等动物的征兆,只有在高等动物本身已被认识之后才能理解。在马克思看来,在人类历史上存在着和古生物学上一样的情形,所以,分析资本主义社会的结构和关系,"能使我们透视一切已经覆灭的社会形式的结构和生产关系"①。在《资本论》中,马克思明确提出了"从后思索"法,即"对人类生活形式的思索,从而对它的科学分析,总是采取同实际发展相反的道路。这种思索是从事后开始的,就是说,是从发展过程的完成的结果开始的"②。

然而,唯物主义历史观毕竟是 19 世纪中叶的产物,它创立之时所面临的首要理论问题,就是批判"历史思辨",确立历史观的唯物主义基础;它着重研究的是历史本身的过程及其规律,是一种关于历史过程的观点。无论是在马克思的《德意志意识形态》和《〈政治经济学批判〉序言》中,还是在恩格斯对历史唯物主义作了"最为详尽的阐述"的《反杜林论》和《费尔巴哈论》③中,唯物史观探讨的主要问题都是历史本身的规律,重心都放在从作为基础的社会存在中探索思想观念的形成,以及由这些观念所制约的行动。对于人们认识历史活动的特殊结构、机制以及规律,马克思、恩格斯都有所论述,但没有详加探讨和具体展开。因此,唯物史观带有浓重的历史本体论色彩,历史认识论只是以胚胎、萌芽的形式包含于其中。

现代实践和科学犹如一个巨大的引力场,吸引着哲学家、历史学家把自己的理论聚焦点从历史本体论转向历史认识论,而现代科学,尤其是量子力学、史学理论、思维科学、考古学、人类学以及哲学本身的发展,又为探讨历史认识论问题提供了普遍的必要性和现实的可能性。对历史认识论的深入探讨,已成为时代的需要以及人类认识发展的趋势。如果说近代历史哲学研究的重点是人类历史本身的运动规律,那么,现代历史哲学注意的中心则是如何认识历

---

① 《马克思恩格斯选集》第 2 卷,人民出版社 1995 年版,第 23 页。
② 《马克思恩格斯全集》第 23 卷,人民出版社 1995 年版,第 92 页。
③ 《马克思恩格斯选集》第 4 卷,人民出版社 1995 年版,第 697—698 页。

史本身的运动。

按照现代历史哲学的观点,要理解历史事实,首先就要分析和理解历史知识的性质,因为人们是通过历史知识去认识客观历史的。实际上,历史知识并不是客观的,而是历史学家的价值观念的产物,这些观念又来源于历史学家所面临的需要和环境。"这种过去的事实只要和现在生活的一种兴趣打成一片,它就不是针对一种过去的兴趣而是针对现在的兴趣的"[①],因此,"一切历史都是当代史"。

历史学的这种特殊性造成了历史认识论的必要性。克罗齐断言,历史哲学研究的不是历史本身,而是"史学史",历史哲学就是"有关历史认识论的研究"[②]。柯林武德认为,哲学的本质是反思,历史哲学就是"对历史思维进行哲学思考",反思历史思维是对"历史思维的前提和含义的一种批判性的探讨,是为发现历史思维在整个人类经验中的位置、它与其它经验形式的关系、它的起源及其有效性所作的一种尝试"[③]。因此,历史哲学是从哲学的角度来分析历史认识的性质,或者说是对历史知识进行哲学的批判,从而确定历史学努力的界限和特有价值,即发现历史认识在整个人类认识结构中的位置,历史认识与其他认识形式的关系及其有效性。

不难看出,现代历史哲学已把历史哲学的重心转移到对理性自身能力的批判上来了,即从历史本体论转换到了历史认识论。研究重心的这一转换并不意味着西方历史哲学的没落,相反,它表征着西方历史哲学的成熟。这是因为,人们认识客体的活动发展到一定阶段,就会转变为对这种认识活动本身的批判。正因为如此,20世纪40—50年代以后,对历史认识的性质、特点和方法进行分析,逐渐成了西方历史哲学的内容,"历史学家和哲学家几乎异口同声地赞同R. G. 柯林武德的名言:哲学是'思维的思想',因此历史哲学就是反映历史思想的性质和结构的第二层思维活动"[④]。

任何一门学科的研究重心,都要经历一个从不确定到确定,确定以后还要进行不断调整的过程。因此,唯物主义历史观应自觉地适应人类认识发展的趋势,及时地转换自己的研究重心,即从历史本体论转换到历史认识论。在我

[①] [意]克罗齐:《历史学的理论和实际》,傅任敢译,商务印书馆1982年版,第2页。
[②] [意]克罗齐:《历史学的理论和实际》,商务印书馆1982年版,第60—61页。
[③] 张文杰等:《现代西方历史哲学译文集》,上海译文出版社1984年版,第169、159页。
[④] [美]伊格尔斯:《历史研究国际手册》,陈海宏等译,华夏出版社1989年版,第20页。

看来,这正是唯物史观的理论生长点。

对于历史认识论的探讨,唯物主义历史观同样以实践为出发点范畴。唯物史观的高明之处就在于,它从人的现实实践是对客观历史反映的"转换尺度""显示尺度"出发探讨历史认识过程及其规律,并把历史认识看作是人们由现实实践激发的对客观历史的认识。人们认识历史是以现实实践这一特定的存在为中介的,因此,不存在一个抽象的反映以及从感性认识到理性认识的过程。认识是人们实践活动的内化与升华,对历史认识的广度和深度取决于实践的"格",以及由实践的格所内化和升华的思维的"格"。反映只是认识的一个特点,仅仅从反映论角度来探讨历史认识问题,显然是不够的。

对于历史认识,唯物主义历史观不仅要研究历史认识是如何通过个体意识转化为社会意识而实现的,而且要研究现代历史哲学面临的最突出的问题——作为认识主体的历史研究者与作为认识客体的客观历史过程之间关系的问题,以及与此相关的历史认识是否具有或怎样才能具有真理性的问题。现代实践、科学以及历史学和哲学的发展,日益突出了历史认识论的重要性,研究历史认识论问题已经成为历史哲学的发展趋势。因此,应适应现代实践、科学以及历史学和哲学的发展要求,使原先以胚胎、萌芽形式包含在唯物史观中的历史认识论问题突出出来,并予以系统、深入的研究,从而使唯物史观成为历史本体论与历史认识论相统一的"历史科学"。

所谓历史本体论,就是指探讨历史过程本身的性质和特点的理论,也就是恩格斯所说的"关于历史过程的观点";历史认识论则是指关于历史认识的性质和特点的理论。具体地说,历史认识论就是研究作为认识主体的人对于以人为主体的历史的认识活动及其规律的理论,如历史认识中的主观性与客观性的关系、相对性与绝对性的关系、阶级性与科学性的关系,历史认识的社会功能,历史认识的检验标准等,都属于历史认识论的问题。

如果说,从18世纪末到19世纪中叶是历史本体论的时代,那么,从19世纪末到20世纪中叶则是历史认识论的时代。当今,这两种系统在某种程度上出现了"合流"的趋势——人们在历史本体论"复活"的基础上深化历史认识论的研究。在我看来,之所以出现这种合流的趋势,是因为历史本体论与历史认识论具有内在的联系,只是由于不同时代认识水平的差别和不同的需要,才把研究重心或者放在历史本体论上,或者放在历史认识论上。唯物主义历史观应在深化历史本体论的基础上强化历史认识论研究,并把历史认识论与历史本体论统一起来,成为一个理论整体。

任何历史认识论总是或隐或显地以某种历史本体论为其立论的前提和依据。现代西方历史哲学蔑视历史本体论并把后者称为思辨的历史哲学,然而,它本身信奉的仍是一种本体论,即思想本体论、历史过程无规律论或多元论。例如,柯林武德之所以反对把自然科学的方法和概念引入历史学,强调历史认识的"设身处地的领悟方法",即历史认识就是在自己的心灵中对历史行动者的思想进行设身处地的"重演",其立论的依据正是一种历史本体论——历史是思想史。按照柯林武德的观点,"一个自然过程是各种事件的过程,一个历史过程则是各种思想的过程"①。可见,历史哲学企图避开历史本体论去探讨历史认识论,实际上是不可能的。既然历史认识论必须要以历史本体论为立论的前提和依据,那么,历史本体论就必然要对历史认识论起导向作用。这是一方面。

另一方面,历史本体论的真正确立又有赖于对人们认识历史能力的分析,而历史认识论就是对人们认识历史能力的考察。康德之所以能在哲学史上造成一场"哥白尼式的革命",实质原因就在于他提出了一个振聋发聩的思想:本体论的确立有赖于认识论的研究,对存在本身认识的是非曲直有赖于对理性认识能力的考察。正因为这一点,康德才把近代哲学家从形而上学"独断论"的迷梦中"唤醒",从而成为德国古典哲学的创始人。康德的这一观点同样适合于历史领域。现代历史哲学所提出的"历史科学如何可能"这一问题,实际上是康德的观点在历史领域中的"回声"。可见,历史本体论如果脱离了历史认识论,其结论必然是独断的、不可靠的。历史本体论的真正确立及其发展有赖于历史认识论的探讨及其发展。

从现代知识结构看,历史本体论主要揭示历史现象的本源与派生的关系。在这里,意识与社会存在都是作为唯物主义历史观的最高范畴出现的,而历史认识论正是要揭示意识与社会存在、认识与客观历史如何达到一致的辩证逻辑。因此,从实践范畴开始,唯物史观的全部范畴都应该把解决意识与社会存在、认识与客观历史的关系问题作为自己的内容。唯物史观的全部范畴都应既是历史本体论的范畴,又是历史认识论的范畴,从而解答意识与社会存在、认识与客观历史的关系问题。

---

① [英]柯林武德:《历史的观念》,何兆武等译,中国社会科学出版社1987年版,第245页。

唯物主义历史观不是对历史规律的客观描述,而是把研究的客体放到与意识的关系中去探讨怎样才能正确地把握历史规律;不仅回答"历史是什么"的本体论问题,而且回答"人们如何认识历史"的认识论问题。一句话,唯物史观应扬弃历史本体论与历史认识论的理论对立,同时实现着历史本体论与历史认识论的双重职能。

作为历史本体论与历史认识论的统一,唯物主义历史观同时又是历史方法论。所谓方法,乃是人们在认识活动和实践活动中获得一定成果的方式。任何科学方法,都必然包含着对对象自身运动规律的认识,从内容和本质上说,方法就是对规律的自觉运用。正如现代著名科学家 T.巴甫洛夫所说,科学方法"是'被移植'和'被移入'到人类意识中的客观规律性,是被用来自觉地有计划地解释和改变世界的工具"①。

从根本上说,历史方法论不过是历史规律的主观运用,不过是关于如何理解、掌握和运用一切具体的历史研究方法的理论,它提供的是如何对待和处理认识的主观形式与客观历史关系问题的基本原则,并以此指导人们去正确地认识历史。因此,历史方法论的主要之点并不在于它被到处运用,而在于它试图揭示历史认识向真理运动的规律,而这正是历史本体论、历史认识论的基本内容。因此,历史方法论的源头存在于历史本体论之中。现代西方两种基本的历史方法论,即"悟释式"("设身处地的领悟"方法)与"法则式"(以"普遍规律假设"为前提的推理方法)之争,其分歧的源头就在于二者对历史本身的看法不同。历史方法论与历史认识论、历史本体论具有内在的逻辑联系。

唯物主义历史观确认人类历史与自然历史有"相似"的一面,因此,历史科学与自然科学的方法也有其相通的一面;同时,唯物史观又确认人类历史的独特性,即人类历史本质上是追求着自己目的的人的活动,这一总特点带来了另外两个相互关联的特点,即人类历史发展的演进性最强和人类历史运动的重复率最低。因此,历史科学的方法又有其独特性。例如,"分析经济形式,既不能用显微镜,也不能用化学试剂。二者都必须用抽象力来代替。"②。实际上,对于整个历史科学来说,马克思所说的科学抽象法具有普遍意义。

恩格斯有句名言:随着自然科学划时代的发现,唯物主义也必然要改变自

---

① 引自柯普宁:《作为认识论和逻辑的辩证法》,赵修义等译,华东师范大学出版社 1984 年版,第 54 页。
② 《马克思恩格斯全集》第 23 卷,人民出版社 1972 年版,第 8 页。

己的形式。同样,随着社会生活的巨大变革和社会科学的划时代发展,唯物主义历史观也要改变自己的形式。唯物主义历史观的现代形态就是历史本体论、历史认识论和历史方法论的统一体,它从三个方面共同解决人们创造历史的活动和认识历史的活动面临的基本矛盾,标志着唯物主义历史观在理论性质、内容和职能等方面与其他一切历史哲学的根本不同。

三、现实的个人:人类历史的前提与产物

唯物主义历史观所理解的人首先是"有生命的个人",因为"全部人类历史的第一个前提无疑是有生命的个人的存在"。① 问题在于,"有生命的个人"是通过自身的实践活动改造自然而存在的,实践构成了人的特殊的生命活动形式。因此,"有生命的个人"就是"从事实际活动的人"。"这些个人是从事活动的,进行物质生产的,因而是在一定的物质的、不受他们任意支配的界限、前提和条件下活动着的。"②这就是说,在实践活动中存在的个人才是"现实的个人"。正如马克思所说,"我们开始要谈的前提不是任意提出的,不是教条,而是一些只有在想象中才能撇开的现实前提。这是一些现实的个人,是他们的活动和他们的物质生活条件,包括他们已有的和由他们自己的活动创造出来的物质生活条件"③。正是在这个意义上,马克思认为,"现实的个人"也就是这些个人的实践活动和物质生活条件。

现实的个人是自然存在物,具有自然属性。"人直接地是自然存在物……而且作为有生命的自然存在物。"④因此,唯物主义历史观"第一个需要确认的事实就是这些个人的肉体组织以及由此产生的个人对其他自然的关系"⑤。这是其一。其二,现实的个人是社会存在物,具有社会属性。"人不是抽象的蛰居于世界之外的存在物。人就是人的世界,就是国家,社会"⑥。在现实中,任何个人都不是孤立地站在自然面前,而是始终生活在特定的社会中,并作为社会的成员和自然相对立的。在社会之外,离开社会而"孤独的个人",充其量不

---

① 《马克思恩格斯选集》第 1 卷,人民出版社 1995 年版,第 67 页。
② 《马克思恩格斯选集》第 1 卷,人民出版社 1995 年版,第 71—72 页。
③ 《马克思恩格斯选集》第 1 卷,人民出版社 1995 年版,第 66—67 页。
④ 《马克思恩格斯全集》第 42 卷,人民出版社 1979 年版,第 167 页。
⑤ 《马克思恩格斯选集》第 1 卷,人民出版社 1995 年版,第 67 页。
⑥ 《马克思恩格斯选集》第 1 卷,人民出版社 1995 年版,第 1 页。

过是思维中的抽象。其三,现实的个人,又"是有意识的存在物"①,具有精神属性。动物的生命活动是一种生物的本能活动,而"人则使自己的生命活动本身变成自己的意志和意识对象。他的生命活动是有意识的……有意识的生命活动把人同动物的生命活动直接区别开来"②。

现实的个人是自然存在物、社会存在物和有意识的存在物,但本质上是社会存在物;人具有自然属性、社会属性和精神属性,但本质属性是社会属性。"人即使不象亚里士多德所说的那样,天生是政治动物,无论如何也天生是社会动物。"③人具有自然属性,动物也具有自然属性,但人的自然属性不是生物本能,不是纯粹的自然属性,而是打上了社会关系烙印的自然属性,并以扬弃的形式从属于人的社会属性。人的精神属性离不开人的社会因素,相反,它是在人的社会活动中形成的,其内容是社会生活的反映。"意识在任何时候都只能是被意识到了的存在,而人们的存在就是他们的现实生活过程。"④

动物是在本能、消极适应自然环境的过程中维持其生存的,所以,动物的存在方式就是其本能活动。与此不同,人是在有目的、积极改造自然的过程中维持自己生存和发展的,所以,实践构成了人的存在方式。唯物主义历史观正是从实践活动中出发理解和把握人的属性、人的本质的。

首先,实践改造和发展着人的自然属性。所谓人的自然属性,是指人的肉体组织、生物性的欲望和需要。马克思多次强调"人本身的自然",并认为人是"具有自然力、生命力,是能动的自然存在物;这些力量作为天赋和才能、作为欲望存在于人身上"⑤。问题在于,劳动、实践一经开始就成为强大的推动力,开始支配人类生物进化的方向。"已经得到满足的第一个需要本身、满足需要的活动和已经获得的为满足需要而用的工具又引起新的需要。"⑥实践使人的自然需要的对象、内容和满足方式与动物的自然需要相比发生了质的变化,赋予它们以不同于动物需要的属人性质,从而改造着人的自然属性。

其次,实践生成和发展着人的社会属性。人是社会存在物,人的本质在其

---

① 《马克思恩格斯全集》第42卷,人民出版社1979年版,第96页。
② 《马克思恩格斯全集》第42卷,人民出版社1979年版,第96页。
③ 《马克思恩格斯全集》第23卷,第363页。
④ 《马克思恩格斯选集》第1卷,人民出版社1995年版,第72页。
⑤ 《马克思恩格斯全集》第42卷,人民出版社1979年版,第167页。
⑥ 《马克思恩格斯选集》第1卷,人民出版社1995年版,第79页。

现实性上是社会关系的总和,而现实的社会关系是在人的实践活动中生成的。"无论是通过劳动而达到的自己生命的生产,或是通过生育而达到的他人生命的生产,就立即表现为双重关系:一方面是自然关系;另一方面是社会关系,社会关系的含义在这里是指许多个人的共同活动。"①在这种共同活动中,人们之间发生一定的社会关系。这种社会关系反过来又制约和规定着人的本质,生成和发展着人的社会属性。"我本身的存在就是社会的活动。"②正是在社会活动中,每个人都形成了自己的"个人的国家特质""个人的社会特质",更重要的是,这种社会特质又反过来改变并重塑着人的"肉体本性""私人特质",即人的社会属性不断改变并重塑着人的自然属性。所以,对于个人,"应当按照他们的社会特质,而不应该按照他们的私人特质来考察他们"③。一言以蔽之,"社会人的一定性质,即他所生活的那个社会的一定性质"④。换言之,人是在实践活动中"创造、生产人的社会关系、社会本质",从而使自己成为社会存在物的。

再次,实践生成和发展着人的精神属性。人是"有意识的类存在物"。有意识的生命活动把人同动物的生命活动区别开来,使人成为"能动的自然存在物"。问题在于,人的意识是在实践中生成、实现和确证的。"思想、观念、意识的产生最初是直接与人们的物质活动,与人们的物质交往,与现实生活的语言交织在一起的"⑤,是物质生产活动的"直接产物",后又成为物质生活过程的"必然升华物"。意识的形成离不开语言的产生,语言是意识的物质外壳,和意识具有同样长久的历史。问题在于,语言是在实践活动中由于人与人之间交往的需要才产生的。"语言是一种实践的、既为别人存在因而也为我自身而存在的、现实的意识。"⑥换言之,实践生成和发展着人的精神属性,使人的生命活动成为有意识的生命活动,使人成为"有意识的类存在物"。

人的自然属性、社会属性和精神属性是在实践活动中得以统一的,三者的统一从总体上构成了人的属性。

人的属性与人的本质密切相关,但又不同。"根据就是内在存在着的本

---

① 《马克思恩格斯选集》第1卷,人民出版社1995年版,第80页。
② 《马克思恩格斯全集》第42卷,人民出版社1979年版,第122页。
③ 《马克思恩格斯全集》第1卷,人民出版社1956年版,第270页。
④ 《马克思恩格斯全集》第19卷,人民出版社1963年版,第404页。
⑤ 《马克思恩格斯选集》第1卷,人民出版社1995年版,第72页。
⑥ 《马克思恩格斯选集》第1卷,人民出版社1995年版,第81页。

质,而本质实质上即是根据"①,黑格尔的这一观点无疑是正确的。人的本质就是人成为人的内在根据。在《关于费尔巴哈的提纲》中,马克思明确指出:"人的本质不是单个人所固有的抽象物,在其现实性上,它是一切社会关系的总和。"②

现实的人及其本质,是在后天与他人交往中形成的,是由他在社会关系中的地位决定的。真正决定现实的人及其本质的是他生活其中的社会关系的状况。一个人"成为奴隶或成为公民,这是社会的规定,是人和人或 A 和 B 的关系。A 作为人并不是奴隶。他在社会里并通过社会才成为奴隶"③。要真正认识人的本质,就必须深入到社会关系,尤其是生产关系之中。在分析资本家和工人的关系时,马克思指出:"资本家和雇用工人,本身不过是资本和雇佣劳动的体现者,人格化,是由社会生产过程加在个人身上的一定的社会性质,是这些一定的社会生产关系的产物。"④所以,《资本论》中"涉及到的人,只是经济范畴的人格化,是一定的阶级关系和利益的承担者"⑤。

人的本性与人的本质既有联系,又有区别。所谓人的本性,是指人生而俱有的属性,人的本质则是使人成为人的根据。马之所以是马,是因为它具有马的本性;某一具体的马之所以是良马,是因为马的本性在它身上表现得最集中、最充分。这种使马成为马的特性,是马这个种所具有的类本性。类本性是一种自然属性,它不是在个体之外存在的东西,而是个体本身所固有的自然本性。所以,生物中种的关系是个体与类的关系。人也具有这种类似的个体与类的关系。如果一个人不具有人所共有的类特性,当然不是人。人要成为人,从种的角度看,首先要具有人所共有的东西。

但是,人不仅是自然存在物,而且是社会存在物。构成人的本质的东西不是生物学上的类,而是社会关系。人的本质是在社会生活中形成的社会本质,即使是类本性,也会受到社会关系的再铸造而发生变化。人的自然本性取决于人的肉体组织,但人的自然本性的实现方式必然受到社会关系的制约。饮食男女本是人的自然本性,可"朱门酒肉臭,路有冻死骨"却是一种社会现象,

---

① [德]黑格尔:《小逻辑》,贺麟译,商务印书馆1980年版,第261页。
② 《马克思恩格斯选集》第1卷,人民出版社1995年版,第56页。
③ 《马克思恩格斯全集》第46卷上,人民出版社1979年版,第220页。
④ 《马克思恩格斯全集》第25卷,人民出版社1974年版,第995页。
⑤ 《马克思恩格斯全集》第23卷,人民出版社1972年版,第12页。

而"梁山伯与祝英台""罗密欧与朱莉叶"式的爱情悲剧体现的就是一种特定的社会关系和道德观念。"人生自古谁无死,留取丹心照汗青",这一千古绝句表明,人的生与死本身属于自然规律,而生与死的意义却决定于社会现象。正因为如此,马克思提出了人的"两种特质",即人的肉体特质(私人特质)与社会特质的问题,并认为人的本质不是人的"抽象的肉体的本性,而是人的社会特质",因此,"应该按照他们的社会特质,而不应该按照他们的私人特质来考察他们"①。

人们常说的某人没有人性,实际上不是指某人丧失了人的自然本性,而是指他的所作所为违反了社会公认的做人的准则。唯物主义历史观不是用人的类来说明人的本质,而是把人放在社会关系中去理解和把握人的本质。费尔巴哈认为,"类的保持是由于自然的理由,类无非就是借交配而繁殖蕃衍的个体的总和"②。显然,这是一种自然主义的观点。马克思关于人的本质是"一切社会关系的总和"的论断,摒弃了费尔巴哈关于个体和类关系的观点,把个体和类的关系转变为个人和社会的关系。我们应当明白,社会与类是两个不同的概念。"类"强调的是个体的自然同一性,而"社会"关注的则是个人之间的社会关系。从类的观点来考察人,只能看到抽象的同一性,差异只是性别、肤色、年龄等;从社会的角度来考察人,看到的是人的社会属性、阶级差别,如奴隶主与奴隶、地主与农民、资本家与工人。

人的本质是社会关系的综合,"不管个人在主观上怎样超脱各种关系,他在社会意义上总是这些关系的产物"③。有什么样的社会关系,就有什么样的人。社会关系构成了人的活动的前提,并预先规定了人们的现实本质。例如,在前资本主义社会和资本主义社会中,我们看到"两种人":一种是"必然的个人",一种是"偶然的个人"。所谓"必然的个人",是指生下来就注定从属某一群体的人,无可选择;"偶然的个人"是指在市场经济条件下通过竞争来确定自己地位和身份的人。前资本主义社会经济联系松弛,可人与人的关系极其密切,而且历史越是往前追溯,个人就越不独立,越从属于一个更大的整体,个人是"必然的个人";资本主义社会经济联系紧密,可人与人的关系疏远,并形成

---

① 《马克思恩格斯全集》第1卷,人民出版社1995年版,第270页。
② 《费尔巴哈哲学著作选集》下卷,荣震华等译,生活·读书·新知三联书店1962年版,第487页。
③ 《马克思恩格斯全集》第23卷,人民出版社1972年版,第12页。

了以物的依赖性为基础的人的独立性,形成了所谓的"孤立的个人",个人是"偶然的个人"。

实际上,"产生这种孤立个人的观点的时代,正是具有迄今为止最发达的社会关系的时代"。"物的依赖关系无非是与外表上独立的个人相对立的独立的社会关系,也就是与这些个人本身相对立而独立化的、他们互相间的生产关系。"①无论是"必然的个人",还是"偶然的个人",其背后都是特定的生产关系和社会关系。正是在这个意义上,唯物主义历史观认为,"社会本身生产作为人的人"②。

同时,人也生产社会。社会是人们交互作用的产物。社会离不开个人,全部人类历史的第一个前提是有生命的个人的存在。"随着完全形成的人的出现又增添了新的因素——社会。"③社会关系、社会结构不过是人的实践活动的对象化、静态化。按照马克思的观点,"以一定的方式进行生产活动的一定的个人,发生一定的社会关系和政治关系……社会结构和国家总是从一定的个人的生活过程中产生的"④。"人们是在一定的生产关系中制造呢绒、麻布和丝织品的。但是……这些一定的社会关系同麻布、亚麻等一样,也是人们生产出来的。社会关系和生产力密切相联。随着新生产力的获得,人们改变自己的生产方式,随着生产方式即谋生的方式的改变,人们也就会改变自己的一切社会关系……人们按照自己的物质生产率建立相应的社会关系。"⑤人们在实践活动的基础上不断地改造、创造着社会关系,从而不断地改造、创造着社会本身。历史不过是追求着自己目的的人的活动,人们自己创造自己的历史。正是在这个意义上,唯物主义历史观又认为,"人也生产社会"⑥。

可见,既不存在离开社会的个人,也不存在离开个人的社会。社会生产人,人也生产社会。"人的存在是有机生命所经历的前一个过程的结果。只是在这个过程的一定阶段上,人才成为人。但是一旦人已经存在,人,作为人类历史的经常前提,也是人类历史的经常的产物和结果。而人只有作为自己本

---

① 《马克思恩格斯全集》第46卷上,人民出版社1979年版,第111页。
② 《马克思恩格斯全集》第42卷,人民出版社1979年版,第121页。
③ 《马克思恩格斯选集》第4卷,人民出版社1995年版,第378页。
④ 《马克思恩格斯选集》第1卷,人民出版社1995年版,第71页。
⑤ 《马克思恩格斯选集》第1卷,人民出版社1995年版,第141—142页。
⑥ 《马克思恩格斯全集》第42卷,人民出版社1979年版,第121页。

身的产物和结果才成为前提。"①正因为如此,马克思强调,"首先应当避免重新把'社会'当作抽象的东西同个人对立起来"②,并形象地指出,人既是历史的"剧中人",又是历史的"剧作者",并认为只有"把人们当成他们本身历史的剧中的人物和剧作者",才能达到历史的"真正的出发点"。③

四、交往在物质生产、社会发展中的作用

就文本而言,马克思唯一一次较为明确地说明他所使用的交往范畴的内涵,是在1846年12月28日致安年柯夫的信中。在这封信中,马克思指出:"为了不致丧失已经取得的成果,为了不致失掉文明的果实,人们在他们的交往(commerce)方式不再适合于既得的生产力时,就不得不改变他们继承下来的一切社会形式。——我在这里使用'commerce'一词是就它的最广泛的意义而言,就象在德文中使用'Verkehr'一词那样。例如:各种特权、行会和公会的制度、中世纪的全部规则,曾是唯一适合于既得的生产力和产生这些制度的先前存在的社会状况的社会关系……人们借以进行生产、消费和交换的经济形式是暂时的和历史性的形式。随着新的生产力的获得,人们便改变自己的生产方式,而随着生产方式的改变,他们便改变所有不过是这一特定生产方式的必然关系的经济关系。"④

研读马克思的这一论述时,我们应当注意三个问题:一是马克思使用的"交往",即commerce,与德文中的Verkehr一词具有相同的内涵,是指社会生活中的交通、交换或交易,日常生活中的交际、交流等,马克思甚至认为,"战争本身还是一种经常的交往形式"⑤;二是马克思使用的"交往"与生产力密切相关,是人们适应生产力的一定状况而建立的生产、消费和交换的经济形式,是作为"特定生产方式的必然关系的经济关系";三是马克思使用的"交往"与社会关系、社会制度密切相关,"社会——不管其形式如何——究竟是什么呢?是人们交互作用的产物……在人们的生产力发展的一定状况下,就会有一定

---

① 《马克思恩格斯全集》第26卷Ⅲ,人民出版社1974年版,第545页。
② 《马克思恩格斯全集》第42卷,人民出版社1979年版,第122页。
③ 《马克思恩格斯选集》第1卷,人民出版社1995年版,第147页。
④ 《马克思恩格斯全集》第27卷,人民出版社1972年版,第478—479页。
⑤ 《马克思恩格斯全集》第3卷,人民出版社1960年版,第26页。

的交换(commerce)和消费形式。在生产、交换和消费发展的一定阶段上,就会有一定的社会制度、一定的家庭、等级或阶级组织"①。

可见,马克思所使用的"交往"指向的是人与人之间的关系。交往不可避免地涉及到物甚至以物为中介,但交往的实质是人们之间的"交互作用",是人们之间的相互交流、相互沟通、相互作用和相互影响。用现代西方哲学的话语来说,交往就是"主体际"的互动,是"主体间"的关系。将马克思的交往范畴限定在人与人关系的范围内,是准确理解马克思交往理论的第一步。

马克思不仅在"最广泛的意义上"使用交往范畴,更重要的是,又从中提升出两个具有哲学内涵的概念,这就是交往形式(Verkehrsform)和交往关系(Verkehrsverhältnis)。这两个概念是马克思交往理论的核心构件。

交往形式是指人们进行交往的具体方式,所以,马克思有时又把交往形式称为"交往方式"。研读马克思的文本可以看出,马克思从三个方面对交往形式作了规定:一是从交往属性的视角,把交往形式分为"物质交往"与"精神交往",并认为精神交往起初是物质交往的"直接产物",尔后又成为物质交往的"必然升华物";二是从交往主体的视角,把交往形式分为"个人交往"与"国家交往"或"民族交往",并认为"不仅一个民族与其他民族的关系,而且一个民族本身的整个内部结构都取决于它的生产以及内部和外部的交往的发展程度"②,而未来共产主义社会将实现"所有个人作为真正个人参加的交往"③;三是从交往地域范围的视角把交往形式分为"区域交往"和"世界交往",并认为共产主义是一种世界历史性的存在,是"以生产力的普遍发展和与此有关的世界交往的普遍发展为前提的"。④

交往关系是指人们在具体的交往活动中结成的关系。交往关系与交往形式是内在相关的。人们通过一定的方式进行交往,形成一定的交往关系;交往关系形成后又反过来规定着人们采取何种方式进行交往。交往活动产生于生产活动,生产活动、交往活动又必须借助于一定的规范才能进行,这就需要交往关系"固定化"、结构化、制度化。社会结构、社会制度就是人们之间交往关系的"固定化",它规范着人们之间的交往。正如马克思所说,"在生产、交换和

---

① 《马克思恩格斯全集》第27卷,人民出版社1972年版,第477页。
② 《马克思恩格斯全集》第3卷,人民出版社1960年版,第24页。
③ 《马克思恩格斯全集》第3卷,人民出版社1960年版,第77页。
④ 《马克思恩格斯全集》第3卷,人民出版社1960年版,第39—40页。

消费发展的一定阶段上,就会有一定的社会制度"①。

从文本上看,交往形式与生产方式、交往关系与生产关系这四个概念同时出现在《德意志意识形态》中。在《德意志意识形态》中,马克思是把生产方式与交往形式并列、有区别地加以使用的,如"生活的生产方式以及与之相联系的交往形式";"在革命中一方面旧生产方式和旧交往方式的权力以及旧社会结构的权力被打倒"。② 同时,马克思又是把生产关系与交往关系并列、有区别地加以使用的,如"银行家的财富只有在现存的生产关系和交往关系的范围以内才是财富","共产主义和所有过去的运动不同的地方在于:它推翻了一切旧的生产和交往的关系的基础"。③ 可见,交往形式不等于生产方式,交往关系不等于生产关系,交往形式、交往关系并非是生产关系的不成熟的表达形式,它们之间也并非是替代与被替代的关系。

当然,我们注意到,在《德意志意识形态》中,生产关系概念的内涵还未得到精准的表述,生产关系与生产力的关系还未得到直接的表述,生产关系与交往形式、生产关系与交往关系的关系也未得到深入的阐述。直到《哲学的贫困》,生产关系概念的内涵、生产关系与生产力关系的观点才得到"科学的阐述"。马克思指出,"人们是在一定的生产关系范围内制造呢绒、麻布和丝织品的……这些一定的社会关系同麻布、亚麻等一样,也是人们生产出来的。社会关系和生产力密切相联。随着新生产力的获得,人们改变自己的生产方式,随着生产方式即保证自己生活的方式的改变,人们也就会改变自己的一切社会关系"。"人们生产力的一切变化必然引起他们的生产关系的变化。"④但是,《哲学的贫困》又未谈及生产方式与交往形式、生产关系与交往关系的关系。这是一个有待解决的问题。正因为如此,马克思在《〈政治经济学批判〉导言》所列出的"不该忘记的各点",就包括"生产关系和交往关系""国家形式和意识形式同生产关系和交往关系的关系""生产力(生产资料)的概念和生产关系的概念的辩证法"。⑤

研读马克思的文本可以看出,马克思所说的生产方式就是人们"保证自己

---

① 《马克思恩格斯全集》第27卷,人民出版社1972年版,第477页。
② 《马克思恩格斯全集》第3卷,人民出版社1960年版,第36、76—77页。
③ 《马克思恩格斯全集》第3卷,人民出版社1960年版,第446、79页。
④ 《马克思恩格斯全集》第4卷,人民出版社1958年版,第143—144、155页。
⑤ 《马克思恩格斯全集》第46卷上,人民出版社1979年版,第47页。

生活的方式",主要是指人们以什么样的生产工具改造自然,体现的是人与自然的关系;交往形式则是说明人们以什么样的方式结合起来进行物质生产,体现的是人与人之间的关系。在交往活动中,基础性的是物质交往。人们在物质交往中形成的是"物质的生活关系"。在《德意志意识形态》中,马克思按照黑格尔的"概括",把这种"物质的生活关系"称为"市民社会"——"在过去一切历史阶段上受生产力所制约、同时也制约生产力的交往形式,就是市民社会","市民社会包括各个个人在生产力发展的一定阶段上的一切物质交往"。①

马克思所说的交往关系体现的同样是人与人之间的关系,是人们在交往活动中形成的经济关系、政治关系和思想关系等社会关系。其中,物质交往产生的是作为"特定生产方式的必然关系的经济关系"。这就是说,交往关系在内涵上与社会关系是相同的,但二者的侧重点不同,交往关系的侧重点是人们的"交互作用",是动态的社会关系,社会关系的侧重点是人们交互作用的"产物",是静态的交往关系;交往关系包括经济关系即生产关系,但不等于生产关系。

在《德意志意识形态》中,马克思的确没有直接论及生产力与生产关系的关系,但马克思关于生产力与交往形式的关系、生产力与交往关系关系的论述,的确又包含着关于生产力与生产关系关系的论述。更重要的是,马克思关于生产力与交往形式关系、生产力与交往关系关系的观点,同生产力与生产关系的观点,具有内在的一致性。《哲学的贫困》之后,随着生产关系的内涵、生产力与生产关系的关系得到"科学的阐述",马克思便把理论重心转移到生产力与生产关系的关系上了。但是,这并不意味着马克思放弃了交往形式、交往关系的概念。相反,马克思仍然关注着人们之间的交往活动、交往形式和交往关系。在《资本论》第1版序言中,马克思明确指出:"我要在本书研究的,是资本主义生产方式以及和它相适应的生产关系和交换关系。"②

在我看来,"生产力-交往形式"命题关注的是生产与交往这两个领域之间的关系。这里的生产是指作为人类生存前提的"直接生活的物质生产",是暂时撇开了社会形式的人对自然占有的活动。在这个意义上,是"生产一般",是一种"古老而适用于一切社会形式"的"抽象的生产"。但是,这是一个"合理

---

① 《马克思恩格斯全集》第3卷,人民出版社1960年版,第40—41页。
② 《马克思恩格斯全集》第23卷,人民出版社1972年版,第8页。

的抽象"。正如马克思所说,"生产的一切时代有某些共同标志,共同规定。生产一般是一个抽象,但是只要它真正把共同点提出来,定下来,免得我们重复,它就是一个合理的抽象"①。

"生产力-生产关系"命题则是对"生产力-交往形式"命题的深化,关注的是"一切生产都是个人在一定社会形式中并借这种社会形式而进行的对自然的占有"②,关注的是"一定社会发展阶段上"的生产,尤其是资本主义社会的生产,关注的是现实的、具体的物质生产内部的关系。正如马克思所说,"决定生产本身的分配究竟和生产处于怎样的关系,这显然是属于生产本身内部的问题"。"一般历史条件在生产上是怎样起作用的,生产和一般历史运动的关系又是怎样的。这个问题显然属于对生产本身的讨论和分析。"③这里,生产力决定生产关系,即人们之间的物质联系或经济关系,生产关系制约着生产力;生产关系决定着其他的交往关系,交往关系又制约着生产关系-生产力这一整体。可见,随着生产力与生产关系矛盾运动机制的澄清,"生产力-交往形式"命题才真正清晰了,马克思也正是在这一情况中将交往关系和生产关系并置的。

交往与生产是互为条件的。一方面,交往内生于生产,直接生产过程中的交往是生产的内在要素,生产决定交往形式;另一方面,交往是生产的前提条件,没有交往就没有生产,生产只有在人们之间的交往以及由此形成的联系中才能进行。正如马克思所说,"生产本身又是以个人之间的交往为前提的。这种交往的形式又是由生产决定的"④。从根本上说,一部人类史就是生产和交往相互作用、相互制约的历史。正因为如此,"必须把'人类的历史'同工业和交换的历史联系起来研究和探讨"⑤。

人类生存的第一个前提,人类的第一个历史活动,也是人类每时每刻必须进行的基本活动,就是物质生产活动。物质生产活动从一开始就包含着人与自然的关系和人与人的关系,包含着主体与客体的关系和主体间的关系。按照马克思的观点,物质生产"首先是人和自然之间的过程,是人以自身的活动

---

① 《马克思恩格斯全集》第 46 卷上,人民出版社 1979 年版,第 22 页。
② 《马克思恩格斯全集》第 46 卷上,人民出版社 1979 年版,第 24 页。
③ 《马克思恩格斯全集》第 46 卷上,人民出版社 1979 年版,第 34 页。
④ 《马克思恩格斯全集》第 3 卷,人民出版社 1960 年版,第 24 页。
⑤ 《马克思恩格斯全集》第 3 卷,人民出版社 1960 年版,第 33—34 页。

来引起、调整和控制人和自然之间的物质变换的过程"①;为了实现人和自然之间的物质变换,人和人之间必须进行交往,进行活动互换,并结成一定的社会联系和社会关系,人们"如果不以一定方式结合起来共同活动和互相交换其活动,便不能进行生产。为了进行生产,人们便发生一定的联系和关系;只有在这些社会联系和社会关系的范围内,才会有他们对自然界的关系,才会有生产"②。

这就是说,人们一旦开始物质生产,便必然同时进行交往,并发生一定的社会联系和社会关系。在物质生产活动中,既存在着人与自然之间的物质变换,又存在着人与人之间的活动互换;既存在着人与自然的关系,又存在着人与人的关系;既存在着主体与客体的关系,又存在着主体间的关系。在物质生产中,人与自然的关系和人与人的关系同时产生,人与自然的关系制约着人与人的关系,人与人的关系又制约着人与自然的关系;主体与客体之间的关系制约着主体间的关系,主体间的关系又制约着主体与客体的关系。

正因为如此,物质生产本身包含并体现着历史尺度和人的尺度的统一。所谓历史尺度,是指生产体现的客观必然性,这是一种事实性维度。按照马克思的观点,物质生产所实现的人与自然之间的物质变换体现着"人类生活得以实现的永恒的自然必然性"③。这是一种特殊的自然必然性,因为在这种"永恒的自然必然性"中内含着人与自然的价值关系,包含着社会价值性。物质生产是"人类生存的第一个前提"。人的需要不同于动物的需要,人的需要是"从社会生产和交换中产生的需要"④,而且"已经得到满足的第一个需要本身、满足需要的活动和已经获得的为满足需要用的工具又引起新的需要"⑤。因此,物质生产的历史尺度又内蕴着人的尺度。

人的尺度所表征的不是单个的人,而是"生存于一定关系中的一定的个人"⑥,是受到一定的社会关系、社会制度规范的人。"人们是受他们的物质生

---

① 《马克思恩格斯全集》第23卷,人民出版社1972年版,第201—202页。
② 《马克思恩格斯全集》第6卷,人民出版社1961年版,第486页。
③ 《马克思恩格斯全集》第23卷,人民出版社1972年版,第56页。
④ 《马克思恩格斯全集》第46卷下,人民出版社1979年版,第19页。
⑤ 《马克思恩格斯全集》第3卷,人民出版社1960年版,第32页。
⑥ 《马克思恩格斯全集》第3卷,人民出版社1960年版,第80页。

活的生产方式,他们的物质交往和这种交往在社会结构和政治结构中的进一步发展所制约的。"①这就是说,政治结构、社会结构、社会制度构成了进行物质生产活动的"主体间"或"主体际"的规范性维度。

物质生产所具有的这种双重关系、双重尺度,使得交往形式与生产力密切相关,与"个人本身力量的发展"密切相关。"交往形式的联系就在于:已成为桎梏的旧交往形式被适应于比较发达的生产力,因而也适应于进步的个人自主活动方式的新交往形式所代替;新的交往形式又会成为桎梏,然后又为别的交往形式所代替。由于这些条件在历史发展的每一阶段都是与同一时期的生产力的发展相适应的,所以它们的历史同时也是发展着的、由每一个新的一代承受下来的生产力的历史,从而也是个人本身力量发展的历史。"②因此,与生产力的发展水平相适应,不同时代有不同的交往形式。

在前资本主义时期,低下的生产力、落后的交通工具以及自给自足的自然经济,使得人们的交往局限在共同体内部,以血缘关系或宗法关系为基本形式,因而形成了"人的依赖关系"。"我们越往前追溯历史,个人,从而也是进行生产的个人,就越表现为不独立,从属于一个较大的整体:最初还是十分自然地在家庭和扩大成为氏族的家庭中;后来是在由氏族间的冲突和融合而产生的各种形式的公社中。"③

在资本主义时期,先进的生产力、发达的交通工具以及以交换价值为枢纽的商品经济,使人们的交往突破了血缘关系或宗法关系以及血缘共同体的限制。在这里,"个人很容易从一种劳动转到另一种劳动,一定种类的劳动对他们说来是偶然的,因而是无差别的"。劳动"不再是在一种特殊性上同个人结合在一起的规定了"④,个人由此获得了"独立性"。但是,人的这种"独立性"又是"以物的依赖性为基础的"。资本主义生产的主要形式是商品生产,而在商品经济活动中,人与人的交往是以物为中介的,并表现为物与物的交换,"活动和产品的普遍交换已成为每一单个人的生存条件"⑤,"个人的或国家的一切交往,都被溶化在商业交往中"⑥,"个人之间彼此结成的最基本关系是商品

① 《马克思恩格斯选集》第1卷,人民出版社1995年版,第72页。
② 《马克思恩格斯选集》第1卷,人民出版社1995年版,第124页。
③ 《马克思恩格斯全集》第46卷上,人民出版社1979年版,第21页。
④ 《马克思恩格斯全集》第46卷上,人民出版社1979年版,第42页。
⑤ 《马克思恩格斯全集》第46卷上,人民出版社1979年版,第103页。
⑥ 《马克思恩格斯选集》第1卷,人民出版社1995年版,第35页。

所有者之间的关系"①。

资本主义时代就是"以物的依赖性"为基础的"人的独立性"的时代,是以商品的交换价值为枢纽的交往普遍化的时代,也是交往全面物化、异化的时代。这种物化、异化就表现在,"商品形式在人们面前把人们本身劳动的社会性质反映成劳动产品本身的物的性质,反映成这些物的天然的社会属性,从而把生产者同总劳动的社会关系反映成存在于生产者之外的物与物之间的社会关系"②,由此,"人本身的活动对人来说就成为一种异己的、与他对立的力量,这种力量驱使着人,而不是人驾驭着这种力量"③;这种物化、异化的原因就在于,"每个个人行使支配别人的活动或支配社会财富的权力,就在于他是交换价值或货币的所有者。他在衣袋里装着自己的社会权力和自己同社会的联系"④,而货币则使人与人之间的活动互换似乎变成了一种抽象的数量运动,"货币使任何交往形式和交往本身成为对个人来说是某种偶然的东西"⑤。

按照马克思的观点,个人的生存条件就是物质生产和物质交往。生产又是以个人之间的交往为前提的,只有在交往中,个人的生产能力才能转化为社会生产力。"生产力与交往形式的关系就是交往形式与个人的行动或活动的关系","一定的生产方式或一定的工业阶段始终是与一定的共同活动的方式或一定的社会阶段联系着的,而这种共同活动方式本身就是'生产力'"。⑥"受分工制约的不同个人的共同活动产生了一种社会力量,即扩大了的生产力。"⑦因此,生产力是人们在交往活动中形成的一种社会力量。也正因为如此,马克思一般都把生产力称为"社会生产力"。没有个人之间的交往,个人的生产能力就不可能转化为社会生产力。

按照马克思的观点,交往形成了人类积累、传递、继承和发展生产力的社会机制,形成了一种不同于动物生物遗传机制的社会遗传机制,从而使生产力处在不断的发展过程中。只有在交往中,才能实现生产力的世代继承和不断发展。没有代际交往,前一代人创造出来的生产力就不可能传给后一代人,就

---

① 《马克思恩格斯全集》第47卷,人民出版社1979年版,第115页。
② 《马克思恩格斯全集》第23卷,人民出版社1972年版,第88—89页。
③ 《马克思恩格斯全集》第3卷,人民出版社1960年版,第37页。
④ 《马克思恩格斯全集》第46卷上,人民出版社1979年版,第103页。
⑤ 《马克思恩格斯全集》第3卷,人民出版社1960年版,第74页。
⑥ 《马克思恩格斯全集》第3卷,人民出版社1960年版,第80、33页。
⑦ 《马克思恩格斯全集》第3卷,人民出版社1960年版,第38页。

会"断代",一切就要"从头开始""重新开始";没有民族交往、"国家交往",某一地域创造出来的生产力就不可能转移到其他地域,生产力的发展就只能在各个地域"单独进行",甚至失传。正如马克思所说,"某一个地方创造出来的生产力,特别是发明,在往后的发展中是否会失传,取决于交往扩展的情况。当交往只限于毗邻地区的时候,每一种发明在每一个地方都必须重新开始;一些纯粹偶然的事件,例如蛮族的入侵,甚至是通常的战争,都足以使一个具有发达生产力和有高度需求的国家处于一切都必须从头开始的境地。在历史发展的最初阶段,每天都在重新发明,而且每个地方都是单独进行的"[1]。"只有在交往具有世界性质,并以大工业为基础的时候,只有在一切民族都卷入竞争的时候,保存住已创造出来的生产力才有了保障。"[2]

当交往具有世界性质时,各个民族、国家的生产力发展就避免了"单独进行""从头开始""重新发明"的时间耗费,就可以用自身优势部分换取对自己不足部分的弥补,或者以其他民族、国家的先进生产力为起点创造出更先进的生产力。这就是交往行为的相加效应。而闭关自守行为之所以导致落后,则是因为存在着封闭行为的重复效应和衰减规律,即处于闭关自守的民族、国家,一切都是"单独进行"的,一切都要"从头开始""重新开始",往往在重复着其他民族、国家已经做过的事情,其"创新"也往往是把别人走过的艰辛之路重走一遍,表面上看是在前进,实际上仍然是历史的落伍者。

"不仅一个民族与其他民族的关系,而且一个民族本身的整个内部结构都取决于它的生产以及内部和外部的交往的发展程度。"正是基于民族本身的内部结构与生产、交往的关系,马克思提出了社会发展中原生形态、派生形态和跨越形态的问题。

人类首先是在几个彼此隔绝的古老民族那里开始自己的历史进程的。由于地理条件的限制、生产力的落后,各民族或共同体之间几乎没有交往,其转变和发展都是自然发生的。正如马克思所说,远古时期的人们是"原始的、通过自然发生的途径产生的人们"[3],"人的依赖关系(起初完全是自然发生的),是最初的社会形态"[4]。在马克思看来,这种自然发生的社会形态就是社会发

---

[1]《马克思恩格斯全集》第3卷,人民出版社1960年版,第61页。
[2]《马克思恩格斯全集》第3卷,人民出版社1960年版,第61—62页。
[3]《马克思恩格斯全集》第3卷,人民出版社1960年版,第50页。
[4]《马克思恩格斯全集》第46卷上,人民出版社1979年版,第104页。

展中的"原生形态"。

当交往发展到区域交往,当战争成为一种"经常的交往形式"时,社会发展便产生了"派生形态"。在考察社会发展时,马克思提出一个极其重要的思想,即"第二级的和第三级的东西,总之,派生的、转移来的、非原生的生产关系",并认为应研究"国际关系在这里的影响"①。按照马克思的观点,在某一民族、国家内部自然发生的生产关系是原生的生产关系,即第一级的关系,而派生的、转移来的生产关系则是非原生的生产关系,即第二级、第三级的关系。第二级、第三级的关系不是在这些民族、国家的内部自然发生的,而是由民族、国家之间的交往造成的,是由外来民族"导入""带去"的。这里存在着三种情况:一是处于较高社会形态、作为征服者的民族带给处于较低社会形态、被征服者的民族的;二是处于较低社会形态、作为征服者的民族带给处于较高社会形态、被征服者的民族的;三是征服者民族和被征服者民族处于相同的社会形态的不同发展阶段。

这三种情况对"派生形态"有着不同的影响,它或者使"原生形态""有所变形,直到发展成对立物"②,或者使"原生形态""较为完备"。"导入英国的封建主义,按其形式来说,要比在法兰西自然形成的封建主义较为完备"③。之所以如此,是因为"这种交往形式在自己的祖国还受到过去遗留下来的利益和关系的牵累,而它在新的地方就完全能够而且应当毫无阻碍地确立起来,尽管这是为了保证征服者的长期统治(英国和那不勒斯在被诺曼人征服之后,获得了最完善的封建组织形式)"④。反过来,也有大量的"古老文明被蛮族破坏,接着就重新形成另一种社会结构(罗马和野蛮人,封建主义和高卢人,东罗马帝国和土耳其人)"⑤。这些社会形态都属于外来民族"导入的和带去的派生形式"⑥。

当交往从区域交往发展到世界交往时,历史便转变为世界历史。"历史向世界历史的转变"是以生产力的"普遍发展"和民族的"普遍交往"为基础的,它伴随着资本主义生产方式的确立而形成。生产的商品化、社会化以及需求

---

① 《马克思恩格斯全集》第 46 卷上,人民出版社 1979 年版,第 47 页。
② 《马克思恩格斯全集》第 46 卷上,人民出版社 1979 年版,第 498 页。
③ 《马克思恩格斯全集》第 46 卷上,人民出版社 1979 年版,第 489—490 页。
④ 《马克思恩格斯全集》第 3 卷,人民出版社 1960 年版,第 82 页。
⑤ 《马克思恩格斯全集》第 3 卷,人民出版社 1960 年版,第 26 页。
⑥ 《马克思恩格斯全集》第 46 卷上,人民出版社 1979 年版,第 489 页。

的扩大,驱使资产阶级奔走于全球各地建立世界市场,"创造世界市场的趋势已经直接包含在资本的概念本身中"①;世界市场的形成使一切国家的生产和消费都成为世界性的了,"世界市场不仅是同存在于国内市场以外的一切外国市场相联系的国内市场,而且同时也是作为本国市场的构成部分的一切外国市场的国内市场"②;通过交往,尤其是战争交往,资产阶级"迫使一切民族都在惟恐灭亡的忧惧之下采用资产阶级的生产方式",从而"按照自己的形象,为自己创造出一个世界"③,即创造了资本主义的世界体系。

正因为如此,马克思指出:资产阶级"首次开创了世界历史,因为它使每个文明国家以及这些国家中的每一个人的需要的满足都依赖于整个世界,因为它消灭了以往自然形成的各国的孤立状态"④;因为它,"过去那种地方的和民族的闭关自守和自给自足状态已经消逝,现在代之而起的已经是各个民族各方面互相往来和各方面互相依赖了"⑤;因为"它使野蛮的和半开化的国家依赖于文明的国家,使农民的民族依赖于资产阶级的民族,使东方依赖于西方"⑥。

在世界交往形成之前,人类总体历史和具体民族历史之间的关系是一般与个别、普遍与特殊的关系,在具体民族的"个别"之中存在着人类历史的"一般",不同民族以其个别的、特殊的发展形态体现出人类历史发展的一般规律;世界交往形成之后,人类总体历史和具体民族历史之间不仅具有一般与个别的关系,而且还具有了整体与部分的关系。更重要的是,世界交往使生产力与交往形式的矛盾运动越出了民族的狭隘地域,进入世界的"运动场",成为民族性和世界性的统一。所谓的生产力与交往形式矛盾运动的民族性,是指生产力与交往形式的矛盾运动在不同民族、国家内具有不同的性质、结构和运行机制;生产力与交往形式矛盾运动的世界性是指随着世界交往的形成,各民族、国家的生产力与交往形式矛盾运动便在世界历史的背景中进行全面相互作用的整体运动。

历史越是往前追溯,生产力与交往形式矛盾运动的民族性就越突出。在

---

① 《马克思恩格斯全集》第46卷上,人民出版社1979年版,第391页。
② 《马克思恩格斯全集》第46卷上,人民出版社1979年版,第238页。
③ 《马克思恩格斯全集》第4卷,人民出版社1958年版,第470页。
④ 《马克思恩格斯全集》第3卷,人民出版社1960年版,第68页。
⑤ 《马克思恩格斯全集》第4卷,人民出版社1958年版,第470页。
⑥ 《马克思恩格斯全集》第4卷,人民出版社1958年版,第470页。

古代,由于交通不便和信息传递的困难,生产力与交往形式的矛盾运动一般都是在民族、国家的狭隘地域内"单独进行"的,其显著特点就是,每一种生产方式的形成在每个民族那里都必须"从头开始"或"重新开始"。

当交往发展到区域交往时,原来"单独进行"的生产力与交往形式的矛盾运动之间便会产生相互作用,从而造成个别的跨越现象。例如,日耳曼民族征服罗马帝国之后,被征服者的较高生产力与征服者原来的交往形式产生交互作用,结果使日耳曼民族跨越了奴隶制度而直接建立了封建制度。正如马克思所说:"封建主义决不是现成地从德国搬去的;它起源于蛮人在进行侵略时的军事组织中,而且这种组织只是在征服之后,由于被征服国家内遇到的生产力的影响才发展为现在的封建主义的。""定居下来的征服者所采纳的社会制度形式,应当适应于他们面临的生产力发展水平,如果起初没有这种适应,那末社会制度形式就应当按照生产力而发生变化。"①

当交往发展到世界交往时,某些较为落后民族、国家内的生产力与交往形式的矛盾就会较快地达到激化状态,并产生同较为发达国家"类似的矛盾"。马克思指出,"一切历史冲突都根源于生产力和交往形式之间的矛盾",但是,"对于某一国家内冲突的发生来说,完全没有必要等这种矛盾在这个国家本身中发展到极端的地步。由于同工业比较发达的国家进行广泛的国际交往所引起的竞争,就足以使工业比较不发达的国家内产生类似的矛盾"。② 正是在这种"类似的矛盾"的支配下,在较为发达国家的"历史启示"下,某些较为落后的民族、国家就会自觉或不自觉地缩短矛盾的解决过程,从而跨越某种社会形态,直接走向先进的社会形态。

在概括资本主义制度产生的道路时,马克思指出:"在现实的历史上,雇佣劳动是从奴隶制和农奴制的解体中产生的,或者象在东方和斯拉夫各民族中那样是从公有制的崩溃中产生的,而在其最恰当的、划时代的、囊括了劳动的全部社会存在的形式中,雇佣劳动是从行会制度、等级制度、劳役和实物收入、作为农村副业的工业、仍为封建的小农业等等的衰亡中产生的。"③马克思的这一论述实际上指出了资本主义制度产生的三条道路:一是从奴隶制或农奴制的"解体"中产生;二是从公有制的"崩溃"中产生;三是从封建制度的"衰亡"

---

① 《马克思恩格斯全集》第3卷,人民出版社1960年版,第83页。
② 《马克思恩格斯全集》第3卷,人民出版社1960年版,第83页。
③ 《马克思恩格斯全集》第46卷上,人民出版社1979年版,第14页。

中产生。第三条道路是西欧资本主义产生的道路,也是资本主义自然发生的道路,而第一、二条道路则是在世界交往的过程中形成的。

如果说在区域交往的条件下,某个民族跨越某种社会形态的现象是个别的、偶然的现象,那么,在世界交往的条件下,这种跨越现象则成为普遍的、常规的现象。这样一来,具体民族发展便呈现出各自的特殊性,社会发展道路便呈现出多样性。纵览人类历史可以看出,正是在交往的作用下,西欧的日耳曼民族在征服了罗马帝国之后,越过奴隶社会,从原始社会直接走向封建社会,东欧的一些斯拉夫民族以及亚洲的蒙古族走着类似的道路;北美洲在欧洲移民到来之前还处于原始社会,随着欧洲移民的到来,北美洲迅速建立起资本主义制度,所以,马克思认为,美国的"资产阶级社会不是在封建制度的基础上发展起来的,而是从自身开始的"①,大洋洲也走着类似的道路;而一些东方国家或者缩短了资本主义的历史进程,或者跨越了资本主义的历史阶段,直接走上了社会主义道路。

正是基于对生产力与交往形式矛盾运动的民族性和世界性关系的思考,马克思提出了跨越资本主义"卡夫丁峡谷"的设想,并对世界交往寄予极大的希望。在马克思看来,共产主义就是以"生产力的普遍发展和与此有关的世界交往的普遍发展为前提的","无产阶级只有在世界历史意义上才能存在,就像它的事业——共产主义一般只有作为'世界历史性的'存在才有可能实现一样。而各个个人的世界历史性的存在就意味着他们的存在是与世界历史直接联系的"。②

五、社会经济形态、社会形态和社会有机体

马克思的社会有机体理论是唯物主义历史观渗透到人的发展、社会活动等领域中去的中介理论。本来,借助于"社会有机体"这个中介理论,可以逻辑地形成唯物主义历史观——社会有机体——社会和人的具体活动领域这三个层次的马克思主义的社会发展理论,然而,由于种种历史原因,人们在对马克思社会有机体理论的理解上发生了两个偏差:一是仅仅把社会有机体理论定

---

① 《马克思恩格斯全集》第46卷上,人民出版社1979年版,第4页。
② 《马克思恩格斯全集》第3卷,人民出版社1960年版,第39、40页。

格为社会经济形态或社会形态理论,忽视了对这一理论本身内涵的研究;二是仅仅从系统论的角度来理解社会有机体,把社会分解为系统—要素、结构—功能、动态—静态、层次—模型等,忽视了从主体、从人的活动和发展的角度去分析马克思的社会有机体理论,忽视了社会有机体的特殊性。由于这些偏差,马克思的充满着各种新的理论萌芽的社会有机体理论不但没有发展起来,反而萎缩了,甚至失去了其独立存在的理由。

把"社会有机体"等同于"社会经济形态"有一个历史过程。恩格斯首先把"社会有机体"等同于社会组织。在恩格斯看来,家庭"这一用语是罗马人所发明,用以表示一种新的社会机体"①。列宁明确地把"社会机体"等同于"社会经济形态""社会形态"。列宁在批判米海洛夫斯基时提出"把社会经济形态看作特殊的社会机体的唯物主义概念",并一再强调:唯物主义历史观揭示了"资本主义的经济组织""这个社会机体的产生、生存、发展和死亡以及这一机体为另一更高的机体所代替的特殊规律(历史规律)"②。有时,列宁又把"社会机体"等同于"社会形态",并指出:要研究社会"这个机体,就必须客观地分析组成该社会形态的生产关系,研究该社会形态的活动规律和发展规律"③。

研读列宁的《什么是"人民之友"以及他们如何攻击社会民主党人?》这一著作可以看出,列宁当时强调"社会机体"就是"社会经济形态",目的在于反对历史唯心论,强调马克思的历史唯物论。然而,这样一来,也留下了需要进一步研究的问题:从逻辑上看,社会经济形态当然也是一种社会有机体,但是并不能由此得出社会有机体便是社会经济形态,社会经济形态只是社会有机体的唯物主义基础的结论,二者不能等同;从方法论上看,把社会有机体归为社会经济形态,这种把整体归于部分的方法与马克思的多层次、多角度的社会分析方法具有较大的差别。

为了从理论上弄清问题,有必要对"社会经济形态""社会形态""社会有机体"这三个范畴作出区分。

从马克思的思路来分析这一问题便可看出,马克思首先是从整个社会发展的历史过程,从法与国家同所有制的关系,从社会经济生活、政治生活、精神生活的相互关系上弄清了社会形态的概念。在《德意志意识形态》中,马克思

---

① 《马克思恩格斯选集》第4卷,人民出版社1995年版,第55页。
② 《列宁选集》第1卷,人民出版社1995年版,第35、34页。
③ 《列宁选集》第1卷,人民出版社1995年版,第32页。

已经制定了"社会形态"①这一概念,在强调划分社会形态的标准时,突出的是以所有制关系,即以"部落所有制""古代公社所有制和国家所有制""封建的或等级的所有制""现代私有制"来划分社会形态。

为了进一步剖析社会形态,马克思又深入到社会经济形态中去认识所有制关系,从而进一步研究社会形态的本质和更替。在《〈政治经济学批判〉序言》和《资本论》中,马克思又制定了"社会经济形态"这一概念,并以社会经济形态来理解社会形态,划分不同时代。马克思指出:"我的观点是:社会经济形态的发展是一种自然历史过程。"②"大体说来,亚细亚的、古代的、封建的和现代资产阶级的生产方式可以看作是社会经济形态演进的几个时代。""无论哪一个社会形态,在它所能容纳的全部生产力发挥出来以前,是决不会灭亡的"③。

可见,在马克思那里,从"社会形态"深入到"社会经济形态",反映出他对社会认识的深化。因此,"社会形态"与"社会经济形态"的含义是不同的。需要指出的是,马克思在研究社会形态与社会经济形态的同时,社会有机体的思想始终贯穿其中。这一思想在《哲学的贫困》《资本论》等著作中得到阐发。当然,这是从一个更宏大的、动态的以及各种关系生成的角度来阐明的。

按照马克思的观点,可以这样来大致区分"社会形态""社会经济形态""社会有机体"这三个范畴:

"社会形态"这一范畴包括三个基本要素:一是生产力;二是与生产力相适应的生产关系,它又构成一定社会形态的"现实基础";三是在这一基础上形成的"法律的和政治的上层建筑"和"一定的社会意识形式"。社会形态就是这三个基本要素构成的统一体。体现社会三级结构统一体的社会形态范畴是对社会作宏观结构、制度以及类型的划分。由于社会形态范畴涉及政治上层建筑,即国家等内容,是对"各国制度"的"概括"④,因此,对社会作"形态"的分析主要是以国家为单位的。基于上述原因,社会形态范畴要深入到社会关系、社会活动的具体领域,深入到社会科学的具体学科就需要中介。社会形态范畴本身不能充当这一中介,在马克思的学说中,完成这一中介任务的正是社会有

---

① 《马克思恩格斯全集》第 3 卷,人民出版社 1960 年版,第 35 页。
② 《马克思恩格斯全集》第 23 卷,人民出版社 1972 年版,第 12 页。
③ 《马克思恩格斯全集》第 13 卷,人民出版社 1962 年版,第 9 页。
④ 《列宁选集》第 1 卷,人民出版社 1995 年版,第 8 页。

机体范畴或理论。

社会经济形态范畴是在社会形态范畴形成后,马克思进一步思索的产物,这一范畴从要素上看不包括上层建筑和社会意识,它是属于生产方式内部的。"不论生产的社会形式如何,劳动者和生产资料始终是生产的因素。但是,二者在彼此分离的情况下只在可能性上是生产因素。凡要进行生产,就必须使它们结合起来。实行这种结合的特殊方式和方法,使社会结构区分为各个不同的经济时期。"①因此,社会经济形态是劳动者与生产资料的结合方式,即劳动者与生产资料在生产、交换、分配、流通领域内的特殊结合方式。正因为如此,在研究"社会经济形态"时可以把"社会形式",即"社会形态"暂时放在一边,因为不是社会形态决定社会经济形态,而是社会经济形态决定社会形态。

"社会有机体"则是立足于社会经济形态、社会形态理论基础上形成的总括社会一切关系有机运动的范畴。马克思最初是在《哲学的贫困》中提出"社会有机体"概念的。他在批判蒲鲁东时指出,社会是"一切关系同时存在而又互相依存的社会机体"②。显然,社会有机体理论一开始就与社会经济形态、社会形态理论在范围、对象、角度上都有区别。作为关于社会中的一切关系同时存在又互相依存的理论,唯物主义历史观的社会有机体理论揭示的是社会中各种因素、关系、方面的运动与相互影响。这是一个比社会经济形态理论更为广泛的关于社会各种关系的有机系统的理论。尽管社会经济形态构成社会有机体的唯物主义基础,也是理解社会有机体的方向、规模、程度的钥匙,但是,没有任何理由把"社会有机体"与"社会经济形态"这两个范畴、两种理论混同起来。

同时,我们也不能把"社会有机体"与"社会形态"这两个范畴、两种理论混同起来。二者的区别在于:社会形态范畴是从客体的角度对社会结构所作的宏观的划分和规定,它揭示的是生产力——生产关系——上层建筑三级结构的组成方式,社会有机体范畴则是从人与社会、主体与客体关系的角度揭示社会各种关系的自组织过程,它以交往为轴心,揭示的是社会关系在"交往"中的有机化。

从思想史的角度来看,不能把社会有机体范畴与社会经济形态、社会形态

---

① 《马克思恩格斯全集》第24卷,人民出版社1972年版,第44页。
② 《马克思恩格斯全集》第4卷,人民出版社1958年版,第145页。

范畴混同起来的另一个理由是,社会有机体范畴或理论并不是马克思的独创。

依据历史资料,圣西门在19世纪初就初步提出了社会有机体思想。圣西门死后,他的门徒在《圣西门学说释义》中明确提出"社会是一种有机的整体",并要求分析"社会这个统一集体的各个器官"。

曾经作过圣西门秘书的孔德则在19世纪30年代创立了社会有机论理论。孔德把社会和生物学中的"个体有机论"进行比较,并把社会有机体分解成家庭、阶级或种族以及城市和社区。其中,家庭是社会真正的要素或细胞,阶级或种族是社会的组织,城市和社区是社会的器官。

之后,斯宾塞又把社会超机体与生物有机体的相似及相异点进行比较,对社会超机体理论作了多方面的分析。自此以后,社会有机体理论便成为西方社会学中的基本理论和方法,一直沿袭到今天。

这段历史可以说明"社会有机体"是19世纪上半叶一些思想家的共识,它是用生物有机体的细胞、组织、器官等概念来分析社会的一种理论和方法。

唯物主义历史观的社会有机体理论与上述理论既有相似点,又具有本质的不同:一是把社会有机体理论奠基于社会经济形态理论的基础上,揭示出社会有机体的唯物主义基础,为社会有机体理论指明唯一科学的方向;二是从人的实践出发来说明社会有机体运动,揭示出社会有机体的运行不是按生物规律,而是按人的实践活动规律运行的;三是明确指出社会有机体有着自身的生长、发展和死亡的特殊规律,在社会有机体运动中不存在永恒的自然规律,从而在社会有机体理论中贯穿了"合理形态的辩证法"的原则。"马克思和恩格斯称之为辩证方法(它与形而上学方法相反)的,不是别的,正是社会学中的科学方法,这个方法把社会看作处在不断发展中的活的机体。"①

由此可以得出三点结论:一、把社会有机体范畴等同于社会经济形态或社会形态范畴,是一个认识错误,它导致马克思的社会有机体理论的萎缩;二、把社会有机体理论与社会经济形态或社会形态理论断然分裂开来,同样是一种错误,它必然抹平马克思的社会有机体理论与圣西门、孔德、斯宾塞的社会有机体理论的本质区别;三、合理的理解是,把马克思的社会有机体理论界说为立足社会经济形态理论基础上的关于社会一切关系相互作用的社会有机系统的理论。

---

① 《列宁选集》第1卷,人民出版社1995年版,第32页。

马克思从多方面、多角度阐述过唯物主义历史观的社会有机体理论。这是一个以人的发展为主线、以人类的实践活动为内容,包括社会经济形态、社会形态、物质生产、精神生产以及人类自身生产在内的总体结构,是一个动态地展开各种社会关系如何运动,并最后凝聚于人类本身发展之中的更为宏大的社会发展理论。

第一,社会形态更替的视角。这一视角把社会形态分解为生产力与生产关系、经济基础与上层建筑,并以生产关系的发展为主线显示社会形态发展的各个阶段。在《〈政治经济学批判〉序言》中,马克思经典地展示了这一研究视角。在这里,马克思把"社会"作为客体,暂时撇开人的发展这一方面来分析社会有机体。马克思曾把这一研究视角称为他的方法的唯物主义基础。实际上,这也是马克思社会有机体理论的唯物主义基础。

第二,以人的发展为主线的视角。马克思向来反对把社会与人对立起来,明确指出:"首先应当避免重新把'社会'当作抽象的东西同个人对立起来。"①在提出社会有机体思想的同时,马克思就批判了蒲鲁东的观点,即社会有自己的特殊规律,这些规律与组成社会的人毫无关系。在马克思看来,"生产力和社会关系——这二者是社会的个人发展的不同方面"②。因此,马克思又从人的发展的视角考察了社会有机体,并提出了三种理论:一是社会发展三阶段理论,即从"人的依赖关系"阶段到"以物的依赖性为基础的人的独立性"阶段,再到"建立在个人全面发展和他们共同的社会生产能力成为他们的社会财富这一基础上的自由个性"③阶段;二是人的史前史与真正的人的历史二阶段理论,即到共产主义才开始了真正的人的发展历史,而在这之前只是向真正的人发展的史前史;三是人类本性不断改变的历史,即"整个历史也无非是人类本性的不断改变而已",共产主义社会将使"联合起来的生产者"按照"人类本性"合理地调节人与自然界之间的物质转换。显然,当马克思把生产力与生产关系视为社会的个人发展的不同方面,并从社会的个人发展的视角揭示社会发展时,就深化了社会有机体理论,从而对社会发展既从客体,也从主体,既从社会形态,也从人的发展的双重视角进行全面考察。

第三,社会活动的视角。在《德意志意识形态》中,马克思就确立了从社会

---

① 《马克思恩格斯全集》第42卷,人民出版社1979年版,第122页。
② 《马克思恩格斯全集》第46卷下,人民出版社1979年版,第219页。
③ 《马克思恩格斯全集》第46卷上,人民出版社1979年版,第104页。

活动的角度来考察社会发展的思想。按照马克思的观点,"分工发展的各个不同阶段,同时也就是所有制的各种不同形式",而"分工和私有制是两个同义语,讲的是同一件事情,一个是就活动而言,另一个是就活动的产品而言"①。社会活动的研究视角与前两种研究视角是一致的。这是因为,"生产力与交往形式的关系就是交往形式与个人的行动或活动的关系"。"这种活动的基本形式当然是物质活动,它决定一切其他的活动,如脑力活动、政治活动、宗教活动等。"②这里,马克思直接把生产力与生产关系的关系和人的活动与生产关系的关系等同起来,说明二者之间有着"同构性"。同时,个人的活动的发展是与个人的发展相一致的。按照马克思的观点,只有在共产主义阶段,"自主活动才同物质生活一致起来,而这点又是同个人向完整的个人的发展以及一切自发性的消除相适应的"③。这里,马克思又指出了人的活动与人的发展之间的"同构性"。

第四,社会再生产的视角。马克思还从社会再生产的角度描述了社会发展,这就是物质生产、人的生产、精神生产所构成的社会再生产的模式。这里,马克思揭示了人的需要如何得到满足,新的需要如何产生和满足的过程怎样维系着人类社会的存在和发展,以及社会关系的生产和再生产的过程及其规律,揭示了社会再生产是如何在人类世世代代的活动中得以继承和发展的。马克思的社会再生产理论从社会延续的角度揭示了社会的发展,实际上是社会自我塑造的理论,即社会按照什么样的要求来再生产自己,从而使社会的需要、人口的生产、物质的分配以及精神的发展在自身所许可的范围内运行。

马克思关于社会有机体的四种研究视角是统一的,它们之间的统一性在于"同构性",在于社会结构——人的发展——人的活动——社会再生产四个方面"同时存在而又相互依存",形成统一的"有机体"运动。因此,马克思关于社会有机体的四种研究视角可以看作是唯物主义历史观的社会有机体理论的四个方面。

如果说社会经济形态理论侧重于生产方式的历史,社会形态理论侧重于生产关系的历史,那么,社会有机体理论则是在这一唯物主义基础上展开的关于"个人本身力量发展的历史"理论;如果说"生产力和社会关系——这二者是

---

① 《马克思恩格斯全集》第 3 卷,人民出版社 1960 年版,第 25、37 页。
② 《马克思恩格斯全集》第 3 卷,人民出版社 1960 年版,第 80 页。
③ 《马克思恩格斯全集》第 3 卷,人民出版社 1960 年版,第 77 页。

社会的个人发展的不同方面"①,那么,我们就应当把生产力和社会关系看作是对"社会的个人发展"的抽象,二者是在个人发展的过程中统一起来的。与社会经济形态理论以生产方式为主线和社会形态理论以生产关系为主线不同,社会有机体理论以人的发展为主线。这是因为,社会有机体中唯一的活的因素是人,社会有机体的一切关系都是由人的实践活动创造出来的,社会各种活动的独立化正是从实践各要素中分化出来的,社会各种"器官",如家庭、国家等是在实践活动中展现出来的。社会生活本质上是实践的。实践是全部社会存在、社会活动的"细胞",是人类社会一切关系的基础和由此产生的源泉,即是经济活动关系、政治活动关系、精神活动关系、交往活动关系,以及人的需要、利益、目的和人的发展的"母体"。正是在这种意义上,可以把社会有机体看成是人类实践活动的有机体。

需要指出的是,现代科学系统论并不能取代唯物主义历史观的社会有机体理论。

系统论是 20 世纪 40 年代后,在研究生物过程中兴起的一种科学理论,它历经贝塔朗菲的一般系统论、普里戈津的耗散结构论、哈肯的协同学以及自组织理论不断发展和完善,其整体性原则、相关性原则、有序性原则以及系统与要素、系统与层次、有序与无序、结构与功能等方法,对于现代方法论确实起了一种振聋发聩的作用。无疑,系统论对于揭示社会的本质、结构和过程也起到了极其有效的作用。

但是,系统论无法取代唯物主义历史观的社会有机体理论。我们当然可以对社会进行物理的、化学的、生物的、信息的、能量的、系统的分析,但仅仅进行这些分析还不能真正揭示社会的本质特征。这是因为,社会是一种最特殊、最高级的系统,其根本特点就在于,人既是社会的"剧中人"又是社会的"剧作者";社会既是客体的,又是主体的,人既把自己当成"行动者",同时,又把这个"行动者"当作自己的认识对象;人自己塑造着自己,自己创造着自己的存在,同时,又把这一过程当作客体来认识。这种自相缠绕、自我变革的怪圈,只是以人为主体的社会有机体中才存在。对社会的研究必须运用社会有机体的方法,从社会有机体特殊运行规律中真正把握社会的本质特征。

---

① 《马克思恩格斯全集》第 46 卷下,人民出版社 1979 年版,第 219 页。

六、重新理解社会形态的发展是自然历史进程

长期以来,我们一直把"社会形态的发展是一个自然历史过程"看作是唯物主义历史观的基石和总纲。实际上,这是一种误解。马克思从来没有在等同的含义上用"自然历史过程"表述社会历史过程,他只是指出社会经济形态的发展同自然的历史具有"相似"性。但是,相似不等于相同。为了弄清问题,我们先来考察一下马克思在《资本论》第 1 卷中的有关论述的德文原文及其中译本。

在德文版《资本论》中,马克思的原话是:Mein Standpunkt, der die Enttwicklung der Ökonomischen Gesellschaftsformation als einen naturgeschichtlichen Prozeβ auffalβt。这段话应译为:我的观点是把社会经济形态的发展理解为自然史的过程。郭大力、王亚南的译本把这段话译为:"我的观点,是把经济社会形态的发展,理解为一个自然史的过程。"①中共中央编译局的译本把这段话译为:"我的观点是:社会经济形态的发展是一种自然历史过程。"②对照德文原文,我们认为,郭大力、王亚南的译法较为准确。因此,把社会经济形态的发展"理解为"自然史的过程,并不是说社会经济形态的发展就"是"自然历史的过程。

为了进一步弄清问题,我们再考察一下中共中央编译局根据马克思本人修订的法文版《资本论》第一卷翻译的中译本。在这里,马克思明确指出:"我的观点是:社会经济形态的发展同自然的进程和自然的历史是相似的。"③显然,马克思把社会经济形态的发展理解为自然历史过程,并不是说社会经济形态的发展本身就是自然历史过程,而是说社会经济形态的发展与自然历史过程具有"相似"性。正是在这个意义上,马克思在法文版《资本论》第一卷中把具有"相似"的这层含义说得更明确、更突出了。

由此,我们不难作出判断:马克思本人并没有说过社会形态发展是自然历史过程,或者说,把社会经济形态的发展看作是自然历史过程并不是马克思的

---

① 马克思:《资本论》第一卷,郭大力、王亚南译,人民出版社 1963 年版,第 12 页。
② 马克思:《资本论》第一卷,中共中央马克思恩格斯列宁斯大林著作编译局译,人民出版社 1975 年版,第 12 页。
③ 马克思:《资本论》(根据作者修订的法文版第一卷翻译),中共中央马克思恩格斯列宁斯大林著作编译局译,中国社会科学出版社 1983 年版,第 4 页。

本意;马克思的本意是指,社会经济形态的发展可以从"自然的进程和自然的历史"方面来理解,因为社会经济运行,特别是社会工艺过程同自然进程、自然历史有"相似"性。

在我看来,把社会发展说成是"自然历史过程"是一种误解,至少发生了这样三个思维上的跳跃:

一是把马克思所说的社会经济形态跳跃为社会形态。实际上,马克思所说的社会经济形态是特指"社会人的生产器官"的构成形态,即社会的经济活动结构,与我们现在理解的作为经济基础与上层建筑统一体的社会形态不是一个概念。

二是把社会历史过程同"自然历史过程"的"相似"性跳跃为二者的相同性。现实的人是社会的主体,历史本质上是人的实践活动在时间中的展开。因此,社会历史过程与自然历史过程是无法等同的,严肃的思考应该是,社会经济形态在何种意义上与自然历史过程相似,又在何种意义上与自然历史过程不相似。

三是更为重要的,马克思在《资本论》中重点说明的不是社会发展的一般规律,而是解剖资本主义的经济形态,即分析社会发展的一个特殊阶段和特殊方面。毫无疑问,这一特殊阶段和特殊方面是十分重要的。但是,用这一方面来取代并跳跃为唯物主义历史观的总观点,理由是不充分的。唯物史观的基本思想在《1844年经济学哲学手稿》中开始形成,在《德意志意识形态》中第一次得到了较为全面的阐述,后又在《哲学的贫困》《政治经济学批判》《资本论》以及其他哲学、政治经济学、科学社会主义论著和人类学手稿中作了进一步全面的阐发。我们研究问题不能仅仅停留于一个方面。

为了进一步弄清问题,我们还需要正确理解什么是"历史过程"和什么是"自然历史过程"。

"历史过程"简称历史,这一概念在马克思那里具有极其重要的意义。马克思赋予历史以内在变化和发展的含义,他经常用"排除历史过程""没有历史的要素"来批判那种"抽象的"观点,其中,不仅包括各种唯心主义、形而上学的唯物主义、抽象的自然科学的唯物主义,也包括费尔巴哈的直观唯物主义。按照马克思的观点,"联系不断采取新的形式,因而就表现为'历史'"[1],而"没有

---

[1] 《马克思恩格斯选集》第 1 卷,人民出版社 1995 年版,第 81 页。

发展",也就"没有历史"。

这就是说,历史就是变化,就是联系的新形式的不断产生过程,也就是发展过程。如果是同一的重复,没有形式和内容的变化,尽管存在着也没有历史。例如,在谈到亚细亚生产方式的典型——印度时,马克思指出,"印度社会根本没有历史,至少是没有为人所知的历史"①,并认为"没有历史"本质上是指"不变性""没有变化"。亚细亚生产方式中"这些自给自足的公社不断地按照同一形式把自己再生产出来,当它们偶然遭到破坏时,会在同一地点以同一名称再建立起来,这种公社的简单的生产机体,为揭示下面这个秘密提供了一把钥匙:亚洲各国不断瓦解、不断重建和经常改朝换代,与此截然相反,亚洲的社会却没有变化。这种社会的基本经济要素的结构,不为政治领域中的风暴所触动"②。

所以,马克思认为,"历史可以从两方面来考察,可以把它划分为自然史和人类史"③,即历史可以区分为自然历史过程与社会历史过程。在人类实践活动中,在"现存世界"中,人类史与自然史是不可分离的,"只要有人存在,自然史和人类史就彼此相互制约"④。但是,为了分析方便,我们暂且把二者分离开来。

马克思当时所理解的"自然历史过程",是指自然界联系形式多样化的过程。依据所处时代的科学条件,马克思是在达尔文进化论的含义上理解这一自然历史过程的:"达尔文注意到自然工艺史,即注意到在动植物的生活中作为生产工具的动植物器官是怎样形成的。"⑤因此,马克思所说的"自然历史过程"不是泛指一种"自然必然性",而是指作为动植物"生产工具"的"器官"的"形成史"。

这种"形成史"具有三个特点:一、动植物的"器官"是在其生存活动中,在与周围的环境相互作用的过程中自组织地生成的;二、这种生成的过程表现为动植物"器官"不断多样化的发生过程,其本质是动植物自身的发展史;三、这种生成过程又是动植物盲目地、无意识地进行的,然而,在这盲目的、无

---

① 《马克思恩格斯选集》第1卷,人民出版社1995年版,第767页。
② 《马克思恩格斯全集》第23卷,人民出版社1972年版,第396—397页。
③ 《马克思恩格斯选集》第1卷,人民出版社1995年版,第66页。
④ 《马克思恩格斯选集》第1卷,人民出版社1995年版,第66页。
⑤ 《马克思恩格斯全集》第23卷,人民出版社1972年版,第409页。

意识的过程中,一个形式多样化的发展过程却显现出来了。在马克思看来,自然历史过程具有内在的规律性,但这种规律性是在动植物的生存活动中存在,并通过动植物本身"器官"的多样化体现出来的。因此,马克思所说的"自然历史过程"与现行哲学教科书所理解的"自然历史过程"具有较大的差异。

我注意到,马克思对"自然历史过程"的理解已深入到地质学中,"正像地质的形成一样,在这些历史的形成中,有一系列原生的、次生的、再次生的等等类型"①。但是,马克思对"自然历史过程"的理解还没有也不可能深入到自然界的机械、物理、化学过程中去。马克思那个时代的科学还没有发展到这一步。当时,以热力学第二定律为基础的自然界发展的"熵增加"原理,只是证明着自然界的物理过程自发地走向"无序"。因此,恩格斯批判了把"熵增加"原理推广到整个宇宙中去的"热寂说",但是,物理、化学过程是如何实现其"历史发展"的,这一问题在马克思、恩格斯的时代并没有被证明,至多只是哲学上的逻辑推导。

直到20世纪70年代,普里戈津的"非平衡态热力学"以及哈肯的"协同学"才完成了对物理运动、化学运动的"历史过程"的证明。普利高津在研究耗散结构演化时指出:"分岔在一定意义上把'历史'引进物理学中来了……这样,我们在物理学和化学中引入了历史因素,而这一点似乎向来是专属于研究生物、社会和文化现象的各门学科的。"②只是到了这个时候,人们才获得了对"自然历史过程"全面含义的理解:"自然历史过程"无非是指自然界的发展是自然界自身运动的自组织过程,表现为自然界本身形式越来越多样化、复杂化的生成过程。

自然的"历史过程"是在自然本身盲目的运动中形成的,不存在一个预成的发展过程,但它却表现为不可逆的有箭头的运动过程,这一过程大致是这样的:自然界最早产生的是低级的平衡结构,它自发地趋向"无序"和"熵增加";由于特定的涨落条件,形成远离平衡状态,于是平衡结构否定自身,形成自组织的耗散结构;此后,自然的历史过程表现为耗散结构由简单到复杂的多样化的过程,特别是在动植物系统中表现为"器官"不断复杂化、高级化的过程。自然界的整个运动过程符合马克思所说的"历史"概念,即联系不断采取新的

---

① 《马克思恩格斯全集》第19卷,人民出版社1963年版,第432页。
② [比]普里戈津:《时间、结构和涨落》,郝柏林等译,载《1977年诺贝尔奖演讲集》,上海科学技术出版社1980年版,第42页。

形式。

把社会发展看作自然历史过程这一思维跳跃,是以把社会经济规律看作自然规律的观点为前提的。马克思确实在许多地方谈到社会经济规律是自然规律,如"资本主义生产的自然规律""一个社会即使探索到了本身运动的自然规律,——本书的最终目的就是揭示现代社会的经济运动规律"①。所以,列宁指出:"马克思谈到社会的经济运动规律,并把这个规律叫作 Naturgesetz——自然规律。"②然而,问题的关键在于,马克思在何种意义上认为社会经济规律是自然规律。

社会经济规律是人们经济活动的规律,它是最主要、最本质的社会规律,最深刻地体现出人的活动的社会性、历史性。社会经济规律本质上不同于自然规律:社会经济规律在人与自然的物质变换过程中形成,并贯穿着人与人的社会关系;社会经济规律是以人的形式、人的内在尺度来占有"物质交换"的过程;社会经济规律本质上是一个实践问题,它是人们经济活动的规律,随着经济活动格局的变化而变化,而且它能否实现也取决于人的实践。自然规律却是自然界的机械、物理、化学、生物运动的规律,它以自在的、盲目的形式存在着,当人们没有认识这些规律时,他们就以与人对立的形式出现;当这些规律被发现时,人们便可以利用它们,以此征服自然力。自然规律与社会规律是两种本质不同的规律。

那么,在什么意义上,马克思把社会经济规律看作自然规律?在我看来,马克思是从两重意义上来谈这一问题的:一是资本主义社会经济规律的特殊性;二是整个经济规律的基础的特殊性。

按照马克思的观点,资本主义的经济运动是一种典型的社会运动。"在土地所有制处于支配地位的一切社会形式中,自然联系还占优势。在资本处于支配地位的社会形式中,社会、历史所创造的因素占优势。"③资本主义是社会历史因素占优势的社会形态,但它又是对抗性的社会形态。正是由于这种对抗性,社会经济规律采取以与人对立的自然规律的特殊形式出现。

这就是说,当生产者丧失了对他们自己社会关系和自主活动的支配权时,"生产资料和产品的社会性反过来反对生产者本身,周期性地突破生产方式和

---

① 《马克思恩格斯全集》第 23 卷,人民出版社 1972 年版,第 11 页。
② 《列宁全集》第 1 卷,人民出版社 1984 年版,第 105 页。
③ 《马克思恩格斯全集》第 46 卷上,人民出版社 1979 年版,第 45 页。

交换方式,并且只是作为盲目起作用的自然规律强制性地和破坏性地为自己开辟道路"①。"我们应该怎样理解这个只有通过周期性的革命才能为自己开辟道路的规律呢？这是一个以当事人的盲目活动为基础的自然规律。"②可见,社会经济规律以与人对立的自然规律的形式出现,本质上是资本主义社会"社会性"的体现,是资本主义社会中的对抗性的体现。换言之,人与人对抗的社会形式,使社会规律不得不以自然规律的形式出现。这是其一。

其二,经济规律有它永恒的基础,这就是人与自然之间的物质变换过程。马克思指出:"劳动作为使用价值的创造者,作为有用劳动,是不以一切社会形式为转移的人类生存条件,是人和自然之间的物质变换即人类生活得以实现的永恒的自然必然性。"③只有在这个"一般"意义上,即从"使用价值"创造的意义上,社会经济规律才是一种体现人与物之间物质变换的自然规律。但是,在特定的社会中,这种"物质变换"必然具有社会形式。这就是说,社会经济规律不会以纯粹的"自然规律"形式出现,社会经济规律始终是以人与自然之间的物质变换为基础而展开的社会活动过程。马克思在《资本论》第3卷中,更透彻地表达了这个思想。按照马克思的观点,人与自然之间的物质变换是自然必然性的王国,是"一切社会形态""一切可能的生产方式"的基础,未来的共产主义社会也只是合理地调节人与自然之间的物质变换,在最无愧于和最适合于人类本性的条件下来进行这种物质变换。显然,马克思是在经济活动规律的基础——人与自然之间的物质变换,在抽象掉"一切社会形态""一切可能的生产方式"的意义上,承认经济规律是自然规律的。

但是,只要一进入任何具体的社会形态,马克思就立即用社会的眼光来看待经济规律,坚决反对用自然规律来说明社会历史。在致库格曼的信中,马克思批判了朗格把社会规律自然化的方式,并认为"朗格先生有一个伟大的发现:全部历史可以纳入一个唯一的伟大的自然规律。这个自然规律就是《struggle for life》,即'生存斗争'这一句话(达尔文的说法这样应用就变成了一句空话),而这句话的内容就是马尔萨斯的人口律,或者更确切些说,人口过剩律。这样一来,就可以不去分析'生存斗争'如何在各种不同的社会形态中历

---

① 《马克思恩格斯全集》第20卷,人民出版社1971年版,第304页。
② 《马克思恩格斯全集》第23卷,人民出版社1972年版,第92页。
③ 《马克思恩格斯全集》第23卷,人民出版社1972年版,第56页。

史地表现出来,而只要把每一个具体的斗争都变成'生存斗争'这句话,并且把这句话变成马尔萨斯关于'人口的狂想'就行了"①。这里,马克思关心的是"不同的社会形态中历史地表现出来"的东西。

实际上,马克思始终用"历史"的方法来说明社会,认为,经济规律不是预成的,而是在人们的物质实践活动中生成的,是在历史中生成的;在人们面前绝没有一个现存的、一成不变的经济规律可供认识,经济规律同样具有历史性。对社会经济规律的把握是历史地变化的。认为有一条社会经济规律在具体的历史活动之前预先地存在着,这不是唯物主义历史观对社会规律的看法。

就经济规律制约人类历史行程而言,社会发展的确有一个大概趋势;就全部社会生活在本质上是实践的意义来说,经济规律的实现也是一个历史的过程,是人类实践活动的过程。社会规律根本不同于自然规律,它是"人们自己的社会行动的规律"②,把社会经济规律等同于自然规律,其结果只能把社会经济规律抽象化、预成化,其实质是回归黑格尔的"绝对计划"。

如同人与自然之间的物质变换是社会经济规律与自然规律一致的中介一样,社会经济形态的发展与自然历史过程的相似,则是以社会工艺学为中介的。换言之,这里是这样一种关系:社会经济规律——"物质变换"——自然规律;社会经济形态的发展——社会工艺学——自然历史过程。这里,社会工艺学与物质转换之间又有着直接关系。然而,现行的马克思主义哲学体系是不讲"物质变换"、社会工艺学等概念的;同时,又把社会经济形态直接等同于生产关系,等同于经济基础以至等同于社会形态。这是把社会经济形态与自然历史过程"相似"性上升到"社会形态是一个自然历史过程"的认识论根源。

应当指出,把社会经济形态、社会工艺史从社会发展中抽象出来,这是马克思对社会认识的巨大深化。在《德意志意识形态》中,马克思已经把分工看作是生产力与所有制之间的中介关系,认为"分工和私有制是两个同义语,讲的是同一件事情,一个是就活动而言,另一个是就活动的产品而言"③。但是,"社会经济形态"当时还没有从"活动"中剥离出来,马克思当时对所有制的关系更感兴趣,因此,他以所有制作为划分历史阶段的标准,即"部落所有制""古代公社所有制或国家所有制""封建的或等级的所有制""资本主义所有制"。

---

① 《马克思恩格斯全集》第32卷,人民出版社1975年版,第671—672页。
② 《马克思恩格斯全集》第20卷,人民出版社1971年版,第308页。
③ 《马克思恩格斯全集》第3卷,人民出版社1960年版,第37页。

直到1859年的《〈政治经济学批判〉序言》，马克思才第一次提出社会经济形态的概念。在《〈政治经济学批判〉序言》中，马克思作出两项推进：一是用社会经济形态划分历史来取代以所有制划分历史。他指出："大体说来，亚细亚的、古代的、封建的和现代资产阶级的生产方式可以看做是社会经济形态演进的几个时代。"这里，考察历史的坐标转换了。二是对社会经济形态下了定义，即"社会的经济结构"。《资本论》则深化了社会经济形态的概念，具体地说，分析了人的生产工具的发展史，并把人的生产工具同动植物的"器官"进行了比较，认为达尔文的进化论揭示了"自然工艺史"——动植物的"器官"作为动植物生存的生产工具怎样形成的历史，这同"社会工艺史"——"社会人的生产器官"作为"一个特殊社会组织的物质基础"怎样形成的历史具有同样重要的意义。"工艺学会揭示出人对自然的能动关系，人的生活的直接生产过程，以及人的社会生活条件和由此产生的精神观念的直接生产过程。"①由此看来，在马克思这里，社会经济形态是以社会工艺为基础的社会经济结构。

因此，马克思所说的社会经济形态的发展与自然历史过程"相似"是指，如同自然界动植物的发展是立足于自身器官的形成和发展过程一样，社会经济形态的发展也是立足于"社会人的生产器官"的形成和发展过程的。如果我们把眼光专注于社会工艺史，那么，社会经济形态的发展确实存在着一个由低级到高级的有序的历史过程。这一过程也确实"可以用自然科学的精确性"②表示出来，因为社会工艺标志着人与自然界之间以何种方式进行物质、能量、信息的转换与定型过程，它确实不以人的意志、情感、需要、选择为转移。社会工艺的发展具有不可逆性，确实同"自然历史过程"具有相似性。

然而，现行的马克思主义哲学体系却夸大了这种相似性，把"自然历史过程"上升为社会发展的预成性、单线性，认为一切民族的发展都必须经过一条唯一的道路。实际上，马克思并没有要求全人类都走同样的道路，恰恰相反，他坚决反对这一观念。在给俄国《祖国纪事》编辑部的信中，马克思明确指出："一定要把我关于西欧资本主义起源的历史概述彻底变成一般发展道路的历史哲学理论，一切民族，不管他们所处的历史环境如何，都注定要走这条道路……这样做，会给我过多的荣誉，同时也会给我过多的侮辱。"③

---

① 《马克思恩格斯全集》第23卷，人民出版社1972年版，第410页。
② 《马克思恩格斯全集》第3卷，人民出版社1960年版，第9页。
③ 《马克思恩格斯全集》第19卷，人民出版社1963年版，第130页。

对历史的反思使我们认识到这样一个问题,即现行的马克思主义哲学体系把社会形态的发展看作是一个自然历史过程,忽视了社会工艺史,结果是把生产力与所有制的中介环节——"社会人的生产器官"形成过程抽象掉了。于是,历史规律被抽象化、预成化了,人的发展也就从唯物主义历史观中被悄悄地抹掉了。因此,重建唯物主义历史观应当也必须关注"社会人的生产器官"的形成过程。只有把握住这一环节,才能真正把握社会经济形态的发展与自然历史过程"相似"的真谛,从而才能真正意识到社会历史是人类实践活动在时间中的展开,社会发展规律本质上是人的实践活动的规律。社会发展规律,即历史规律当然具有客观性、必然性,但是,这一客观性、必然性不是预成的、单向的,更不是凌驾于人类实践活动之上的。

七、重新理解历史规律

社会不同于自然,自然界所发生的一切都是自然因素盲目作用的结果,"在社会历史领域内进行活动的,是具有意识的、经过思虑或凭激情行动的、追求某种目的的人;任何事情的发生都不是没有自觉的意图,没有预期的目的的"[1]。但是,社会又离不开自然,社会实际上是人与自然和人与人双重关系的统一,"整个所谓世界历史不外是人通过人的劳动而诞生的过程,是自然界对人说来的生成过程"[2]。离开了人与自然的关系,社会只能建立在虚无之上;把人对自然的关系从历史中排除出去,只能走向唯心主义历史观。

按照马克思的观点,把社会与自然区别开来同时又把它们联系起来的是人的实践活动。物质实践,即劳动首先是人以自身的活动来引起、调整和控制人与自然之间物质变换的过程;在这个过程中,人与人之间又要互换其活动并必然要结成一定的关系;同时,劳动结束时得到的结果,在这个过程开始时就已经在劳动者的头脑中作为目的以观念的形式存在着,并通过实践转变为现实存在。这就是说,实践内在地包含着三重转换,即人与自然之间的物质变换、人与人之间的活动互换、人的观念与物质的转换。正是在这三重转换中,形成了三重关系,即人与自然的关系、人与人的关系以及人的观念与物质的关

---

[1] 《马克思恩格斯选集》第 4 卷,人民出版社 1995 年版,第 247 页。
[2] 《马克思恩格斯全集》第 42 卷,人民出版社 1979 年版,第 131 页。

系。正是这些关系的总和构成了基本的社会关系。

可以说,实践以浓缩的形式包含着全部社会关系,它是全部社会关系的发源地和整个人类历史的现实基础,因而构成了历史的本质。历史不过是人的实践活动在时间中的展开。所以,马克思指出:"只要描绘出这个能动的生活过程,历史就不再像那些本身还是抽象的经验论者所认为的那样,是一些僵死事实的搜集,也不再像唯心主义者所认为的那样,是想像的主体的想像的活动。"①正是以此为前提,唯物主义历史观确立了科学的历史规律观念。

唯物主义历史观首先把历史规律归结于物质实践过程,认为历史必然性不仅实现于人的活动中,而且形成于人的活动中。如前所述,实践内在地包含着三种转换,即人与自然之间的物质变换、人与人之间的活动互换以及观念和物质的转换。前一种转换是人的活动和自然运动共同具有的,后两种转换仅仅为人的实践活动所具有。正是在这三重转换中,形成"历史的自然"和"自然的历史"。

实践活动包括物质变换,表明人的活动也必须遵循物质运动的共同规律;其特殊的人与人的活动互换和物质与观念的转换又体现出新的、为其他自然物体所不具有的特殊运动规律,这就是体现主体活动的特点、包括物质运动在内的人的实践活动规律。社会生活在本质上是实践的,人的实践活动的规律实际上就是社会活动的规律,即历史规律。

历史是人的实践活动在时间中的展开,历史规律就形成并实现于人的活动之中。这里,我们碰到了"自由是对必然的认识"这一命题。在唯物主义历史观看来,这绝不意味着人们在从事某种历史活动之前有一个现成的历史规律可供认识,相反,"对人类生活形式的思索,从而对它的科学分析,总是采取同实际发展相反的道路。这种思索是从事后开始的,就是说,是从发展过程的完成的结果开始的"②。这是因为:

第一,不存在任何一种预成的、纯粹的、永恒不变的历史规律,任何一种具体的历史规律都形成于一定的历史活动和社会形态中;当这种特定的历史活动和社会形态结束时,这种特定的历史规律也就不复存在。例如,只有商品经济这种经济形态存在,价值规律就要发生作用;当商品经济这种经济形态不复

---

① 《马克思恩格斯全集》第3卷,人民出版社1960年版,第30页。
② 《马克思恩格斯全集》第23卷,人民出版社1972年版,第92页。

存在时,价值规律也就不复存在。

第二,以往的历史传统和既定的历史条件为新一代的历史活动提供了前提,并决定了新一代的历史活动的大概方向;但这些历史条件又在新一代的历史活动中不断被改变,正是在这种改变以往条件的活动过程中,决定着新一代命运的新的历史规律才形成。

第三,只有当某种历史活动和社会关系达到充分发展、充分展示时,某种历史规律才能真正全面地形成;只是在此时,人们才能理解、把握这种历史规律。正是在这种意义上,马克思认为,在"从后思索"的过程中抽象出来的历史的一般规律,绝不提供可以适用于各个历史时代的药方或公式,相反,这些抽象离开了现实的历史就没有任何价值。

按照唯物主义历史观,历史规律具有总体性。从根本上说,历史的规律性就是经济必然性对人类历史行程的根本制约性,生产力与生产关系的矛盾运动决定着历史运行的大概趋势,构成了历史运动的"中轴线"。但是,我们又不能仅仅把历史的规律性等同于经济必然性。在整个历史中,没有一个重大历史事件的起源不能用经济必然性来说明;同时,没有一个重大历史事件不为一定的政治要素和意识形态所引导、所伴同、所追随。历史的演变在任何时候都不是在一种经济的平面上进行的。经济必然性既不可能脱离人们的物质实践活动成为独立的实体,也不可能脱离政治、文化等社会要素而纯粹地发生作用。经济必然性本身就具有社会性、历史性,以经济必然性为基础的历史规律因此具有总体性,即是经济、政治、文化等社会要素交互作用的产物。

按照唯物主义历史观,历史规律同样具有重复性、常规性,即在一定条件下,某种历史规律会反复发生作用,成为一种常规现象。以此为前提,马克思制定了"五种社会形态"理论,认为在不同的历史时期、不同的民族那里,可以产生本质相同的经济形态、政治形态和社会形态。按照马克思的观点,分析经济、政治和社会形式,把握历史规律及其重复性、常规性,既不能用显微镜,也不能用化学试剂,二者只能用抽象力来代替。同时,由于把社会关系归结于生产关系,把生产关系归结于生产力——人对自然的关系,唯物史观不但发现了历史规律的重复性、常规性及其秘密,而且能够以"自然科学的精确性"指明社会经济条件方面所发生的物质变革。[1] "重复性""常规性"和"精确性"概念的

---

[1] 《马克思恩格斯选集》第2卷,人民出版社1995年版,第33页。

出现,使唯物主义历史观成为一门科学,一门成熟的科学。

这里,我们要正确理解和把握历史规律重复性与历史事件不可重复性的关系。现代西方历史哲学正是以历史事件的单一性否定历史规律的重复性,进而否定历史规律的存在的。按照现代西方历史哲学的观点,只有反复出现的东西才能形成规律性,在自然界中,相同的事件反复出现,因而存在着规律性;在历史中,一切都是"单纯的一次性东西",历史事件都是个别的、不重复的,因而不存在规律。文德尔班指出:"在自然研究中,思维是从确认特殊关系进而掌握一般关系,在历史中,思维则始终是对特殊事物进行亲切的摹写。""前者追求的是规律,后者追求的是形态。"①李凯尔特断言:历史规律这个概念是用语的矛盾。

社会不同于自然,历史事件的确都是独一无二的,法国大革命、明治维新、戊戌变法、西安事变等都是非重复性的存在,但由此否定历史的规律性却是不能接受的。戊戌变法是"一",但改良、改革作为历史现象在古今中外并不罕见,是"多";法国大革命是"一",但资产阶级革命作为历史现象在近、现代历史上却重复可见,是"多";等等。这表明,要把历史事件、历史现象、历史规律三个概念加以区分。历史事件是"一",历史现象是"多",在这"多"的背后存在着只要具备一定的条件就会重复起作用的历史规律。

历史规律是历史的深层结构,隐藏在历史事件单一性的后面;而自然事件的差异性却深藏在其相似性的后面。在观察自然时,应从事件的相似中看到相异;在研究历史时,应从事件的相异中看到相同,从事件的单一性中透视出规律。而现代西方哲学恰恰停留在历史的表层结构,并且混淆了历史事件、历史现象和历史规律的区别。

历史规律的重复性不等于历史事件的重复性。任何一个历史事件的产生都是必然性和偶然性共同作用的结果,正是其中的偶然性使历史事件各具特色,不可重复,规律重复的只是同类历史事件中的共同的、本质的东西,而不是也不可能是其中的偶然因素。因此,历史规律的重复性正是在一个个不可重复的历史事件中体现出来的。1640年的英国革命、1789年的法国大革命、1911年的中国辛亥革命……这一个个不可重复的历史事件的出现,体现的正是资产阶级革命的历史规律。

---

① 洪谦:《西方现代资产阶级哲学论著选辑》,商务印书馆1964年版,第59页。

实际上，任何事件，包括自然事件都是必然性和偶然性共同作用的结果，因而在严格的意义上说，自然事件也是不可重复的，自然规律的重复性也是在一个个不可重复的自然事件中体现出来的。当莱布尼茨说"没有两片完全相同的树叶"时，实际上就是说明，自然事件也是不可重复的。现代西方历史哲学夸大了自然事件与历史事件的差异性，并把历史规律的重复性等同于历史事件的重复性。当他们用历史事件的不可重复性来否定历史规律时，恰恰说明他们并没有真正理解必然性与偶然性的关系，没有理解可重复的历史规律与不可重复的历史事件之间的关系。

按照唯物主义历史观，自然规律主要表现为动力学规律，历史规律主要表现为统计学规律。一般说来，动力学规律揭示的事物之间的规律性关系是一种一一对应的确定联系，它指明，一种事物的存在必定导致另一种确定事物的发生，同时，在动力学规律作用下，偶然现象可以忽略不计。统计学规律揭示的不是事物之间简单的一一对应的关系，而是一种必然性和多种随机现象之间的规律性关系。对于统计学规律来说，不但不能忽视偶然现象、随机现象，相反，只有在大量的偶然现象、随机现象中才能发现规律性。历史事件的发生大多具有随机性。在历史运动中，事物、现象如果不是"大量"发生，它们之间就表现为一种非确定的联系；如果"大量"发生，它们之间就表现为一种确定的联系，即规律性。这就像抛掷同一枚质量均匀的硬币，出现正面或反面都是随机的，但在大量抛掷情况下，出现正面或反面的概率都是 1/2。

在《资本论》中，马克思不仅称赞比利时统计学家凯特勒运用统计平均数的方法研究社会现象，而且他本人也运用统计学方法揭示了资本主义经济运动的一系列规律，并指出："规则只能作为没有规则性的盲目起作用的平均数规律来为自己开辟道路。"[①]马克思在这里所说的"平均数规律"实际上就是统计学规律。正因为自然规律主要表现为动力学规律，历史规律主要表现为统计学规律，所以，自然科学不仅能够预见自然运动的趋势，而且能够准确预报自然事件的发生，社会科学则只能预见社会发展的趋势，而不能准确预报历史事件的发生。

自然规律发生作用的条件是在自然界各种因素盲目的相互作用过程中自发形成的，自然规律也是通过这种盲目的相互作用实现的；历史规律得以存在

[①]《马克思恩格斯全集》第 23 卷，人民出版社 1972 年版，第 120 页。

并发生作用的条件则是人们有目的、有意识的活动创造的,它也只有通过人的有目的、有意识的活动才能实现。在这个意义上,社会发展具有自为性。问题在于,社会发展的自为性并不能否定社会发展的客观性。二者的关系并非如同水火一般难以相容;相反,它们是同一过程的两个方面。恩格斯指出:"历史是这样创造的:最终的结果总是从许多单个的意志的相互冲突中产生出来的,而其中每一个意志,又是由于许多特殊的生活条件,才成为它所成为的那样。这样就有无数互相交错的力量,有无数个力的平行四边形,由此就产生出一个合力,即历史结果,而这个结果又可以看作一个作为整体的、不自觉地和不自主地起着作用的力量的产物。因为任何一个人的愿望都会受到任何另一个人的妨碍,而最后出现的结果就是谁都没有希望过的事物。所以到目前为止的历史总是像一种自然过程一样地进行,而且实质上也是服从于同一运动规律的。"①这就是说,尽管人们都在进行着有目的、有意识的活动,但社会发展的现实,却常常既不是这些人所期待的,也不是那些人所希望的,而是"历史合力"运动的结果,社会发展的总趋势不以任何人的意志为转移。

个人愿望、个人行动的冲突之所以构成历史的"合力",并形成社会发展的客观性,这是因为:他人活动制约某人活动,他人活动就是制约某人活动的客观条件;前人活动制约后人活动,前人活动就是制约后人活动的客观条件;他人活动在某人活动之外,前人活动在后人活动之外,因而它们都具有非选择性,即不以某人、后人的主观意志为转移。从根本上说,他人活动对某人活动的制约就是生产关系对个人活动的制约,前人活动对后人活动的制约就是前人创造的生产力对后人活动及其关系的制约;在前人活动中,个人活动又是相互制约的。

承认历史的规律性也就是历史决定论,但马克思主义的历史决定论,即唯物主义历史观的决定论是辩证的决定论,它确认人是历史的主体,确认经济必然性会在政治、文化等社会要素的反作用下发生某种程度的"变形",并且认为历史的规律性要通过偶然性才能实现。"如果'偶然性'不起任何作用的话,那末世界历史就会带有非常神秘的性质。这些偶然性本身自然纳入总的发展过程中,并且为其他偶然性所补偿。"②历史的规律性只是社会发展中不可避免的

---

① 《马克思恩格斯选集》第4卷,人民出版社1995年版,第697页。
② 《马克思恩格斯全集》第33卷,人民出版社1973年版,第210页。

趋势,这种趋势只有在一定条件下才能实现;但历史规律本身又不能自由地选择这些条件,它遇到什么条件只能是一种"机遇"或"遭遇",即偶然性。所以,确定的历史规律只有通过非确定的偶然性才能实现。偶然性因此成为历史规律的实现形式,并使同一种历史规律的表现形式打上了不同特征的烙印。

八、生产力与生产关系的矛盾运动规律

在历史规律体系中,生产力与生产关系的矛盾运动规律是根本规律,而发现生产力与生产关系矛盾运动规律则是马克思的划时代的贡献。

生产力无疑是人类历史发展的最终决定力量,但它绝不是一种具有独立人格意志的超历史存在物,始终用一只"看不见的手"操纵着人类历史。生产力不是存在于人的活动之外,而是存在于人的活动之中;它是人们在生产活动过程中形成的解决社会与自然之间矛盾的实际能力。物质生产活动是人类的第一个历史活动。同时,也是人们为了自己的存在和发展必须进行的基本活动。人们在生产实践中究竟能在多大程度上解决人的需要与自然界之间的矛盾,或者说,人们在解决自身需要和自然界之间的矛盾时具有多大的能力,就是唯物主义历史观所说的生产力。离开了人的活动,生产力只能是一个空洞无物的抽象范畴。

从唯物主义历史观的角度来看,生产力标志着人与自然界之间的现实关系,是作为主体的人以自身的活动来引起、调整和控制人与自然界之间物质变换的能力。在与自然进行物质变换的过程中,作为主体的人不仅付出自身的体力和智力,而且还借助于自然力;不仅改变外部自然,而且也改变着他"自身的自然"。这是一个以人的本质力量物化、对象化而实现的"自然的人化"过程,同时,又是一个自然力被同化于人的体力、自然规律转化为人的智力的过程。二者相互依存、相互制约,形成一种双向运动。正是在这种双向运动中形成了现实的生产力。"一边是人及其劳动,另一边是自然及其物质"[①],二者的统一构成了生产力的本质内容,缺少其中任何一个方面,都不能构成现实的生产力。

生产力的本质内容决定了生产力具有四个特征。

---

① 《马克思恩格斯全集》第23卷,人民出版社1972年版,第209页。

第一,生产力具有属人性。生产力是在人的实践活动中形成的、人能够直接掌握的力量。人是生产力的主体。从静态上看,生产力是人们"以往的活动的产物",是人们的实践能力,标志着人的本质力量和人对自然的能动关系;从动态上看,生产力是人们获取生活资料的活动方式,是人们解决社会与自然之间矛盾并占有自然,保存和发展自己的"唯一可能的形式"。因此,生产力不是超历史的预成的实体,而是人的实践活动的产物,本身就体现着人的本质力量,具有属于人的性质。正因为如此,马克思认为,生产力发展的历史也就是"个人本身力量发展的历史"①,"发展人类的生产力,也就是发展人类天性的财富这种目的本身"②。

第二,生产力具有社会性。个人的劳动能力是生产力构成的要素和基础,生产力的作用、运行和发展都离不开个人的劳动能力这个"细胞"。"生产力与交往形式的关系就是交往形式与个人的行动或活动的关系"③,而"真正的财富就是所有个人的发达的生产力"④。但是,生产力又不是由个人劳动能力简单相加所得出的"算术和",而是个人的劳动能力通过一定的社会结合方式,包括分工、协作等中介环节而形成的社会力量。这是一种在质上不同于个人劳动能力"算术和"的总体生产力,即"社会生产力"。"受分工制约的不同个人的共同活动产生了一种社会力量,即扩大了的生产力。"⑤正因为如此,马克思认为,生产力只有在个人的交往中才能成为真正的力量;个人只有作为"社会个人""社会体的存在",才能真正占有生产力。

第三,生产力具有客观性。从现实性看,只有依靠物质力量才能实现对物质的有效改造。作为人们改造自然、征服自然的实际力量,生产力必然具有客观性、物质性,它首先是在人与自然的物质变换中形成的客观的、物质的力量。正是在这个意义上,马克思把生产力称为"物质生产力"。确认生产力的客观性、物质性,并不否定生产力本身就凝聚着人的智力、"社会智力"。从生产力形成之日起,就"既有表现为个人特性的主观的生产力,也有客观的生产力","一切生产力即物质生产力和精神生产力"⑥。但是,"主观生产力"或"精神生

---

① 《马克思恩格斯全集》第 3 卷,人民出版社 1960 年版,第 81 页。
② 《马克思恩格斯全集》第 26 卷Ⅱ,人民出版社 1973 年版,第 124 页。
③ 《马克思恩格斯全集》第 3 卷,人民出版社 1960 年版,第 80 页。
④ 《马克思恩格斯全集》第 46 卷下,人民出版社 1979 年版,第 222 页。
⑤ 《马克思恩格斯选集》第 1 卷,人民出版社 1956 年版,第 85 页。
⑥ 《马克思恩格斯全集》第 46 卷上,人民出版社 1979 年版,第 495、173 页。

产力"毕竟属于知识形态,它只有"物化"为生产工具才能成为现实的生产力,才能转化为"有物质创造力"的改造自然的现实力量。

第四,生产力具有历史性。人的需要的对象归根到底存在于自然界之中,但自然界又不会自动地满足人的需要,不会为人们提供现成的生活资料,这就决定了人与自然的关系是一种矛盾的关系。为了解决这种矛盾,占有自然以满足自身的内在需要,人们必须进行劳动。在这个意义上,生产力是在人的需要向劳动的转化中形成的。问题在于,不仅需要向劳动转化,而且劳动也向需要转化,这就是"已经得到满足的第一个需要本身、满足需要的活动和已经获得的为满足需要用的工具又引起新的需要"①。由于人的需要在与劳动的相互作用中不断增长和扩大,因此,人们进行劳动的动因在客观上是永恒的;在劳动中形成的生产力不管如何发达,总是具有继续向前发展的内在动力,必然随着人的需要的变化和劳动的发展而处于不断变化、发展之中。

由此引起的一个不可回避的问题就是,生产力发展的根本原因究竟是什么?这是唯物主义历史观的生产力理论必须回答的问题。

生产力是在人的需要向劳动的转化中形成的。但这里所说的需要,已不是动物式的本能需要,而是具有社会性的人的需要,它不仅包括对生活资料的需要,而且包括对生产资料的需要以及其他社会需要;这些需要已不是单纯的主观意图,而首先是不得不如此的、不以人的意志为转移的客观必然性,即已经得到满足的需要、满足需要的活动和工具的改进所引起的需要。"人以其需要的无限性和广泛性区别于其他一切动物。"②人的需要与自然之间的矛盾是人类社会的一个永恒的矛盾。正是这个矛盾,作为一种客观的、强制性的力量,推动着生产力处于不断发展之中。换言之,生产力之所以具有一种不可遏制的向前发展的趋势,是由人的需要与自然之间的矛盾不断解决、又不断产生这一客观必然性所决定的。人的需要与自然之间的矛盾构成了生产力不断发展的根本原因或源泉。

发展的源泉是较深层次的矛盾,动力则是较浅层次的矛盾,较深层次的矛盾往往在较浅层次的矛盾上得到解决。一般说来,发展的源泉或根本原因创造出事物发展的可能性,而动力则为这种可能性"开凿渠道",使之转化为现

---

① 《马克思恩格斯全集》第3卷,人民出版社1960年版,第32页。
② 《马克思恩格斯全集》第49卷,人民出版社1982年版,第130页。

实。从可能与现实的辩证关系看,人的需要与自然之间的矛盾只是使生产力不断发展具有了可能性,要使这种可能性转变为现实,还需直接的动力。

生产力发展的直接动力就是生产者与生产工具的矛盾。这是因为,新的需要的满足需要有新的生产工具,当原有的生产工具不能适应这种新情况时,生产者就会改进原有的生产工具或创造出新的生产工具;新的生产工具的出现,反过来又会造就出具有新的生产技能的新的生产者。生产者、新的生产工具、新的生产者、更新的生产工具……矛盾双方的相互作用,不断地解决着人的需要与自然之间的矛盾,从而直接推动着生产力的不断发展。

生产力与生产关系的相互作用需要中介,而能够成为生产力与生产关系中介的,必须具有双重属性,即既有生产力的属性,又有生产关系的属性。按照马克思的观点,分工具有二重性:就它是生产过程中人与工具的结合方式来说,它属于生产力范畴;就它是生产过程中人与人的结合方式而言,它又属于生产关系范畴。正是这种二重性,使得分工成为生产力与生产关系相互作用的中介。

分工具有生产力的属性。分工首先同生产力的基本要素之———生产工具直接相关。"生产工具的积聚和分工是彼此不可分割的",即"工具积聚发展了,分工也随之发展,并且反过来也一样"①。这就是说,生产工具的性质和发展决定着分工的性质和发展,分工的发展又反过来影响、促进生产工具的发展。"正因为这样,机械方面的每一次重大发展都使分工加剧,而每一次分工的加剧也同样引起机械方面的新发明。"②分工实际上就是以一定的生产工具为前提,把统一的生产活动分解为既相互独立、又相互联结的部分,不同形式的分工不过是生产的不同过程的组合方式。

因此,分工本质上是生产过程中生产者和生产工具的具体结合方式,标志着生产的技术构成。马克思指出:"劳动的组织和划分视其所拥有的工具而各有不同"③;同时,分工"造成了社会生产过程的质的划分和量的比例,从而创立了社会劳动的一定组织,这样就同时发展了新的、社会的劳动生产力"④。分工构成了社会生产力的一环,是生产工具水平和生产者水平的综合体现,因而

---

① 《马克思恩格斯选集》第1卷,人民出版社1995年版,第165、166页。
② 《马克思恩格斯选集》第1卷,人民出版社1995年版,第166页。
③ 《马克思恩格斯选集》第1卷,人民出版社1995年版,第161页。
④ 《马克思恩格斯全集》第23卷,人民出版社1972年版,第403页。

是生产力水平的表现。"一个民族的生产力发展的水平,最明显地表现于该民族分工的发展程度。"①

分工与所有制关系密切相关,具有生产关系的属性。分工首先是生产过程中人与人的分离,同时,又是一种人与人的组合,"分工无非是并存劳动"②。分工不仅是生产过程中人与工具的结合方式,而且也是人与人的结合方式。人们之间的分配、交换等关系正是在分工的基础上发生的,是从事不同劳动的人们之间关系的外部表现形式。"分工从最初起就包含着劳动条件——劳动工具和材料——的分配,也包含着积累起来的资本在各个所有者之间的劈分,从而也包含着资本和劳动之间的分裂以及所有制本身的各种不同的形式。"③

在《资本论》中,马克思正是以此为理论出发点,通过对平均利润的分析,揭示出各类资本家怎样在生产资料的所有、占有、支配、使用的离合中,不断达到利润平均化,从而在经济利益上形成为一个阶级的;而对于劳动者来说,由于生产的社会结合形式变了,即既同本企业资本家的生产资料相结合,也同其他企业、行业资本家的生产资料相结合,因而同资本家的关系就不是个人之间的对立关系,而是阶级之间的对抗关系。这就是说,分工又是生产的社会组织形式。正是在这个意义上,马克思认为,分工和所有制是"相等的表达方式","一个就活动而言,另一个是就活动的产品而言"。因此,"分工发展的各个不同阶段,同时也就是所有制的各种不同形式。这就是说,分工的每一个阶段还决定个人的与劳动材料、劳动工具和劳动产品有关的相互关系"④。显然,分工具有生产关系的属性。

分工的二重性,使之成为生产力与生产关系相互作用的中介,生产力对生产关系的决定作用以及生产关系对生产力的反作用,是通过分工这个中介实现的。正是这种通过分工而实现的生产力与生产关系的相互作用,形成了生产力与生产关系的矛盾运动。

对生产力与生产关系相互作用的中介的考察,引发出这样一种思考,即对所有制关系的考察不能离开对生产和再生产过程的考察,离开生产和再生产过程,所有制无论如何也得不到正确的理解。

---

① 《马克思恩格斯选集》第1卷,人民出版社1995年版,第68页。
② 《马克思恩格斯全集》第26卷Ⅲ,人民出版社1974年版,第295页。
③ 《马克思恩格斯选集》第1卷,人民出版社1995年版,第127页。
④ 《马克思恩格斯选集》第1卷,人民出版社1995年版,第84、68页。

所有制关系当然是人与生产资料的关系,所有制的实质就在于,一定的社会集团通过对生产资料的占有达到对产品的占有;为了从生产资料的占有达到对产品的占有,中间必须经过生产和再生产过程的各个环节,即生产、分配、交换和消费这四个环节,只有在这个过程中,一定的所有制关系才能维持和发展下去;而生产、分配、交换和消费这四个环节"属于生产本身内部的问题",它们构成了生产关系这个"总体的各个环节,一个统一体内部的差别"①。正如马克思所说,"把资本主义生产过程联系起来考察,或作为再生产过程来考察,它不仅生产商品,不仅生产剩余价值,而且还生产和再生产资本关系本身:一方面是资本家,另一方面是雇佣工人"②。

这就是说,从整个生产过程来看,所有制一方面是生产的前提,另一方面又是生产的结果。所有制并不是游离于生产过程之外的独立的实体,相反,这一前提正是在生产和再生产的过程中不断地被重新生产出来。离开了生产和再生产过程中的生产、分配、交换和消费四个环节,脱离了生产关系,生产资料所有制就无法实现,无从谈起,只能是空的。正是在这个意义上,马克思认为,所有制关系和生产关系是同一概念,"在每个历史时代中所有权是以各种不同的方式、在完全不同的社会关系下面发展起来的。因此,给资产阶级的所有权下定义不外是把资产阶级生产的全部社会关系描述一番"。"要想把所有权作为一种独立的关系、一种特殊的范畴、一种抽象的和永恒的观念来下定义,这只能是形而上学或法学的幻想。"③我们只有从生产和再生产的过程中,才能真正理解所有制或生产关系的本质,才能真正理解生产力对生产关系的作用机制。

---

① 《马克思恩格斯选集》第 2 卷,人民出版社 1995 年版,第 17 页。
② 《马克思恩格斯全集》第 23 卷,人民出版社 1960 年版,第 634 页。
③ 《马克思恩格斯选集》第 1 卷,人民出版社 1995 年版,第 177、178 页。

第十八章

重释唯物主义辩证法

以实践的思维方式扬弃黑格尔的唯心主义概念辩证法，形成"合理形态"的辩证法，这是唯物主义辩证法的根本标志。马克思、恩格斯批判黑格尔概念辩证法的立足点是人的思维"最切近、最本质"的基础，即人的实践活动。人与世界、思维与存在的矛盾关系，以及这些矛盾关系的展开与发展，都植根于人类自己的实践活动及其历史发展之中。离开人类实践活动及其历史发展，仅仅从思维或存在出发去看待思维与存在的关系，就会像旧唯物主义那样不懂得思维在实践基础上所实现的对存在能动的、否定的统一，或者像唯心主义那样把思维对存在能动的、否定的统一描述为思维的抽象的自我运动。因此，只有从人的实践活动及其历史发展出发，达到对思维与存在关系的实践论批判，才能全面、合理地揭示出由现实的人对现实世界的否定性统一所决定的思维对存在的否定性统一关系，使辩证法获得"合理形态"。

一、辩证法的"实践转向"

旧唯物主义哲学和唯心主义哲学，分别从对立的两极去思考自然界与精神的关系问题，因而始终僵持于本原问题的自然本体与精神本体的抽象对立,并以还原论的思维方式去说明二者的统一。由于旧唯物论以自然为本体,只是从被动的观点去理解人与世界的关系,忽视了人的能动性,因此,它所坚持的是一种单纯的、自在的客体性原则;由于唯心论以精神为本体,只是从能动的观点去理解人与世界的关系,抽象地发展了人的能动性,因此,它所坚持的是一种单纯的、自为的主体性原则。这样,旧唯物论和唯心论就不仅固执于本原问题上的自然本体与精神本体的抽象对立,而且造成了思维方式上的客体性原则与主体性原则的互不相容。

德国古典哲学力图克服本原问题上的自然本体与精神本体的抽象对立,扬弃思维方式上的客体性原则与主体性原则的互不相容,以新的思维方式去开拓新的哲学道路。这种新的思维方式要求从主体的活动出发去体认自然与精神、客体与主体的交互作用,阐发其间的辩证转化。这种探索的最重要的理论成果,就是自觉形态的辩证法,即黑格尔的概念辩证法。

按照黑格尔的观点,概念是自在的客观世界对自为的主观世界的生成,即外部世界转化成思维规定;同时,概念又是自为的主观世界对自在的客观世界的生成,即以观念的形态构成思维中的客观世界。自在的自然与自为的精神、单纯的客观性与单纯的主观性统一于自在自为的概念世界中。作为自然与精神双向生成的中介,概念既是物的尺度与人的尺度的和解,又是合规律性与合目的性的统一,首先是具有客观意义的主观目的性,即以"真"为根基的"善"的要求。这种"善"的要求是在思维中所达到的自然与精神、客观与主观的统一,它通过概念的外化、对象化即外部现实性活动而生成人所要求的世界。正是在这个意义上,列宁认为,在黑格尔的概念辩证法中包含着"历史唯物主义的胚芽"[①]。之所以包含着历史唯物主义的"胚芽",就在于黑格尔在对概念的实践理解中,具有把实践活动作为自然与精神、客观与主观统一的中介,并通过这个中介来说明世界对人的生成的"天才猜测"。

马克思认为,黑格尔把概念仅仅看作客观主观化和主观客观化的中介环节,以概念自身的生成和外化去实现思维与存在、主观与客观、真与善的统一,实际上是把概念发展变成了"无人身的理性"的自我对置、自我运动,从而也就把人与世界的现实关系神秘化了。"黑格尔认为,世界上过去发生的一切和现在还在发生的一切,就是他自己的思维中发生的一切。因此,历史的哲学仅仅

[①]《列宁全集》第55卷,人民出版社1990年版,第159页。

是哲学的历史,即他自己的哲学的历史","他以为他是在通过思想的运动建设世界;其实,他只是根据绝对方法把所有人们头脑中的思想加以系统的改组和排列而已"。① 这就必然实行辩证法的"实践转向",即要求把被黑格尔哲学神秘化了的概念辩证法扬弃为实践辩证法的内在环节,不是用概念的辩证运动去说明人类的实践活动,而是用人类的实践活动去解释概念的辩证运动。完成这一"实践转向"的正是马克思。

规定作为实践的内在环节,概念规定既是实践主体对实践客体规律性认识的结晶,又是实践主体对实践客体目的性要求的体现,因而是合规律性与合目的性的统一。正是在这种统一中,物的尺度与人的尺度才熔铸成人给自己构成的客观世界图景,升华出人在观念中所创造的、要求世界满足自己、对人说来是真善美相统一的新客体。所谓概念的外化、对象化,在其现实性上,只能是实践活动把观念中的新客体(概念规定)转化成现实的新客体(满足主体需要的劳动产品)。因此,马克思不仅以实践范畴去扬弃旧哲学中的自然本体与精神本体、客体性原则与主体性原则的抽象对立,而且把实践活动本身视为人与世界对立统一的根据,用实践的观点去解决人与世界、思维与存在的关系问题。

在黑格尔哲学中,思维与存在的关系问题是以概念自身为中介的"无人身的理性"与其"逻辑规定"的关系。对此,费尔巴哈明确指出,"要理解思维和存在、精神和物质、人和自然界的统一,不应该从观念出发,而应该从有感觉的人和自然界出发;精神应能在物质中找到自己的位置,而物质在精神中却找不到自己的位置;人及其思维、感觉和需要应是这种统一的有机反映"②。这样,在费尔巴哈哲学中,思维与存在的关系就转变成"抽象的个人"与其"感性的直观"的关系。

在马克思主义哲学所实现的"实践转向"中,思维与存在的关系,则转变为"现实的人"以"感性活动"为基础的与"现实世界"的关系问题。所谓现实的人,就是从事实践活动并在实践活动中发展自身的人;"感性活动",就是这种"现实的人"所进行的社会实践活动;"现实世界",则是"现实的人"的"感性活动"的对象。这样,贯穿于全部哲学史的思维与存在的关系问题,就在马克思

---

① 《马克思恩格斯选集》第1卷,人民出版社1995年版,第141页。
② [法]科尔纽:《马克思的思想起源》,王瑾译,中国人民大学出版社1987年版,第57页。

主义哲学所实现的"实践转向"中获得了现实性：思维与存在的关系问题，就是以实践为基础的人与世界之间历史地发展着的关系问题。

思维与存在的关系最切近、最本质的基础是人类自己的实践活动，思维与存在的关系所蕴含的全部矛盾关系，都植根于人类的存在方式——实践活动——的辩证本性，都展开于人的实践活动的历史发展过程中。因此，只有从现实的人及其历史发展出发，达到对思维与存在关系问题的实践论理解，才能合理地解答这一问题的"真实内容"和"真实意义"。

以实践论的观点去看待思维与存在的关系问题，就会发现，在人的实践活动及其历史发展的过程中，思维反映存在而又创造存在，思维肯定存在而又否定存在，从而使思维与存在的统一表现为动态中的统一、发展中的统一。因此，哲学自身也是动态的而不是静止的、发展的而不是凝固的世界观、认识论和方法论的统一。马克思主义哲学所实现的"实践转向"，既是以肯定存在对思维的本原性为前提，以唯物主义为基础去解释思维与存在关系的发展，又是以肯定思维对存在的能动性为前提，以辩证法为内容去解释思维与存在的历史的统一。正是由于马克思主义哲学在思维与存在的关系问题这一哲学基本问题上实现了唯物论基础与辩证法内容的统一，它才成为科学的世界观、认识论和方法论。

马克思主义哲学所实现的"实践转向"以实践自身的矛盾性为基础，深刻地揭示了现实世界的二重化、人类自身的二重性和社会历史的二象性，从而真正地建立了恩格斯所说的"关于现实的人及其历史发展"的哲学，构成了"合理形态"的辩证法，即实践辩证法。

从实践的观点去看待人及其与世界的关系，就会发现，人类是在自己的实践活动中，首先是在自己的生产劳动中，把自身提升为认识世界和改造世界的主体，从而把整个自然变成认识和改造的对象即客体。这样，人类的实践活动就否定了世界的单纯的自在性，而使之变成人化自然、属人自然，变成人类生活的文化世界。这就是由于人类实践活动所造成的现实世界的二重化，即自在世界与自为世界、自然世界与属人世界、客观世界与主观世界的分裂与对立。

同时，在人类实践活动及其历史发展过程中，人不断地使自己的目的、理想和要求转化为现实，使世界变成自己所憧憬的世界，即实现被实践活动二重化的世界的新的统一。人类的实践活动既造成世界的自我分裂（分裂为自在世界与自为世界、自然世界与属人世界),又实现二重化的世界的历史性统一。因此,人的实践活动蕴含并展开人与世界之间的全部矛盾,从而在人的自我意识中构成以实践为基础的人与世界关系的辩证法。马克思主义哲学以实践的思维方式理解人与世界之间的关系,在这个意义上,马克思主义的辩证法就是实践辩证法。

从实践的观点去看待人及其与世界的关系,还会发现,实践活动不仅造成了现实世界的二重化,也造成了人类自身的二重性。人类作为物质世界链条上的特定环节,是自在的或自然的存在;人类作为认识世界和改造世界的主体,则是自为的或自觉的存在。这就是人类自身的二重性。在实践活动中,人以自身的"物质自然""感性存在",并通过"感性活动"的中介,去改变"感性存在"的世界。但是,无论是人的"感性存在""感性活动",还是"感性活动"的对象,都是人类自己实践活动的产物。这就是人对自然的超越性。人对自然的依赖性和超越性,人类存在的现实性与理想性,人类生活的个体性与整体性,构成了人类自身存在的矛盾性,构成了人与世界关系的矛盾性,构成了人类自我意识到的人与世界关系的辩证法。正是从实践的观点去看待人及其与世界的关系,马克思主义哲学揭示了现实的人及其历史发展的辩证法。

更重要的是,从实践的观点去看待人及其与世界的关系,合理地解答了历史的二象性问题。人是历史的主体,"历史不过是追求着自己目的的人的活动而已"[1]。然而,人们创造历史的活动又不是随心所欲的,不是在他们选定的条件下进行的,因此,历史又表现为不以人们的主观意志为转移的历史过程,呈现为制约和规范人们创造活动的历史规律。正是在历史的二象性问题上,不仅是唯心主义哲学,而且全部旧唯物主义哲学包括费尔巴哈哲学,都陷入了无法解脱的"二律背反",并作出了唯心主义历史观的回答,即用意识解释人们的社会存在。正如马克思和恩格斯所说,"当费尔巴哈是一个唯物主义者的时候,历史在他的视野之外;当他去探讨历史的时候,他不是一个唯物主义者。在他那里,唯物主义和历史是彼此完全脱离的"[2]。正是在旧唯物主义陷入"二律背反"并由此而导向历史唯心主义的地方,马克思主义哲学以实践的观点作出了历史唯物主义的回答,为辩证法提供了最为丰厚的

---

[1]《马克思恩格斯全集》第2卷,人民出版社1957年版,第118—119页。
[2]《马克思恩格斯选集》第1卷,人民出版社1995年版,第78页。

理论内容。

从人类的现实存在及其历史发展出发,马克思提出:"人的存在是有机生命所经历的前一个过程的结果。只是在这个过程的一定阶段上,人才成为人。但是一旦人已经存在,人,作为人类历史的经常前提,也是人类历史的经常的产物和结果,而人只有作为自己本身的产物和结果才成为前提。"[①]在这里,马克思针对困扰以往哲学家的"二律背反",深刻地阐发了人作为历史的"前提"和"结果"的辩证关系。

作为"历史的经常前提",人总是"前一个过程的结果",他们的历史活动总是决定于在他们以前已经存在、不是由他们创立而是由前一代人创立的历史条件。因此,人们的历史活动并不是随心所欲的,人们历史活动的结果表现为不以人们的意志为转移的历史规律。作为"人类历史的经常的产物和结果",人获得了创造历史的现实条件和现实力量,并凭借这种现实条件和现实力量去改变自己和自己的生存环境,实现社会进步,并为下一代创造新的历史条件。因此,人们又是自己创造自己的历史,历史就是追求自己的目的的人的活动过程。现实的人既是历史的前提,又是历史的结果。作为历史的结果,人构成新的历史前提,作为历史的前提,人又构成新的历史结果。人作为历史的前提与结果的辩证运动,就是人及其历史的辩证法。

人的实践的存在方式,构成了人与世界之间独特的否定性的统一关系。这种人与世界之间否定性的统一关系,构成了世界的二重化和历史的二象性,体现了人类自身的二重性。人在否定现实世界的历史活动中创建自己所要求的理想世界,这就是人与世界、思维与存在对立统一的辩证法,是实践活动的辩证法,是人类自我发展的辩证法。马克思主义哲学所实现的"实践转向"从"现实的人及其历史发展"出发建构了"合理形态"的辩证法,即唯物主义辩证法。

人与世界的关系,是以人自己的实践活动为基础所形成的关系,这就是人对世界的否定性的统一关系。所谓对世界的否定性的统一关系,就是人以自己的实践活动把世界的现实性变成非现实性,而把世界的非现实性变成现实性,也就是把世界变成人所向往和期待的世界,即把人的理想变成现实的存在。这就是人以否定的方式所实现的人与世界的统一。

---

① 《马克思恩格斯全集》第 26 卷Ⅲ,人民出版社 1974 年版,第 545 页。

二、人与世界的否定性的统一关系

人对世界的否定性的统一关系,蕴含着人与世界之间全部的矛盾关系,构成了辩证法的现实基础。

第一,可以从人的存在的特殊性去理解人对世界的否定性统一关系,以及由此构成的人的生命活动的辩证法。

从总体上看,世界上的存在可以区分为生命的存在与非生命的存在两种类型,生命的存在是由非生命的存在进化而来,因此,这两种存在归根到底都是自然而然的存在。生命的存在可以区分为人的生命存在与其他生物的生命存在。人以外的其他生物的生命存在只是纯粹的自然而然的存在,人的生命存在不仅仅是自然而然的存在,而且还是超越自然的存在。这就是人的生命活动的超越性,是人与其他生物的根本区别。

关于这个根本区别,马克思有过精辟的论述:"动物和它的生命活动是直接同一的。动物不把自己同自己的生命活动区别开来。它就是这种生命活动。人则使自己的生命活动本身变成自己的意志和意识的对象。他的生命活动是有意识的……有意识的生命活动把人同动物的生命活动直接区别开来。"[1]恩格斯对此也作过精辟的论述:"动物仅仅利用外部自然界,简单地通过自身的存在在自然界中引起变化;而人则通过他所作出的改变来使自然界为自己的目的服务,来支配自然界。这便是人同其他动物的最终的本质的差别。"[2]

这表明,动物的生命活动就是它的生存,动物以自然所赋予的生命本能去适应自然,从而维持自身的生存,这种生存的生命活动是纯粹的自然存在;人不仅以生命活动的方式存在,而且意识到自己的生命活动,并根据自己的意志和意识进行生命活动。这样,人的生命活动就成为实现人的目的性要求的活动,变成让世界满足人本身需要的活动。正因为如此,人的生命活动就不仅仅是纯粹适应自然以维持自身存在的生存方式,而是改变自然以创造人的世界的生活方式,也就是以否定性的方式实现人与世界的统一的生产方式。这就

---

[1]《马克思恩格斯全集》第42卷,人民出版社1979年版,第96页。
[2]《马克思恩格斯选集》第4卷,人民出版社1995年版,第383页。

是人的生命活动的辩证法。

人的生命活动与动物的生命活动的区别,还在于动物的生命活动只是按照自己所属的物种的尺度去适应自然的活动,而人的生命活动则是物的尺度与人的尺度相统一的变革自然的活动。正如马克思所说:"动物只是按照它所属的那个种的尺度和需要来建造,而人却懂得按照任何一个种的尺度来进行生产,并且懂得怎样处处都把内在的尺度运用到对象上去;因此,人也按照美的规律来建造。"①动物只是按照它所属的物种的尺度进行生命活动,所以,也只能按照它所属的物种的本能去适应自然。例如,肉食类动物只能吃肉,草食类动物只能吃草;陆地上的动物只能生存于陆地,水里的动物只能生存于水中。动物只能按照它所属的物种的方式生存,而不能按照其他物种的方式存在;动物只有自己所属的物种的尺度,而没有变革自己存在方式的内在的尺度。与动物不同,人可以根据任何一种物种的尺度去进行生产,并且按照人的尺度(人的意愿、目的、情感等)去改变对象的存在。

人按照"任何物种的尺度"来进行生产,也就是按照各种存在物的客观规律来进行生产。这表明,人是一种可以发现、掌握和运用规律的存在;人又按照自己的"内在的尺度"来进行生产,也就是按照自己的需要、欲望、目的来进行生产,这表明,人是一种把自己的生命活动变成目的性活动的存在。因此,人既按照"任何物种的尺度",又按照人的"内在的尺度"来进行生产,也就是在合规律性与合目的性的统一中来进行生产。这种合规律性与合目的性的统一,使人的生命活动达到自在与自为相统一的自由的境界——"按照美的规律来建造"。这就是人的生命活动的自我超越,是人的生命活动所实现的人与世界的否定性统一。

第二,可以从人类延续生命的特殊方式去理解人对世界的否定性统一关系,以及由此构成的历史的辩证法。

人的生存活动与动物的生存活动,不仅是两种不同的维持生命的活动,而且是两种不同的延续生命的活动:动物的生命活动是以个体生命"复制"的方式来延续其种类的生命活动,因而是一种非历史的延续方式;人的生命活动则是以文化遗传的方式延续其种类的生活活动,因而是一种历史的延续方式。人的生存活动是区别于一切动物生存活动的历史活动。正是在这种历史活动

---

① 《马克思恩格斯全集》第 42 卷,人民出版社 1979 年版,第 97 页。

中,人以类的历史实现人类世世代代对世界的否定性统一。这就是人的历史的辩证法。

动物只有一个尺度,即它所属的那个"物种的尺度",因此,动物只能是按照它所属的那个"物种的尺度"本能地适应自然,并进行它所属的那个物种的纯粹自然的物种繁衍,造成世代相传的本能的生命存在。这就是动物的"复制"式的延续其种类的生命活动。人在自己的生命活动中,是按照"任何物种的尺度"与人的"内在的尺度"的统一来进行生产的,也就是以合规律性与合目的性的统一来进行生产,因而人的生命活动不仅仅是改造自然的过程,也是改造人本身的过程。在这个双重性的改造过程中,人类的生命延续超越了非历史的生命个体的"复制",从而形成了人所特有的历史。

人类的遗传具有双重性,是"获得性的遗传"与"遗传性的获得"的统一,即"自然遗传"与"文化遗传"的统一。人是历史性的存在,就是文化的存在。人的生命活动,不仅是改变自然、使自然"人化"的活动,是把"人属的世界"变成"属人的世界"的活动,而且是改变人自身、使自身"文化"的活动,是把"属人的世界"变成"文化世界"的活动。文化世界是人的生活世界。

文化构成了人类的遗传方式。"在动物和植物中,形成对环境的适应性,是通过其基因型的变异。只有人类对环境刺激的反应,才主要是通过发明、创造和文化所赋予的各种行为。现今文化上的进化过程,比生物学上的进化更为迅速和更为有效","获得和传递文化特征的能力,就成为在人种内选择上最为重要的了"。① 人类是在文化的遗传与进化中实现自身的历史发展。这就是人的文化的辩证法。

第三,可以从人类历史的"发展"去理解人对世界的否定性统一关系,以及由此构成的发展的辩证法。

人类超越了生命的"复制"而构成了自己的历史并成为历史性的存在。历史性的存在使人的生命演化获得了自我超越的特殊内涵——发展。在最一般的意义上,发展是指事物渐进过程中的中断,即事物由旧的形态飞跃到新的形态。就此而言,世界上的一切事物都处于运动和变化所实现的发展之中。然而,真正意义上的发展需要两个必不可少的前提:一是发展的主体的自我否定

---

① [俄]杜布赞斯基:《遗传学与物种起源》,谈家桢等译,科学出版社1982年版,第288、289页。

所实现的由旧形态向新形态的飞跃;二是发展的主体自觉到自己的发展,并通过发展而使自己的存在获得新的意义。具有上述两个前提的发展,只有人的历史。

历史是人的有目的的活动过程,或者说,是实现人的目的的过程。在历史过程中,人以自己的活动去实现自己的目的,把不会主动满足人的世界变成满足人的要求的世界,也就是把不符合人的理想的现实变成符合人所要求的理想的现实。正是在这样的历史过程中,人不断地使自己的生活获得了新的意义,从而实现人自身的发展。由人的历史活动所实现的人自身的发展,是一种超越了其他所有存在物演化方式的特殊方式。这就是人类历史的发展方式,也就是人的发展的辩证法。

"人的存在是有机生命所经历的前一个过程的结果。只是在这个过程的一定阶段上,人才成为人。但是一旦人已经存在,人,作为人类历史的经常前提,也是人类历史的经常的产物和结果,而人只有作为自己本身的产物和结果才成为前提。"①这里,马克思精辟地阐发了人作为自身存在的"前提"和"结果"所构成的历史和人的发展的内涵。

作为"历史的经常前提",人总是"历史的经常的产物和结果",他们的历史活动总是决定于在他们以前已经存在、由前代人创立的历史条件。就此而言,历史条件又成为人们创造历史的前提,而每代人又都是作为历史的产物和结果而存在的。这样,人们的历史活动就不是随心所欲的,历史活动的结果总是表现为不以人们的意志为转移的历史发展规律。历史的发展成为人发展的前提。

作为"前提"的历史条件,包括物质的和精神的两大方面。"历史的每一阶段都遇到一定的物质结果,一定的生产力总和,人对自然以及个人之间历史地形成的关系,都遇到前一代传给后一代的大量生产力、资金和环境,尽管一方面这些生产力、资金和环境为新的一代所改变,但另一方面,它们也预先规定新的一代本身的生活条件,使它得到一定的发展和具有特殊的性质。"②同时,作为"前提"的历史条件还包括种种文化条件。人类的语言是历史文化的"水库",历史的文化积淀占有了个人。人们使用语言,就是被历史文化所占有。

---

① 《马克思恩格斯全集》第26卷Ⅲ,人民出版社1974年版,第545页。
② 《马克思恩格斯选集》第1卷,人民出版社1995年版,第92页。

语言的历史变化,规定着人们对世界的理解,因而也就体现着人的历史性变化和规范着人的历史性发展。

但是,人作为"历史的经常的产物和结果",又获得了创造历史的现实条件和现实力量,并凭借这种现实条件和现实力量去改变自己和自己的生活世界,实现历史的进步,并为自己的下一代创造新的历史条件。因此,人们又是自己创造自己的历史,人们自己是自己历史的前提。历史就是追求自己的目的的人的活动过程,是人的实践活动在时间中的展开,它构成了人类世代延续的对世界的否定性统一关系,奠定了辩证法的现实基础。

三、人类存在的矛盾与实践的内在矛盾

从根本上说,人类存在的矛盾性就是人类存在的实践性,或者说,人类存在的实践性是人类存在的全部矛盾性的根源。因此,对人类存在矛盾性的认识,必须诉诸对人类实践性的理解;以理论方式反思人类存在的矛盾性,必须升华为对人类存在实践性的反思。实践是人的存在方式,人的实践活动蕴含着人与世界之间的全部矛盾关系。对辩证法的理解,在根本上是对实践的内在矛盾的理解。

实践活动的内在矛盾,首先表现为实践主体的自然性与超自然性的矛盾。实践活动是人以自己的感性自然(肉体组织),并通过感性中介(物质工具)去改造感性对象(物质世界)的活动。离开实践主体的自然的感性存在,就没有感性的实践活动。但是,人不是单纯的自然存在物,而是具有理智的自然存在物。人不像动物那样无意识地适应自然,而是在适应自然的同时使自然适应自己,满足自己的需要。正是这种双重的适应性,即环境对人和人对环境的不断作用与反作用,决定了人的活动的本质。离开超自然性的自然性,人只能像动物一样去适应自然;反之,离开自然性的超自然性,人的超自然性只能是一种神秘的特性。因此,作为实践主体的人,其自然性是具有超自然性(自为性)的自然,其超自然性是具有自然性(自在性)的超自然性。

其次,实践活动的内在矛盾表现为实践活动的合目的性与合规律性的矛盾。实践是人的有目的的活动,是人把自己的目的和要求变成现实的活动。作为实践主体的人,自己给自己构成人所要求的世界图景,并以自己的实践活动使世界变成自己理想的世界。同时,作为人的客观活动,实践又必须面对客

观世界,以客观世界为转移。因此,一方面,实践主体要按照自己的目的去改变世界;另一方面,实践主体的目的又必须积淀着关于世界的规律性认识才能得以实现。由此构成了实践活动中合目的性与合规律性的矛盾。

再次,实践活动的内在矛盾表现为实践活动的人的尺度和物的尺度的矛盾。人类实践活动的特殊性,就在于人类是依据"两种尺度"来进行自己的生命活动。实践活动的合目的性,本质上是以人的尺度去要求客观世界;实践活动的合规律性,则是以物的尺度去规范人的目的与活动。因此,实践活动的合目的性与合规律性的矛盾,实际上是人的尺度与物的尺度的矛盾。人的实践活动既是按照人的尺度去改变世界,又是按照每种物的尺度去规范自己的思想与行为。正是在这"两个尺度"的对立统一中,实践活动实现为合目的性与合规律性的对立统一。

最后,实践活动的内在矛盾表现为实践活动中的客体主体化与主体客体化的矛盾。实践活动是一个双重化的过程:一方面,实践主体以人的尺度去改变实践客体,把自己的目的性要求变成现实的存在,这就是所谓的主体客体化(客体变成主体所要求的客体);另一方面,实践主体又以物的尺度去规范自己的思想与行为,按照客观规律进行实践活动,这就是所谓的客体主体化(主体成为掌握客体规律的主体)。正是在这种主体客体化与客体主体化的对立统一中,人实现了改造世界与改造自身的对立统一。在人类实践活动中,这种主体客体化与客体主体化的过程是不断扩展与深化的。

作为人的存在方式,实践不仅蕴含着实践主体的自然性与超自然性、实践活动的合目的性与合规律性、实践过程的人的尺度与物的尺度、实践结果的主体客体化与客体主体化的诸多矛盾,而且蕴含着实践活动的现实性与普遍性、现实性与理想性、现实性与无限性的矛盾。

对实践的通常解释往往侧重于强调它的现实性,而忽视它的普遍性。列宁在解释实践与理论的关系时,曾作出这样的论断:"实践高于(理论的)认识,因为它不仅具有普遍性的品格,而且还具有直接现实性的品格。"[1]实践具有"直接现实性",即"使主观见之于客观"的品格,把主观目的变成客观现实,这是理论所不具有的,因而是实践"高于"理论的地方。但是,不能由此否认实践具有普遍性的品格,恰恰相反,实践的普遍性品格正是理论的普遍性品格的基

---

[1]《列宁全集》第55卷,人民出版社1990年版,第183页。

础。实际上,实践本身就蕴含着"直接现实性"与"普遍性"的矛盾。

由人类思维活动所构成的理论,具有人所共知的把握和解释世界的"普遍性"品格。思维的"普遍性"品格,从最深层上看,就是思维的逻辑的普遍性。而对于思维的逻辑,列宁曾从实践论的视野提出"逻辑的式"的问题,即"人的实践活动必须亿万次地使人的意识去重复不同的逻辑的式,以便这些式能够获得公理的意义"[1];"人的实践经过亿万次的重复,在人的意识中以逻辑的式固定下来。这些式正是(而且只是)由于亿万次的重复才有着先入之见的巩固性和公理的性质"[2]。

思维的逻辑源于人的实践活动,意味着人的实践活动本身是一种具有普遍性的逻辑。实践的逻辑直接表现为一种感性活动的"逻辑"、外部操作的"逻辑"。实践活动的逻辑,既受外部存在的制约,又受意识活动的制约;既改变外部存在,又变革意识活动。正是在这种双重制约与双向变革的"亿万次"的实践活动中,实践形成了自己的"逻辑",并使人类的意识(思维)也"亿万次"地重复"各种不同的逻辑的式",从而使实践活动的"逻辑"转化成意识的(思维的)运演的逻辑,并使思维的逻辑"获得公理的意义"。

思维的逻辑以思维规律、思维规则、思维方法、思维运算和逻辑运演的方式去抽象和表述事物的普遍性、必然性和规律性;反过来,思维的逻辑又以这种普遍性、必然性和规律性去调节、控制、规范人的实践活动,从而使这种普遍性、必然性、规律性的认识获得直接现实性。正是实践活动的普遍性与现实性的矛盾,构成了人类存在的矛盾性:从实践活动的"每次现实"和"个别实现"来说,实践总是具体的思想获得现实性的过程;从实践活动的"总体性"和"过程性"来说,实践又是人类所形成的全部思想获得现实性的过程。

因此,人类的实践活动既要求实现思维与存在、主观与客观的具体的统一,即"构成思想",并使这种思想获得具体的现实性,又要求反省思维与存在、主观与客观的具体的统一,即"反思思想",使思想跃迁到新的逻辑层次,并在新的逻辑层次上进行新的实践活动。这表明,实践活动本身所具有的普遍性与现实性的矛盾,决定了人类思想的哲学维度——反思。

现实性与理想性是蕴含在实践活动中的又一对矛盾。列宁指出:"人的实

---

[1]《列宁全集》第55卷,人民出版社1990年版,第160页。
[2]《列宁全集》第55卷,人民出版社1990年版,第186页。

践=要求(1)和外部现实(2)。"①关于人的实践的"要求",列宁解释说:"世界不会满足人,人决心以自己的行动来改变世界。"②而关于人的实践对世界的"改变",列宁更为深刻地指出:"为自己绘制客观世界图景的人的活动改变外部现实,消灭它的规定性(=变更它的这些或那些方面、质),这样,也就去掉了它的外观、外在性和虚无性的特点,使它成为自在自为地存在着的(=客观真实的)。"③人的实践的"要求"或"目的"是非现实的观念性的存在,即作为实践活动的动力与指向的理想性的存在;人的实践的"外部现实",则是把这种理想性的要求或目的变成现实的客观存在。这表明,实践的本质在于,现实的人总是不满足于自己的现实,总是要把现实变成理想的现实。

人把理想变成现实的实践活动,是以"为自己绘制客观世界图景的人""决心以自己的行动来改变世界"为前提的。这就是说,在实践活动的前提中,已经包含着理想性("为自己绘制客观世界图景",以及把这种"图景"变成现实的"决心")与现实性(世界自己的客观图景,即尚未被人的"决心"改变的世界)的深刻矛盾。人的实践过程就是这样的一种双重化过程:一方面是使世界的现实性(世界自己的客观图景)变成非现实性("变更"世界的"这些或那些方面、质");另一方面是使人的理想性("为自己绘制客观世界图景")变成客观存在的现实性(使世界成为"自在自为地存在着的[客观真实的]")。

这样,实践活动就使自在世界的现实性变成了非现实性,而使自为的人的理想性变成了真正的现实性,并从而使世界变成了自在自为的现实——按照人的理想所创造的客观存在。实践活动的理想性与现实性的矛盾,使人与世界之间构成了一种独特的否定性的统一关系,即人以理想性的要求而现实地否定世界的现存状态,使世界变成人所要求的现实,并在这种现实中实现人与世界的统一。

现实性与无限性是蕴含在实践活动中的另一对矛盾。人类实践活动的"每次现实"和"个别实现"是有限的,但人类实践活动本身却是一个无限的历史展开过程。实践活动作为思维与存在、主观与客观、人的尺度与物的尺度、合目的性与合规律性、自然的世界与属人的世界、人的自然性与自为性、人们

---

① 《列宁全集》第55卷,人民出版社1990年版,第183页。
② 《列宁全集》第55卷,人民出版社1990年版,第183页。
③ 《列宁全集》第55卷,人民出版社1990年版,第187页。

创造历史与历史规律制约人的活动等人与世界之间全部矛盾的"交错点",并不是一个凝固的、静止的、孤立的"点",而是聚集在这个"交错点"上的全部矛盾的历史展开过程。

按照黑格尔的观点,无限就是有限的展开过程。在实践的展开过程中,表现了实践的无限的指向性和无限的过程性。如前所述,人类的实践活动,是由于"世界不会满足人,人决心以自己的行动来改变世界"的活动,是把世界变成人所希望的世界的活动,也就是把理想变成现实的活动。实践活动中所蕴含的理想性是一种无限的指向性。因此,基于人类实践的人类思维,总是表现为对无限的寻求:寻求作为世界统一性的终极存在,寻求作为知识统一性的终极解释,寻求作为意义统一性的终极价值。

从实践的现实性与无限性的矛盾出发,就会发现:哲学追寻作为世界统一性的终极存在,这是人类实践和人类思维作为对象化活动所无法逃避的终极指向性,这种终极指向性促使人类百折不挠地求索世界的奥秘,不断地更新人类的世界图景和思维方式;哲学追寻作为知识统一性的终极解释,这是人类思维在对终极存在的反思中所构成的终极指向性,这种对终极解释的关怀就是对人类理性的关怀,促使人类不断地反思思维和存在的关系问题,从而不断地发展人类思想的哲学维度,即反思;哲学追寻作为意义统一的终极价值,这是人类思维反观人的自身存在所构成的终极指向性,这种对终极价值的关怀就是对人与世界、人与社会、人与自我关系的关怀,促使人类不断地反思自己的全部思想与行为,并寻求评价、规范自己的思想与行动的标准和尺度。

由此可见,古往今来的哲学对世界统一性(终极存在)、知识统一性(终极解释)和意义统一性(终极价值)的寻求,并不是与人类实践活动无关的或超然于人类历史活动之外的玄思和遐想,而是植根于人类的实践的存在方式。实践具有无限的指向性,哲学则试图通过对世界统一性(终极存在)的确认、对知识统一性(终极解释)的占有、对意义统一性(终极价值)的规定,来奠定人类在世界中的安身立命之本,提供人类存在的"最高支撑点"。因此,辩证法植根于人类的实践的存在方式中。植根于实践活动中的辩证法,以本体论的自我批判的方式而表征实践自身的现实性与普遍性、现实性与理想性、现实性与无限性的内在矛盾。

四、本体论批判的辩证法及其历史

作为最抽象的规定，可以把辩证法归结为关于矛盾的学说。然而，由此却引发一个问题：世界就是矛盾，能否在最抽象的意义上把人类所创建的关于世界的全部科学理论都归结为辩证法理论。对这个问题，通常是从一般与特殊的关系来回答：作为哲学世界观，辩证法不是研究具体的矛盾，即矛盾运动的特殊规律，而是研究抽象的矛盾，即矛盾运动的一般规律。深究这种回答，又会引发一个更为实质性的问题："抽象的矛盾"以何种方式构成辩证法的研究对象。"全部哲学，特别是近代哲学的重大的基本问题，是思维和存在的关系问题。"[1]这就明确告诉人们：作为世界观理论的哲学，既不是脱离人的思维去研究自在的存在，也不是脱离存在去考察人的思维，而是探讨自为的存在（人及其思维）与自在的存在（世界）的相互关系。因此，作为哲学世界观的"矛盾"，不是自在世界的矛盾，而是人及其思维与世界的矛盾；哲学世界观的任务，不是对自在世界的矛盾作出理论解释，而是探索人及其思维与世界的矛盾关系，从而为人类认识世界和改造世界提供世界观层次的理论支持。与科学不同，哲学专门考察思维与存在的关系问题，反思"理论思维的不自觉的和无条件的前提"。这种理论思维的前提即思维与存在的统一性，就是哲学本体论问题。

"本体"和"本体论"，是哲学理论中使用最广泛而又歧义性最大的范畴。在各种不同的哲学理论框架中，"本体"都有其不同的理论内涵和历史规定性。但是，从人类本体论追求的基本指向和基本价值上，可以确认哲学本体论的真实意义。

人类作为改造世界的实践主体，其全部活动的指向和价值，在于使世界满足人类自身的需要，把世界变成对人来说是真、善、美相统一的世界。因此，具有理论思维能力的人类，不仅仅是把思维与存在的统一当作"理论思维的不自觉的和无条件的前提"，去探索自然、社会和人生的奥秘，而且总是对"前提"本身提出质疑，力图在最深刻的层次上把握人及其思维与世界的内在统一性，并以这种人类所把握到的统一性去解释人类经验中的一切事物和规范人类的全

---

[1]《马克思恩格斯选集》第4卷，人民出版社1995年版，第223页。

部行为。

总结哲学的历史与逻辑,可以看出,哲学家们苦苦求索的根本目标,就是说明人及其思维与世界内在统一的根据,即亚里士多德所说的作为"最高原因的基本原理";而哲学家们在自己时代的水平上以理论形态所表达的"基本原理",则构成古往今来的形形色色的"哲学本体论"。

哲学本体论追求人及其思维与世界内在统一的"基本原理",研究的不是世界矛盾运动的这个领域或那个领域、这种形式或那种形式,关注的不是何者为真、何者为善、何者为美,而是探寻存在是什么(如黑格尔提出,"要这样来理解那个理念,使得多种多样的现实,能被引导到这个作为共相的理念上面,并且通过它而被规定,在这个统一性里面被认识"),追究真、善、美是什么,(如苏格拉底提出哲学寻求的"不是什么东西是美的,而是什么是美")。哲学本体论把存在和真、善、美作为主词而予以探寻和追究,这就集中而鲜明地显示了哲学本体论的真实意义:为人类提供判断、解释和评价存在与真、善、美的根据、标准和尺度,就是说明人类经验中的一切事物并规范人类全部行为的"基本原理"。

哲学本体论所具有的这种真实意义,使其在人类把握世界的各种方式(宗教的、伦理的、艺术的、科学的、常识的等等)中,在人类创建的全部知识体系(数学、自然科学、人文科学、社会科学等等)中,扮演了一种独特的角色,即以其所提供的"基本原理"或其所承诺的本体作为最高的或最终的根据、标准和尺度,批判地反思人类一切活动的全部知识的各种前提,为人类的存在和发展提供自己时代水平的安身立命之本或"最高的支撑点"。在这个意义上,本体论就是哲学世界观。

问题在于,本体的寻求即矛盾。哲学作为思想中的时代,它所承诺的本体及其对本体的理解和解释,都只能是自己时代的产物;而哲学本体论却总是要求最高的权威性和最终的确定性,把自己所承诺的本体视为毋庸置疑和不可变易的"绝对"。因此,哲学本体论从其产生开始,就蕴含着两个基本矛盾。

其一,它指向对人及其思维与世界内在统一"基本原理"的终极占有和终极解释,力图以这种"基本原理"为人类的存在和发展提供永恒的"最高支撑点",然而人类历史的发展却总是不断地向这种终极解释提出挑战,动摇它所提供的"最高支撑点"的权威性和有效性。这就是哲学本体论与人类历史发展的矛盾。

其二,哲学本体论以自己所承诺的本体或"基本原理"作为判断、解释和评价一切的根据、标准和尺度,也就是以自身为根据,从而造成自身无法解脱的解释循环。因此,哲学家们总是在相互批判中揭露对方本体论的内在矛盾,使本体论的解释循环跃迁到高一级层次。这是哲学本体论的自我矛盾。

在哲学本体论所蕴含的两个基本矛盾中,前者是后者的根源和基础。正如恩格斯在分析西方近代哲学时所说的,"推动哲学家前进的,决不像他们所想象的那样,只是纯粹思想的力量。恰恰相反,真正推动他们前进的,主要是自然科学和工业的强大而日益迅猛的进步"①。同时,后者是前者的理论升华和哲学表达。哲学本体论与人类历史发展的矛盾,只有升华和表达为哲学本体论的自我矛盾,引导哲学家发现、揭示和展开以往的或对方的本体论的内在矛盾,形成新的理论形态的本体论,使本体论的解释循环跃迁到高一级层次,才能构成哲学世界观意义的矛盾。哲学史表明,辩证法正是以这种具有哲学世界观意义的矛盾为对象,并在愈来愈深刻的层次上展现这种矛盾而实现自身发展的。

"古希腊的哲学家都是天生的自发的辩证论者,他们中最博学的人物亚里士多德就已经研究了辩证思维的最主要的形式。"②作为"天生的自发的辩证论者",古希腊哲学家所研究关注的矛盾与所关注的中心问题——世界本原是密切相关、融为一体的。

亚里士多德把探索世界本原的哲学概括为研究"实是之所以为实是""寻取最高原因的基本原理"③的学术。这就是古代意义的哲学本体论。在寻求世界本原的过程中,古希腊哲学家集中探讨了"万物与始基"(米利都学派)、"存在与逻各斯"(赫拉克利特)、"存在与非存在"(巴门尼德)、"原子与虚空"(德谟克利特)、"影像与理念"(柏拉图)、"质料与形式"(亚里士多德)等一系列关于本体问题的矛盾。正是在揭示和论证这些矛盾的过程中,形成了古希腊哲学自发形态的辩证法。

考察古希腊哲学家对本体问题的辩证思考,可以发现两种不同的基本思路:一是关注经验世界的多样统一性,把本体视为万物所由来和万物所复归的某种感性存在物,如泰勒斯的水、阿那克西曼德的无限物、阿那克西米尼的空

---

① 《马克思恩格斯选集》第 4 卷,人民出版社 1995 年版,第 226 页。
② 《马克思恩格斯选集》第 3 卷,人民出版社 1995 年版,第 358 页。
③ [古希腊]亚里士多德:《形而上学》,吴寿彭译,商务印书馆 1959 年版,第 64 页。

气、赫拉克利特的火,因而以现实的因果关系去解释万物与本原、变体与本体的对立统一关系,这主要是古代唯物论的辩证法思想;二是探寻对象世界的现象与本质的逻辑关系,把本体视为超越经验而为思维所把握的理性存在物如毕达哥拉斯的数、巴门尼德的存在、柏拉图的理念,因而以超验的逻辑关系去说明事物存在与本质规定的对立统一关系,这主要是古代唯心论者的辩证法思想。

古希腊哲学在本体论上两种基本思路的对立,从其提出问题的直接性上看,是关于世界本原(起源)的不同解释,因而可以称之为两种不同的宇宙本体论;从造成这两种思路的根源上看,则在于人类自身的感性与理性的主体矛盾。古代唯物论者注重感性经验,坚持本体的可感性,可以说是一种经验论的宇宙本体论;古代唯心论者则注重理性思维,坚持本体的超验性,可以说是一种理性论的宇宙本体论。这样,透过古希腊哲学的宇宙本体论的对立,就会窥见其蕴含的认识论上的经验论与唯理论的对立。而这种认识论上的对立,则根源于自然界对人的本原性和人对自然界的超越性的对立。在古希腊哲学的宇宙本体论的背后,隐藏着比肩而立的人类学本体论。

对于这种蕴含在宇宙本体论之中的主体矛盾和主-客体矛盾,古希腊哲学家已经有所觉察和触及,提出"人是万物的尺度"等著名命题,试图从主体与主客体关系的视角去反省本体论问题,因而孕育了思维与存在、主观与客观、主体与客体、自由与必然、知识与信仰、真善美与假恶丑、属人世界与自然世界等全部世界观矛盾的胚芽。但是,从总体上看,古希腊哲学是把人的本质及其矛盾对象化给客观世界,从客观世界本身去寻求人类安身立命的本体,因而是一种自发形态的本体论批判,即自发形态的辩证法。

这种自发形态的辩证法,在"古代世界的黑格尔"——亚里士多德那里得到了系统的总结。具体地说,亚里士多德围绕古希腊哲学家在本体问题上的两种思路的对立及其内在矛盾,概括出关于事物的四种原因(质料因、形式因、动因和目的因)、三种实体(个体、共相和神)等十几个重大问题,并分别从正反两个方面予以分析论证。经过亚里士多德系统地诘难、分析和引申,古希腊哲学本体论的种种内在矛盾不仅被显露和凸显出来了,而且获得了初步逻辑化的理论内容。这种展现本体论内在矛盾的理论内容,是古代形态的辩证法。正因为如此,列宁极为赞赏亚里士多德对古希腊哲学的理论总结,认为他"最典型的特色就是处处、到处都是辩证法的活的胚芽和探索"①。

古希腊哲学的辩证法既是世界观,又是方法论。在后一方面,苏格拉底的辩证法是富于启发意义的。苏格拉底用自称为"催生术"的盘诘方法去诱引人们据以形成其结论的根据和前提,引导人们明确承认自己的信念或论据中所隐含的矛盾,从方法论的角度推进了古代哲学的本体论批判,也使古代辩证法趋于成熟。同样引人注目的是,苏格拉底的兴奋点不是探寻世界本原,而是对诸如勇气、义务、虔诚、死亡以及对死亡的恐惧等这些人类社会生活和政治生活中的种种信念进行辩证法式的批判反省,从而使人们意识到"未经审视的生活是无价值的生活"。

这样,苏格拉底的辩证法,即雄辩的批判方法,便显示出两方面的启发意义:一是把作为世界本原的本体引向作为信念的根据、标准和尺度的本体,从而把揭示本体论的内在矛盾升华为对本体观念的前提批判;二是把哲学的兴奋点由探索自然的奥秘引向对社会生活的反省,把宇宙本体论引向人类学本体论,从而把对象化给自然的人的本质及其矛盾引向主体的自我批判。作为这两方面的统一,苏格拉底的辩证法透露了一个重要信息,即本体论的真实意义并不是确认什么是世界的本原或什么是真实的存在,而在于寻求判断存在和真善美的根据、标准和尺度。这就是说,本体就是人类自己信念的前提和根据;本体论就是关于人类信念的前提和根据的理论;本体论批判就是揭示人类信念的前提和根据的内在矛盾,它蕴含着本体观念的重大变革,也蕴含着辩证法形态的重大转换。

古希腊哲学是朴素的,也是充满生机的,其根本特征,恰如列宁对亚里士多德的逻辑学的评论,是"寻求""探索","在每一步上所提出的问题正是关于辩证法的问题"。然而,这种充满生机的寻求和探索,在西方中世纪哲学中"却被变成僵死的经院哲学,它的一切探求、动摇和提问题的方法都被抛弃"②。

辩证法被扼杀的根源,从哲学自身发展的历史与逻辑上说,是由于把批判性的本体论探索,即揭示本体论的内在矛盾,变成了对本体的非批判性信仰。当哲学家们把"本原""本体""共相""形式""理念"等范畴从与其相对的范畴,即"万物""变体""个别""质料""实存"中独立出来并加以绝对化,便演化

---

① 《列宁全集》第55卷,人民出版社1990年版,第313页。
② 《列宁全集》第55卷,人民出版社1990年版,第313页。

成西方中世纪哲学的上帝本体论。

"上帝"作为本体,它不仅是"万物的原因",即包括人的肉体和精神在内的一切存在物的造物主,也是"宇宙的原则",即集真、善、美于一身而裁判一切的根据、标准和尺度。"人是万物的尺度"这个古希腊哲学命题,伴随着人的本质力量和主体地位异化给"上帝",就变成了"上帝是万物的尺度"这个经院哲学教条。在这里,"上帝"不仅仅是解释宇宙起源的神秘的"第一推动力",更重要的,是人类道德的立法者和人类正义的仲裁者,是人们用以判断、评价和规范自己的思想与行为的根据、标准、尺度,即人类的安身立命之本或最高支撑点。这样,上帝本体论就把古希腊哲学中比肩而立的宇宙本体论和人类学本体论以神的形式统一起来,抛弃了辩证法,变成了一神教。

古希腊哲学所建构的是把人的本质及其内在矛盾对象化给客观世界的宇宙本体论,中世纪哲学所建构的则是把人的本质力量和主体地位异化给神的上帝本体论。近代西方哲学的根本任务,用费尔巴哈的话来说,就是"将上帝现实化和人化""将神学转变为人本学"①,也就是把异化给上帝的人的本质力量和主体地位归还给人。

由这个根本任务所决定,哲学本体论的内在矛盾便相应地转化成上帝与自然、上帝与精神、上帝与人的矛盾。揭示、展现和论证这些矛盾,构成了近代西方哲学的上帝自然化(物质化)、上帝精神化(理性化)、上帝人本化(物质化与理性化的人化统一)的历史与逻辑相统一的发展进程。

揭露中世纪经院哲学的种种内在矛盾,批判地考察上帝本体论的种种前提假设,近代西方哲学恢复了古希腊哲学的充满生机的"寻求""探索"精神,重新研究了古希腊哲学提出的问题及其蕴含的世界观矛盾的胚芽,使本体论批判跃迁到新的层次。这种本体论批判层次跃迁的集中表现,就是"没有认识论的本体论为无效"。

人们常常把近代西方哲学称作西方哲学发展史中的"认识论转向",由此产生了一种误解,似乎近代西方哲学的根本标志是以认识论代替本体论。这种误解又包括两层含义:一是把近代以前的全部哲学都归结为本体论,而阉割了古代哲学本体论批判的真实意义;二是把近代哲学视为与本体论相对立的

---

① [德]路德维希·费尔巴哈:《费尔巴哈哲学著作选集》上卷,荣震华等译,商务印书馆1984年版,第122页。

认识论哲学，又模糊了近代认识论哲学的本体论批判的根本指向。可见，这种误解的实质，在于离开本体论批判去看待古代哲学的本体论追究和近代哲学的认识论转向。

近代西方哲学的"认识论转向"，其根源在于要求把对象化给客观世界或异化给上帝的人的本质力量和主体地位归还给人本身。其转向的实质在于把自发的本体论批判和非批判的本体论转向自觉的本体论批判。因此，近代哲学的"认识论转向"具有双重内涵：一是把中世纪哲学非批判的本体论转向本体论批判，将异化给上帝的人的本质归还给人；二是把古代哲学自发的本体论批判升华为自觉的本体论批判，即对本体论的认识论反省，将对象化给客观世界的人的本质归还给人。作为这二者的统一，就是在自觉的本体论批判中确立人（及其理性）在人与世界关系中的主体地位。

近代以前的哲学是从对象自在的矛盾去寻求和说明世界的统一性即本体，而近代哲学则越来越明确地自觉到：凡属对象在人类思维中的规定性，都是人的思维（理性）关于对象的规定；这些规定性是否合理，不仅需要考察关于对象的意识内容，而且必须探究形成意识内容（思想内容）的人的理性及其能力。这样，近代哲学就在哲学研究的立足点和出发点上发生了重大变革，即从人的理性及其对存在的关系出发去思考本体论问题，提出了自然世界与人类意识、意识内容与意识形式、感性认识与理性认识、对象意识与自我意识、外延逻辑与内涵逻辑、实体与属性、自由与必然、知识与信仰、自我与非我、理论理性与实践理性、合规律性与合目的性、思维规律与存在规律等关于思维与存在的对立统一关系的一系列范畴、命题和原理，以认识论的形式深化了本体论的内在矛盾。

这种近代水平的对本体论的认识论反省，即自觉的本体论批判"十分清楚"地提出了思维与存在的关系问题并使之获得了"完全的意义"，同时也把辩证法由自发形态升华为自觉形态。这就是从认识论的视角揭示和展现本体论的内在矛盾，并使之获得逻辑学形式的系统表达，从而达到本体论、认识论和逻辑学三者融为一体的辩证法。其系统展开和最高表现，就是黑格尔所创建的唯心主义辩证法体系。

但是，近代西方哲学的"认识论转向"，即对本体论的认识论反省，以及在这个转向和反省的进程中所形成的自觉形态的辩证法，只是把本体论的内在矛盾推向更尖锐的程度，并没有合理地即唯物辩证地解决人及其思维与世界的统一性问题。对思维与存在的关系问题，近代哲学提出了两种基本的理解方式：其一，实体即自然，理性（思维）只是实体（自然）的一种基本属性，人作为理性动物，通过感性直观和理性抽象认识世界而实现思维与存在的统一。这就是强调人及其理性对自然的依赖性或者说自然对人及其理性的本原性的近代唯物主义思想。其二，实体即理性，理性（思维）的规律就是自然（存在）的规律，作为自为的能动的主体，理性通过自我运动、自我认识而实现思维与存在的统一。这就是强调人及其理性对自然的超越性或者说自然对人及其理性的被动性的近代唯心主义思想。

由于上述两种理解方式的对立，近代哲学在批判上帝本体论并"将上帝现实化和人化"的过程中，就形成了两种近代意义上的本体论——物质（自然）本体论和精神（理性）本体论。二者分别从对立的两极去寻求人类的安身立命之本，把自然或理性作为判断、解释和评价一切事物并规范人类全部行为的根据、标准和尺度，而没有找到物质与精神、自然与理性、自然对人的本原性与人对自然的超越性对立统一的真实中介和现实基础。由此造成了整个近代西方哲学在本体问题上的物质（自然）本体论与精神（理性）本体论的抽象对立，在思维方式上的客体性原则（片面强调自然对人及其思维的本原性）与主体性原则（片面强调人及其思维对自然的超越性）的互不相容。这种本体论的抽象对立和思维方式的互不相容，导致双方各把自己所承诺的本体（自然本体或理性本体）视为不容置疑的人类安身立命之本，即最高支撑点。因此，近代哲学的本体论批判就以非批判的本体论信仰而终结，自觉形态的辩证法也最终地陷入了非批判的形而上学。

五、本体论批判与"合理形态"的辩证法

近代西方哲学的本体论批判终止于费尔巴哈的人本学。"费尔巴哈是从宗教上的自我异化，从世界被二重化为宗教世界和世俗世界这一事实出发的。他做的工作是把宗教世界归结于它的世俗基础。"[①] 按照费尔巴哈的观点，宗教把人的本质从人分裂出去变成上帝的本质，而黑格尔的思辨哲学则把从思维的人抽象出来的思维变成独立的本质。"人在宗教中把自己的本质对象化了"[②]。因

---

① 《马克思恩格斯选集》第1卷，人民出版社1995年版，第55页。
② ［德］路德维希·费尔巴哈：《费尔巴哈哲学著作选集》下卷，荣震华等译，商务印书馆1984年版，第537页。

此,费尔巴哈给自己的人本学提出的历史任务是,破除人在宗教中的自我异化,把人的本质归还给人。"生命就是人的最高的宝物,人的最高的本质"①,"人的本质是感性,而不是虚幻的抽象、'精神'"②,把人的本质归还给人,就是把人的肉体、血液、人格、性格、情感、意志、欲望等统统归还给人,把人当作感性存在的实体。

马克思主义哲学直接形成于对费尔巴哈人本学的批判。马克思、恩格斯认为,费尔巴哈"紧紧地抓住自然界和人;但是,在他那里,自然界和人都只是空话。无论关于现实的自然界或关于现实的人,他都不能对我们说出任何确定的东西"③。这是因为:"费尔巴哈想要研究跟思想客体确实不同的感性客体:但是他没有把人的活动本身理解为对象性的活动";他"不满意抽象的思维而喜欢直观;但是他把感性不是看作实践的、人的感性的活动";"他把人只看作是'感性对象',而不是'感性活动'";"当费尔巴哈是一个唯物主义者的时候,历史在他的视野之外;当他去探讨历史的时候,他不是一个唯物主义者。在他那里,唯物主义和历史是彼此完全脱离的"。④

因此,"要从费尔巴哈的抽象的人转到现实的、活生生的人,就必须把这些人作为在历史中行动的人去考察"⑤;"真理的彼岸世界消逝以后,历史的任务就是确立此岸世界的真理。人的自我异化的神圣形象被揭穿以后,揭露具有非神圣形象的自我异化,就成了为历史服务的哲学的迫切任务";"为历史服务的哲学""对于这个世俗基础本身应当在自身中、从它的矛盾中去理解,并在实践中使之革命化";"哲学家们只是用不同的方式解释世界,问题在于改变世界"。⑥

马克思、恩格斯以人的"感性活动"而不是人的"感性存在"为出发点,去探索人及其思维与世界的对立统一关系,揭示了根源于人类实践活动的本体论的深层矛盾。世界的二重化是以人的实践活动为中介的自然世界与属人世界

---

① [德]路德维希·费尔巴哈:《费尔巴哈哲学著作选集》下卷,荣震华等译,商务印书馆1984年版,第554页。
② [德]路德维希·费尔巴哈:《费尔巴哈哲学著作选集》上卷,荣震华等译,商务印书馆1984年版,第213页。
③ 《马克思恩格斯选集》第4卷,人民出版社1995年版,第240页。
④ 《马克思恩格斯选集》第1卷,人民出版社1995年版,第54、56、77—78、78页。
⑤ 《马克思恩格斯选集》第4卷,人民出版社1995年版,第241页。
⑥ 《马克思恩格斯选集》第1卷,人民出版社1995年版,第2、55、57页。

的矛盾;人类的二重性是人对自然的超越性与自然对人的本原性的矛盾;历史的二象性是人们自己创造自己的历史与历史发展的客观规律的矛盾;实践的二极性是人的尺度与物的尺度、合目的性与合规律性、善与真的矛盾。这些矛盾以人的历史活动为中介和现实基础,因而以扬弃的形式容涵了传统哲学本体论的种种内在矛盾,并使本体论批判转化为"合理形态"的辩证法。

人的感性活动,即实践首先是一种分化世界的活动。人类在实践活动中把自身提升为认识世界和改造世界的主体,从而把世界变成人类认识和改造的对象即客体,否定了世界的自在性,形成了自为世界与自在世界、主体世界与客体世界、主观世界与客观世界、属人世界与自然世界的分裂与对立。同时,人类实践活动又是一种统一世界的活动。人类在目的性的对象化活动中,实现的是世界对人的生成(自在世界转化为自为世界、客观世界转化为主观世界)和人对世界的生成(自为世界转化成自在世界、主观世界转化成客观世界)的统一。因此,人及其思维与世界对立统一的根据即本体,既不是自在的自然,也不是自为的精神,而是既分化世界又统一世界的人类实践活动。

人类的实践活动表现了人类自身的二重性。一方面,人类是以自身的感性存在,并通过感性存在的中介(工具),去改造感性存在的世界,在这个意义上,自然对人具有本原性;另一方面,人的感性活动即实践又是让世界满足自己的需要,把世界变成对人来说是真、善、美相统一的世界。在这个意义上,人对自然又具有超越性。自然对人的本原性与人对自然的超越性统一于人类的实践活动。

人类的实践活动是"具有意识的、经过思虑或凭激情行动的、追求某种目的的人"①的活动。但是,人们的实践活动在"历史的每一阶段都遇到一定的物质结果,一定的生产力总和,人对自然以及个人之间历史地形成的关系,都遇到前一代传给后一代的大量生产力、资金和环境,尽管一方面这些生产力、资金和环境为新的一代所改变,但另一方面,它们也预先规定新的一代本身的生活条件,使它得到一定的发展和具有特殊的性质"②。这表明,"人们自己创造自己的历史,但是他们并不是随心所欲地创造,并不是在他们自己选定的条件下创造"③;人们在创造历史的活动中形成历史发展的规律,并被这种规律制

---

① 《马克思恩格斯选集》第4卷,人民出版社1995年版,第247页。
② 《马克思恩格斯选集》第1卷,人民出版社1995年版,第92页。
③ 《马克思恩格斯选集》第1卷,人民出版社1995年版,第585页。

约自己的创造活动。这就是实践活动所提供的"历史之谜"的谜底。

世界的二重化、人类的二重性和历史的二象性,其根源在于实践活动本身所具有的二极性。一方面,"人在自己的实践活动中面向客观世界,以它为转移,以它来规定自己的活动"①,并"以自己的实践证明自己的观念、概念、知识、科学的客观正确性"②,这就是实践活动所要求的实践主体对实践客体的规律性认识,即实践活动蕴含着的"物的尺度";另一方面,实践活动的本质就在于,"世界不会满足人,人决心以自己的行动来改变世界"③,"为自己绘制客观世界图景的人的活动改变外部现实,消灭它的规定性(＝变更它的这些或那些方面、质)"④。这是实践活动所具有的实践主体对实践客体的目的性要求,即实践活动蕴含着的人的尺度。因此,人类的实践活动是一种特殊的"交错点",即思维与存在、精神与物质、主观与客观、人对自然的超越性与自然对人的本原性、人的尺度与物的尺度、合目的性与合规律性对立统一的"交错点",是属人世界与自然世界对立统一的现实基础。

在这个历史延伸着的"交错点"上,自然确证自己对人及其思维的先在性和本原性,人及其思维也确证自己对自然的能动性和超越性。从这个"交错点"去理解人及其思维与世界的关系,就扬弃了近代哲学的物质本体论与精神本体论的抽象对立,扬弃了近代哲学的客体性原则与主体性原则思维方式的互不相容。

实践活动作为历史地延伸着的"交错点",无论是其蕴含着的物的尺度,还是其蕴含着的人的尺度,无论是作为人的对象化活动的过程,还是作为人的对象化活动的结果,都显示出一个根本特征——历史规定性。

实践的历史规定性具有相互矛盾着的双重内涵:一是标志着人的历史发展的程度和水平,因而具有确定性;二是蕴含着并实现为人的更高水平的历史发展,因而具有非确定性。以实践的思维方式去看待人类及其哲学的本体论追求,本体论就发生了革命:人类在自身的历史发展中所形成的判断、解释和评价一切事物,并规范自己思想和行为的本体观念,既是一种历史的进步性,又是一种历史的局限性,因而孕育着新的历史可能性。

---

① 《列宁全集》第 55 卷,人民出版社 1995 年版,第 157 页。
② 《列宁全集》第 55 卷,人民出版社 1995 年版,第 161 页。
③ 《列宁全集》第 55 卷,人民出版社 1995 年版,第 183 页。
④ 《列宁全集》第 55 卷,人民出版社 1995 年版,第 187 页。

就其历史进步性而言,人们在自己的时代所承诺的本体,就是该时代的人类所达到的对人与世界统一性的最高理解,即该时代人类全部活动的最高支撑点,因此具有绝对性;就其历史局限性而言,人们在自己时代所承诺的本体,又只是特定历史时代的产物,它作为人类全部活动的最高支撑点,正是表现了人类作为历史的存在所无法挣脱的片面性,因而具有相对性;就其历史可能性而言,人们在自己时代所承诺的本体,正是人类在其发展中所建构的阶梯和支撑点,它为人类的继续发展提供现实的可能性。换言之,"本体"永远是作为中介而自我扬弃的。

马克思指出,辩证法在"合理形态"上,就是"在对现存事物的肯定的理解中同时包含对现存事物的否定的理解,即对现存事物的必然灭亡的理解;辩证法对每一种既成的形式都是从不断的运动中,因而也是从它的暂时性方面去理解;辩证法不崇拜任何东西,按其本质来说,它是批判的和革命的"①。这种"批判的""革命的"辩证法,首先是由于它对人类的最高支撑点——哲学本体论——进行了彻底的批判考察,从人类的历史发展去理解哲学所寻求的本体,破除了传统哲学把本体视为某种与人类历史无关、绝对确定的真理性认识的形而上学思维方式,才为人类提供了对整个世界进行辩证思考的思维方式。

可见,"合理形态"的辩证法以扬弃的形式容涵了哲学史上所探寻的万物与本原、个别与一般、感性与理性、必然与自由、认识与实践、自在之物与为我之物、思维规律与存在规律、合目的性与合规律性、自然的本原性与人的超越性,以及知情意、真善美等关于"理论思维的不自觉的和无条件的前提"问题。在马克思主义哲学中,实践观点的本体论批判也就是"合理形态"的辩证法。

六、重新理解恩格斯关于辩证法的三个定义及其关系

在马克思主义的历史上,恩格斯占有特殊的地位:不仅是马克思主义哲学的创立者之一,而且是马克思主义哲学,尤其是唯物主义辩证法的第一个解释者;不仅首次明确提出了"唯物主义历史观"这一概念,而且首次明确提出了"唯物主义辩证法"这一概念②;不仅在《反杜林论》《路德维希·费尔巴哈和德

---

① 《马克思恩格斯全集》第23卷,人民出版社1972年版,第24页。
② 《马克思恩格斯选集》第2卷,人民出版社1995年版,第38页;《马克思恩格斯全集》第21卷,人民出版社1965年版,第337页。

国古典哲学的终结》中以较大的篇幅阐述了辩证法的观点,而且写下了《自然辩证法》这样专门阐述辩证法的著作。① 考茨基说过,"在恩格斯的《反杜林论》出版以后,我们才开始比较深入地探究了马克思主义的思维方式,开始系统地按马克思主义来思考和工作了。从那时起才开始出现了一个马克思主义的学派"②。莱文认为,对于马克思主义的理论来说,"如果说马克思是原稿,恩格斯就是神圣的注解","恩格斯开创了马克思主义思想的一个重要的解释学派"。③ 考茨基、莱文的观点都有较大的合理性。可以说,没有恩格斯,也就没有马克思主义历史上那些传奇的故事,恩格斯的辩证法思想是唯物主义辩证法、马克思主义哲学体系研究绕不过去的思想要塞。

在《反杜林论》《路德维希·费尔巴哈和德国古典哲学的终结》《自然辩证法》中,恩格斯从不同方面、不同层次阐述了唯物主义辩证法。从总体上看,恩格斯的辩证法思想集中在三个命题上:一是辩证法是关于普遍联系的科学;二是辩证法是关于自然、社会和思维运动的普遍规律的科学;三是辩证法是关于外部世界和人类思维运动的一般规律的科学。

"辩证法是关于普遍联系的科学。"④恩格斯的这一定义是针对"形而上学的思维方式"而言的。在恩格斯看来,撇开宏大的总联系去考察事物和过程,"这种考察事物的方法被培根和洛克从自然科学中移到哲学中以后,就造成了最近几个世纪所特有的局限性,即形而上学的思维方式"⑤。这种形而上学的思维方式看到一个一个的事物,忘记它们之间的联系;看到它们的存在,忘记它们的生成和消失;看到它们的静止,忘记它们的运动。实际上,"当我们深思熟虑地考察自然界或人类历史或我们自己的精神活动的时候,首先呈现在我们眼前的,是一幅由种种联系和相互作用无穷无尽地交织起来的画面,其中没

---

① 马克思高度重视辩证法,不仅提出了一系列重要的辩证法观点,而且明确提出了"否定性的辩证法""科学辩证法""合理形态"的辩证法这三个重要概念。然而,由于种种原因,马克思又没有充分展开、系统论证这些重要观点,并使之体系化、形态化,也没有留下专门阐述辩证法的著作。由于种种历史原因,在较长的历史时期,我们主要是根据恩格斯的辩证法思想来理解和阐述唯物主义辩证法的。
② 引自[德]克利姆:《恩格斯文献传记》,中央编译局译,湖南人民出版社1986年版,第477页。
③ [美]莱文:《辩证法内部对话》,张翼星等译,云南人民出版社1997年版,第8页;[美]莱文《马克思与恩格斯主义中的黑格尔》,臧峰宇译,北京师范大学出版社2018年版,第20页。
④ 《马克思恩格斯全集》第20卷,人民出版社1971年版,第357页。
⑤ 《马克思恩格斯全集》第20卷,人民出版社1971年版,第24页。

有任何东西是不动的和不变的,而是一切都在运动、变化、产生和消失"①。

因此,应当自觉地"回到辩证法"②,"阐明辩证法这门和形而上学相对立的、关于联系的科学的一般性质"③,这就是,"辩证法在考察事物及其在头脑中的反映时,本质上是从它们的联系、它们的连结、它们的运动、它们的产生和消失方面去考察的"④。

同时,恩格斯又敏锐地看到,现代自然科学的发展不仅能够说明自然界各个领域内的联系,而且能够说明各个领域间的联系,从而使科学本身成为"关于过程、关于这些事物的发生和发展以及关于把这些自然过程结合为一个伟大整体的联系的科学"⑤。"一旦对每一门科学都提出了要求,要它弄清它在事物以及关于事物的知识的总联系中的地位,关于总联系的任何特殊科学就是多余的了。于是,在以往的全部哲学中还仍旧独立存在的,就只有关于思维及其规律的学说——形式逻辑和辩证法。其他一切都归到关于自然和历史的实证科学中去了。"⑥

显然,恩格斯的这两个观点,即辩证法是关于普遍联系的科学和关于总联系(普遍联系)的"特殊科学"是"多余"的,存在着逻辑矛盾。为了消除这种逻辑矛盾,恩格斯又提出,辩证法是关于自然、社会和思维运动的普遍规律的科学。

"辩证法不过是关于自然、人类社会和思维的运动和发展的普遍规律的科学。"⑦这一定义是对"辩证法是关于普遍联系的科学"这个定义的深化。这是因为,规律是本质的联系、必然的联系和稳定的联系,把握住了自然、社会和思维运动的"普遍规律",也就从根本上把握了世界的"普遍联系"。更重要的是,任何一门科学都以发现和把握某种规律为己任,任何一种学说要成为科学,就必须发现和把握某种规律。在恩格斯看来,达尔文的进化论之所以是科学,是因为达尔文发现了有机界的发展规律;马克思的历史理论之所以是科学,是因为马克思发现了人类历史的发展规律;马克思的剩余价值理论之所以是科学,

---

① 《马克思恩格斯全集》第20卷,人民出版社1971年版,第23页。
② 《马克思恩格斯选集》第4卷,人民出版社1995年版,第259页。
③ 《马克思恩格斯全集》第20卷,人民出版社1971年版,第401页。
④ 《马克思恩格斯全集》第20卷,人民出版社1971年版,第25页。
⑤ 《马克思恩格斯全集》第21卷,人民出版社1965年版,第339页。
⑥ 《马克思恩格斯全集》第20卷,人民出版社1971年版,第28页。
⑦ 《马克思恩格斯全集》第20卷,人民出版社1971年版,第154页。

是因为马克思发现了资本主义社会的特殊运动规律;如此等等。因此,辩证法要成为科学,或者说,要具有科学性,就必须以发现和把握某种规律为己任。相对于"自然和历史的实证科学"来说,辩证法所要研究和把握的规律,就是自然、社会和思维运动的"普遍规律"或"一般规律"。

在恩格斯看来,辩证法的规律"实质"上可以归结为三个"主要规律",即量变质变的规律、对立统一规律和否定之否定规律,这三个主要规律都被黑格尔按照其唯心主义的方式、当作纯粹的思维规律阐述过,实际上,这三个主要规律都是从自然界和人类历史中抽象出来的。因此,在唯物主义的基础上阐明这三个主要规律之间的联系,就是一个重要的任务了。

然而,恩格斯并没有阐明这三个主要规律之间的联系,而主要是以实例的形式说明这三个主要规律的客观性、普遍性。正如恩格斯本人所说,"我们在这里不打算写辩证法的手册,而只想表明辩证法的规律是自然界的实在的发展规律,因而对于理论自然科学也是有效的。因此,我们不能详细地考察这些规律的相互的内部联系"①。更重要的是,仅仅从"最普遍规律""最一般规律"并具有"最大适用性"来理解辩证法与科学的区别,是远远不够的,并没有真正理解和把握作为"辩证哲学"的辩证法的本质特征。所以,恩格斯又提出一个重要命题,即辩证法是关于外部世界和人类思维运动的一般规律的科学。

辩证法"是关于外部世界和人类思维的运动的一般规律的科学"②。这一定义是对上述两个定义的综合和深化,实际上是从哲学基本问题,即思维与存在关系问题的视角规定辩证法的,突出的是辩证法的哲学性质,即"辩证的哲学"。按照恩格斯的观点,思维与存在的关系问题是全部哲学,特别是近代哲学的"基本问题"和"最高问题",因此,哲学既不是脱离存在去研究思维,也不是脱离思维去研究存在,而是从总体上研究思维和存在的"关系"问题。因此,作为"辩证的哲学",辩证法不仅要关注客观辩证法,而且要研究主观辩证法,更重要的是,要发现和把握主观辩证法与客观辩证法的关系。

在黑格尔的哲学中,辩证法是概念的自我发展;在马克思的哲学中,概念辩证法是现实世界辩证运动的自觉反映。因此,当"我们重新唯物地把我们头脑中的概念看做现实事物的反映,而不是把现实事物看做绝对概念的某一阶

---

① 《马克思恩格斯全集》第20卷,人民出版社1971年版,第402页。
② 《马克思恩格斯全集》第21卷,人民出版社1965年版,第337页。

段的反映。这样,辩证法就归结为关于外部世界和人类思维的运动的一般规律的科学,这两个系列的规律在本质上是同一的,但是在表现上是不同的"①。在恩格斯看来,"唯物主义辩证法"所关注、所要解答的,就是这两个系列规律的"关系"问题,就是人们关于外部世界的思想对这个世界本身的"关系"问题,就是主观辩证法和客观辩证法的"关系"问题。从思维和存在、外部世界和人类思维的关系问题的视角去阐述辩证法,这是恩格斯辩证法思想的显性的主线。

我不能同意这样一种观点,即恩格斯的辩证法就是客观辩证法或自然辩证法,关注的是辩证法的实证性,而不是批判性。这是一种误读和误判。无疑,恩格斯高度重视辩证法的唯物主义基础,并认为脱离了客观辩证法的主观辩证法、概念辩证法只能是思辨辩证法。但是,恩格斯又敏锐地观察到,现代自然科学本身已经在进行"辩证综合"了,已经使关于总联系的任何特殊科学成为"多余"的了。"这样,对于已经从自然界和历史中被驱逐出去的哲学来说,要是还留下什么的话,那就只留下一个纯粹思想的领域:关于思维过程本身的规律的学说,即逻辑和辩证法。"②这就是说,作为"辩证的哲学",辩证法并不是脱离主观辩证法去研究客观辩证法,而是研究主观辩证法和客观辩证法的"关系"问题,并用"概念的辩证运动"自觉地反映外部世界的辩证运动。

因此,恩格斯不仅从人的认识本性上阐述了认识的有限性与无限性的关系,而且从认识的个体和类的关系上阐述了思维的至上性与非至上性的关系;不仅分析了真理与谬误的关系,而且阐述了理论与经验、哲学与常识的关系;不仅分析了知性思维与理性思维的关系,而且阐述了形式逻辑与辩证逻辑的关系,并认为"辩证逻辑和旧的纯粹的形式逻辑相反,不像后者满足于把各种思维运动形式,即各种不同的判断和推理的形式列举出来和毫无关联地排列起来。相反地,辩证逻辑由此及彼地推出这些形式,不把它们互相平列起来,而使它们互相隶属,从低级形式发展出高级形式"③。也正因为如此,恩格斯极为重视"辩证思维的主要形式""辩证思维的基本规律",以及"辩证逻辑和认识论"问题,并把辩证法"归结为"关于外部世界和人类思维运动的一般规律的科学。

---

① 《马克思恩格斯全集》第21卷,人民出版社1965年版,第337页。
② 《马克思恩格斯全集》第21卷,人民出版社1965年版,第352页。
③ 《马克思恩格斯全集》第20卷,人民出版社1971年版,第566页。

更重要的是,在恩格斯的视野中,作为"辩证的哲学",辩证法是对理论思维的前提批判。恩格斯自觉地意识到,"我们的主观的思维和客观的世界服从于同样的规律,因而两者在自己的结果中不能互相矛盾,而必须彼此一致,这个事实绝对地统治着我们的整个理论思维。它是我们的理论思维的不自觉的和无条件的前提"①。科学,无论是自然科学,还是社会科学,都"不自觉"地把"主观的思维"和"客观的世界"具有同一性作为理论思维的"无条件的前提",去研究客观世界的不同领域。但是,科学,无论是自然科学,还是社会科学,都没有反思理论思维的这个"不自觉的和无条件的前提",相反,把这个前提当作不言而喻、不证自明的东西。

作为"认识的认识""思想的思想",哲学恰恰是把理论思维的这个"不自觉的和无条件的前提"作为自己的反思的对象,去反思"主观的思维"与"客观的世界",即思维和存在统一的根据。"自觉的辩证法"正是在这一反思的过程中产生的。"没有对思维和存在关系问题的批判反思,不把这种批判反思指向理论思维的'前提',就无法揭示出蕴含在人类全部活动之中的这个'不自觉的和无条件'的前提,也就没有作为世界观理论的辩证法的理论思维方式,因而也就没有辩证法。"概而言之,作为"辩证的哲学",辩证法就是理论思维的前提批判,"这种理论思维的前提批判构成了辩证法的批判本性"②。

正是由于深刻地把握了辩证法的批判本性,恩格斯得出一个重要结论,即"每一时代的理论思维,从而我们时代的理论思维,都是一种历史的产物,在不同的时代具有非常不同的形式,并因而具有非常不同的内容。因此,关于思维的科学,和其他任何科学一样,是一种历史的科学,关于人的思维的历史发展的科学"。"从历史的观点来看,这件事也许有某种意义:我们只能在我们时代的条件下进行认识,而且这些条件达到什么程度,我们便认识到什么程度。"③这里,恩格斯的辩证思维法和历史性思维跃然纸上。恩格斯的理论思维的前提——批判思想,犹如放在传统哲学阵营中的"特洛伊木马",从内部、从根本上摧毁了形而上学的思维方式,使人们自觉地"回到辩证法"。

---

① 《马克思恩格斯全集》第 20 卷,人民出版社 1971 年版,第 610 页。
② 孙正聿:《理论思维的前提批判》,北京师范大学出版社 2017 年版,第 55—56 页。
③ 《马克思恩格斯全集》第 20 卷,人民出版社 1971 年版,第 382、585 页。

七、深入研究恩格斯关于主体和客体的辩证法的思想

从马克思主义的历史上看,首先指责恩格斯脱离了主体和客体相互作用,脱离了实践谈论辩证法的,是卢卡奇。在《历史与阶级意识》中,卢卡奇明确指出:恩格斯"对最根本的相互作用,即历史过程中的主体和客体之间的辩证关系连提都没有提到,更不要说把它置于与它相称的方法论的中心地位了"①。卢卡奇实际上为西方马克思主义预设了一条误读恩格斯辩证法思想的"不归路"。卢卡奇之后,几乎所有的西方马克思主义者都沿着这条"不归路"一路狂奔,"慷慨赴死",施密特、萨特、列斐伏尔、哈贝马斯、布洛赫……都从辩证法起源于、存在于主体和客体相互作用的视角否定恩格斯的辩证法思想。实际上,这是一种误读和误判。认真研读恩格斯的著作可以看出,恩格斯是以实践为基础,以人与自然的关系为核心,并结合社会制度阐述了主体和客体的辩证关系。

第一,人与自然的现实关系建立在劳动的基础上,并受制于社会关系。恩格斯指出:"动物仅仅利用外部自然界,单纯地以自己的存在来使自然界改变;而人则通过他所作出的改变来使自然界为自己的目的服务,来支配自然界。这便是人同其他动物的最后的本质的区别,而造成这一区别的还是劳动。"②同时,需要建立一种新的社会组织,从而"在社会关系方面把人从其余的动物中提升出来,正象一般生产曾经在物种关系方面把人从其余动物中提升出来一样"③。

第二,"自在之物"在人的实践活动中转化为"为我之物"。恩格斯认为,在实践活动中,"既然我们自己能够制造出某一自然过程,使它按照它的条件产生出来,并使它为我们的目的服务,从而证明我们对这一过程的理解是正确的,那么康德的不可捉摸的'自在之物'就完结了","'自在之物'就变成了为我之物了"④。这实际上说明了"自在之物"与"为我之物"的辩证关系,并以一种新的形式重申了恩格斯和马克思在《德意志意识形态》中共同确认的观点,

---

① [匈] 卢卡奇:《历史与阶级意识》,杜章智等译,商务印书馆1999年版,第51页。
② 《马克思恩格斯全集》第20卷,人民出版社1971年版,第518页。
③ 《马克思恩格斯全集》第20卷,人民出版社1971年版,第375页。
④ 《马克思恩格斯全集》第21卷,人民出版社1965年版,第317页。

即在实践活动过程中,人与自然的关系转化为"为我而存在"的关系。

第三,人属于和存在于自然之中,但又能超越自然。恩格斯指出:"我们统治自然界,决不象征服者统治异民族那样,决不是象站在自然界之外的人一样,——相反地,我们连同我们的肉、血和头脑都是属于自然界,存在于自然的。"①这就是说,人是在自然之中改造自然的。因此,要合理地改造自然,就必须认识和正确运用自然规律。"我们对自然界的整个统治,是在于我们比其他一切动物强,能够认识和正确运用自然规律。"②"自由是在于根据对自然界的必然性的认识来支配我们自己和外部自然界;因此它必然是历史发展的产物。"③这里,恩格斯既强调了自然规律的客观性,又指出了主体的能动性,即"认识和正确运用自然规律",从而超越自然;同时,又说明了人与自然关系的特殊性,并把历史性作为主体和客体关系的规定性。

第四,人是在自然中征服自然的,人在征服自然的同时会产生自然对人的"报复"问题。在《论权威》中,恩格斯指出:"如果说人靠科学和创造性天才征服了自然力,那么自然力也对人进行报复,按人利用自然力的程度使人服从一种真正的专制,而不管社会组织怎样。"④在《自然辩证法》中,恩格斯重申:"我们不要过分陶醉于我们对自然界的胜利。对于每一次这样的胜利,自然界都报复了我们。每一次胜利,在第一步都确实取得了我们预期的结果,但是在第二步和第三步却有了完全不同的、出乎预料的影响,常常把第一个结果又取消了。"⑤这实际上说明了人的实践活动中的自然的"退缩"和自然的"进攻"的辩证法,说明了主体和客体相互作用的辩证法,说明了主体及其活动存在着确定的界限。

第五,人与自然的关系影响社会状态,同时,又受制于社会制度。按照恩格斯的观点,人不仅是在自然之中改造自然的,而且是在特定的社会中改造自然的,因此,生产活动既会产生自然影响,又会产生社会影响,而且这两种影响又相互影响。"当哥伦布发现美洲的时候,他也不知道,他因此复活了在欧洲久已绝迹的奴隶制度,并奠定了贩卖黑奴的基础。十七世纪和十八世纪从事

---

① 《马克思恩格斯全集》第20卷,人民出版社1971年版,第519页。
② 《马克思恩格斯全集》第20卷,人民出版社1971年版,第519页。
③ 《马克思恩格斯全集》第20卷,人民出版社1971年版,第125—126页。
④ 《马克思恩格斯选集》第3卷,人民出版社1995年版,第225页。
⑤ 《马克思恩格斯全集》第20卷,人民出版社1971年版,第519页。

创造蒸汽机的人们也没有料到,他们所造成的工具,比其他任何东西都更会使全世界的社会状况革命化。"①劳动和自然科学的发展使我们学会估计生产活动的直接的、比较远的自然影响,"经过长期的常常是痛苦的经验,经过对历史材料的比较和分析,我们在这一领域中,也渐渐学会了认清我们的生产活动的间接的、比较远的社会影响"②,这就使我们有可能控制和调节这些影响。

"但是要实行这种调节,单是依靠认识是不够的。这还需要对我们现有的生产方式,以及和这种生产方式连在一起的我们今天的整个社会制度实行完全的变革。"③按照恩格斯的观点,只有改变资本主义的生产方式和社会制度,人们才能"从动物的生存条件进入真正人的生存条件",才能支配和控制"周围的、至今统治着人们的生活条件",才能"成为自然界的自觉的和真正的主人,因为他们已经成为自己的社会结合的主人了"④。这就是说,人与自然的关系不是纯粹的自然关系,而是打上了社会关系烙印、具有社会关系内涵的自然关系。正因为如此,要变革人与自然的关系,就要变革生产方式,变革人与人之间的社会关系,变革社会制度。这是对主体和客体辩证关系的深刻阐明。

第六,以实践为基础去理解人和自然的相互作用、主观辩证法和客观辩证法的辩证关系。按照恩格斯的观点,"自然主义历史观"只看到"自然界作用于人,只是自然条件到处在决定人的历史发展,它忘记了人也反作用于自然界,改变自然界,为自己创造新的生存条件"⑤;"自然科学和哲学一样"忽视了人的活动对人的思维的决定性影响,实际上,"人的思维的最本质和最切近的基础,正是人所引起的自然界的变化,而不单独是自然界本身;人的智力是按照人如何学会改变自然界而发展的"⑥;"所谓客观辩证法是支配着整个自然界的,而所谓主观辩证法,即辩证的思维,不过是自然界中到处盛行的对立中的运动的反映而已,这些对立,以其不断的斗争和最后的互相转变或向更高形式的转变,来决定自然界的生活"⑦。按照恩格斯的观点,这就是"矛盾辩证法"。这就是说,实践是人与自然相互作用的基础和中介,是客观辩证法反映到人的

---

① 《马克思恩格斯全集》第20卷,人民出版社1971年版,第520页。
② 《马克思恩格斯全集》第20卷,人民出版社1971年版,第520页。
③ 《马克思恩格斯全集》第20卷,人民出版社1971年版,第521页。
④ 《马克思恩格斯选集》第3卷,人民出版社1995年版,第757、758页。
⑤ 《马克思恩格斯全集》第20卷,人民出版社1971年版,第574页。
⑥ 《马克思恩格斯全集》第20卷,人民出版社1971年版,第573—574页。
⑦ 《马克思恩格斯全集》第20卷,人民出版社1971年版,第553页。

头脑、转化为主观辩证法的基础和中介。在恩格斯的视野中,辩证法对理论思维前提批判的出发点、根据和标准,就是人的实践活动。

由此可见,恩格斯并非像卢卡奇所说的那样,"连提都没提到"主体和客体的辩证关系,相反,恩格斯多次提到并以实践为基础,结合社会历史阐述了人与自然的辩证关系,即主体和客体的辩证关系;恩格斯也并非像莱文所说的那样,仅仅是"把黑格尔的辩证法形式与启蒙运动的科学进展结合起来",仅仅把辩证法与自然科学"进行综合",相反,恩格斯关注着人与自然关系的实践性质和社会内涵,注意到马克思的辩证法结构是"社会结构"。

实际上,在《德意志意识形态》中,恩格斯就和马克思一起,共同确认了辩证法的唯物主义前提,即自然界对人的活动、人类社会具有"优先地位",共同确认了自然史与人类史的"相互制约",共同确认了人对自然的实践关系和理论关系,以及"人对自然以及个人之间历史地形成的关系",共同确认了"历史的自然"和"自然的历史"的辩证关系。从根本上说,恩格斯的辩证法思想和马克思的辩证法思想是一致的。当然,我注意到,恩格斯的确没有明确提出、全面阐述主体和客体的辩证法。如果说从思维和存在关系的视角阐述辩证法是恩格斯辩证法思想显性的主线,那么,主体和客体的辩证法就是恩格斯辩证法思想隐性的辅线。

我还注意到,恩格斯虽然提出以实践为基础考察主观辩证法和客观辩证法的关系问题,但他并没有全面考察、分析和阐述主观辩证法是如何在理论体系中自觉反映客观辩证法的,没有深入考察、分析和阐述实践活动本身的辩证法,以及主观辩证法、客观辩证法和实践辩证法的关系,自然辩证法、历史辩证法和实践辩证法的关系,而只是把实践概括为"实验和工业"。这是其一。

其二,恩格斯同马克思一样,高度重视辩证法的"唯物主义基础",但恩格斯更为关注的似乎是一种特定的"旧唯物主义的永久性基础"。按照恩格斯的观点,马克思的新唯物主义,即现代唯物主义之所以是"现代"唯物主义,就是因为它"把两千年来哲学和自然科学发展的全部思想内容以及这两千年的历史本身的全部思想内容加到旧唯物主义的永久性基础上"[①]。而马克思则认为:"从前的一切唯物主义——包括费尔巴哈的唯物主义——的主要缺点是:对对象、现实、感性,只是从客体的或者直观的形式去理解,而不是把它们当作

---

① 《马克思恩格斯全集》第 20 卷,人民出版社 1971 年版,第 151 页。

人的感性活动,当作实践去理解,不是从主体方面去理解。""旧唯物主义的立脚点是市民社会,新唯物主义的立脚点则是人类社会或社会的人类。"①

我断然拒绝这样一种观点,即"马克思反对恩格斯:可悲的骗局"。但是,我又不能不指出,这里确实存在着理论关注点、理论视角的不同,存在着一定的思想的差异。我赞同并欣赏弗兰尼茨基的观点,即"实践的观点不仅克服了思辨的观点,而且带来了根本的历史尺度,而这一点恩格斯在这些著作中没有充分强调。但他从来没有完全忽略掉"。恩格斯"毕竟本着马克思的精神"强调了人对自然的能动关系,"恩格斯当时在解释主体和客体关系时所依据的基本观点,仍然是实践的观点"。②

恩格斯的长处与短处、成就与局限,共同证明了这样一个基本道理,这就是,必须深入探讨实践本身的辩证法,探讨实践活动所造成的自在自然与人化自然的矛盾关系、自然对人的本原性与人对自然的超越性的矛盾关系、历史运动的规律性与人的活动的能动性的矛盾关系、人的活动的合规律性与合目的性的矛盾关系……以实践辩证法为基础探讨主体和客体的辩证关系,探讨主观辩证法和客观辩证法、自然辩证法和历史辩证法的关系……这是建构"合理形态"辩证法、建构马克思主义哲学体系的"绝对命令"。

八、重新理解恩格斯的《自然辩证法》及其当代价值

我注意到这样一种现象,这就是,恩格斯的辩证法思想在苏联马克思主义中得到了充分的肯定,但在西方马克思主义中却遭到了彻底的否定,这种否定又集中体现在对恩格斯的《自然辩证法》的否定上。因此,要真正理解和把握恩格斯的辩证法思想,真正理解和把握唯物主义辩证法,还需要了解和把握《自然辩证法》的性质和特点。

"自然辩证法"这一概念不是恩格斯首创和首先使用的。从历史上看,首先提出并使用"自然辩证法"的是康德。在《纯粹理性批判》《实践理性批判》《判断力批判》这三大批判中,康德多次使用了"自然辩证法"这一概念,并认为人的理性在其本性的驱使下自然而然、不可避免地"陷入迷乱"的倾向和过程,

---

① 《马克思恩格斯选集》第1卷,人民出版社1995年版,第58页。
② [南]弗兰尼茨基:《马克思主义史》第一卷,胡文建等译,黑龙江大学出版社2015年版,第225、229页。

就是自然辩证法。显然,恩格斯所使用的"自然辩证法"根本不同于康德所说的"自然辩证法"。

首先以"自然辩证法"为名阐述自然界运动的是杜林。1865年,杜林出版了《自然辩证法:科学和哲学的新的逻辑基础》(以下简称《自然辩证法》)。马克思注意到杜林的《自然辩证法》,并认为杜林的《自然辩证法》是"反对黑格尔的'非自然'辩证法"①的。这无疑激发了恩格斯关注杜林的《自然辩证法》,并自觉意识到应当批判杜林《自然辩证法》。从内容上看,恩格斯的《自然辩证法》与杜林的《自然辩证法》有相似之处。但是,相似不等于相同。研读恩格斯的《自然辩证法》可以看出,恩格斯实际上是在"自然辩证法"的名下,力图阐述"辩证法的一般问题""辩证法的基本规律",以及"辩证逻辑和认识论",力图阐述唯物主义辩证法。因此,恩格斯写作《自然辩证法》并不是仅仅为了批判杜林的《自然辩证法》,而是有着广阔的思想背景。

恩格斯写作《自然辩证法》是现代自然科学发展的需要。19世纪中叶,在西方科学界、哲学界出现了一种奇怪的现象,这就是,正当自然科学的发展使得"最顽固的经验主义者也日益意识到自然过程的辩证性质",使得人们再也不能回避"辩证综合"的时候,人们却抛弃了辩证法,陷入形而上学的思维方式。实际上,"辩证法对今天的自然科学来说是最重要的思维形式,因为只有它才能为自然界中所发生的发展过程,为自然界中的普遍的联系,为从一个研究领域到另一个研究领域过渡提供类比,并从而提供说明方法"②。因此,应当从形而上学的思维方式"反转"到辩证的思维方式,"回到辩证法"。恩格斯写作《自然辩证法》,就是想"表明辩证法的规律是自然界的实在的发展规律,因而对于理论自然科学也是有效的"③。

恩格斯写作《自然辩证法》是阐明现代唯物主义本质特征的需要。按照恩格斯的观点:"马克思和我,可以说是从德国唯心主义哲学中拯救了自觉的辩证法并且把它转化为唯物主义的自然观和历史观的唯一的人。"④而无论是在自然观上,还是在历史观上,"现代唯物主义都是本质上辩证的"⑤。既然如

---

① 《马克思恩格斯全集》第32卷,人民出版社1975年版,第18页。
② 《马克思恩格斯全集》第20卷,人民出版社1971年版,第383页。
③ 《马克思恩格斯全集》第20卷,人民出版社1971年版,第402页。
④ 《马克思恩格斯全集》第20卷,人民出版社1971年版,第13页。
⑤ 《马克思恩格斯全集》第20卷,人民出版社1971年版,第28页。

此,这种本质上辩证的现代唯物主义与黑格尔辩证法的关系就需要阐明。马克思指出:黑格尔"第一个全面地有意识地叙述了辩证法的一般运动形式",但是,在黑格尔那里,"辩证法是倒立着的。为了发现神秘外壳中的合理内核,必须把它倒过来",使辩证法奠基于"唯物主义基础"之上,成为"合理形态"的辩证法。①

恩格斯熟知马克思的这一观点,并力图阐明"黑格尔的辩证法同合理的辩证法的关系"②。按照恩格斯的观点,要把黑格尔的辩证法"倒过来",首先就要把它"倒"在自然界上,"倒"在现代自然科学上。这是因为,"自然界是检验辩证法的试金石,而且我们必须说,现代自然科学为这种检验提供了极其丰富的、与日俱增的材料,并从而证明了,自然界的一切归根到底是辩证地而不是形而上学地发生的"③。正因为如此,恩格斯较为系统地进行了"自然科学研究工作",探讨了"自然科学的辩证法",并认为只要把黑格尔的辩证法"倒过来",那么,"在唯心主义哲学中显得极端神秘的辩证法规律也立刻就会变成简单而明白的了"④。

恩格斯写作《自然辩证法》是深入阐释马克思政治经济学的和科学社会主义的需要。恩格斯注意到马克思在《资本论》中所运用的"一系列的辩证方法",并认为马克思的功绩就在于,"第一个把已经被遗忘的辩证方法、它和黑格尔辩证法的联系以及它和黑格尔辩证法的差别重新提到显著的地位,并且同时在《资本论》中把这个方法应用到一种经验科学的事实,即政治经济学的事实上去。他获得了很大的成功"⑤。

同时,科学社会主义与辩证法也具有内在的关联。按照恩格斯的观点,科学社会主义的产生,除了必须有英国和法国发达的经济关系和政治关系外,还"必须有德国的辩证法"。"科学社会主义本质上就是德国的产物,而且也只能产生在古典哲学还生气勃勃地保存着自觉的辩证法传统的国家,即在德国。唯物主义历史观及其在现代的无产阶级和资产阶级之间的阶级斗争上的特别应用,只有借助于辩证法才有可能。德国资产阶级的学究们已经把关于德国

---

① 《马克思恩格斯全集》第 23 卷,人民出版社 1972 年版,第 24、20 页。
② 《马克思恩格斯全集》第 20 卷,人民出版社 1971 年版,第 388 页。
③ 《马克思恩格斯全集》第 20 卷,人民出版社 1971 年版,第 25 页。
④ 《马克思恩格斯全集》第 20 卷,人民出版社 1971 年版,第 401 页。
⑤ 《马克思恩格斯全集》第 20 卷,人民出版社 1971 年版,第 387 页。

伟大的哲学家及其创立的辩证法的记忆淹没在一种无聊的折衷主义的泥沼里,这甚至使我们不得不援引现代自然科学来证明辩证法在现实中已得到证实。"①

我们应该注意这样一个事实,那就是,马克思在致恩格斯的信中对达尔文进化论的评价,即达尔文的进化论"为我们的观点提供了自然史的基础","可以用来当作历史上的阶级斗争的自然科学根据"。② 在我看来,恩格斯写作《自然辩证法》,并以"自然科学的辩证法"为形式阐述辩证法,实际上就是为了落实马克思的"指示",为科学社会主义提供"自然史的基础""自然科学的根据"。

正因为如此,在《自然辩证法》中,恩格斯从起初"只想说明辩证法的规律是自然界的实在的发展规律",到最后从天体、地球、生命和人类四大起源及其演化的全方位视角,描绘了一幅既是自然界的发展过程,又超出自然界本身的范围而达到人类社会领域的辩证图景。凯德洛夫指出:恩格斯"力求把《自然辩证法》从自然界的客观辩证发展一直写到作为人类社会基础的经济的发展。但是,因为政治经济学研究了理论计划中的这个基础,还因为卡尔·马克思的经济著作,他的《政治经济学批判》,特别是《资本论》对恩格斯当时(即资本主义的)社会的发生、实质和进一步变化的前途给予了马克思主义的批判分析,于是恩格斯的构思就形成了更加具体的轮廓:就是要写出某种类似《Vor-Kapital》(《前资本论》的东西),也就是人类社会的某种 Vorgeschichte(史前史),并且要揭示自然界发展的客观过程怎样有规律地越出自然界本身的范围而达到人类社会历史领域的辩证法"③。

凯德洛夫的这一评价合理而深刻。如果说恩格斯写作《家庭、私有制和国家的起源》是为了执行马克思的"遗言"④,那么,写作《自然辩证法》则是为了落实马克思的"指示";如果说《家庭、私有制和国家的起源》为科学社会主义提供了人类原始社会史的基础、"原始历史学"的依据,那么,《自然辩证法》则为科学社会主义提供了"自然史的基础""自然科学的依据"。尽管莱文从总体上

---

① 《马克思恩格斯选集》第3卷,人民出版社1995年版,第691—692页。
② 《马克思恩格斯全集》第30卷,人民出版社1975年版,第131页、574页。
③ [苏]凯德洛夫:《论恩格斯〈自然辩证法〉》,殷登祥等译,生活·读书·新知三联书店1980年版,第35—36页。
④ 《马克思恩格斯全集》第21卷,人民出版社1965年版,第29页。

否定恩格斯的《自然辩证法》,但他敏锐地观察到,在《自然辩证法》中,"恩格斯通过证明变化是一切事物所固有的,寻求从理论上使工人主张合法化,即资本主义必定变化,并被社会主义所代替"①。

由此产生一个难以回避的问题,那就是,恩格斯的《自然辩证法》是属于自然科学,还是属于自然哲学。在我看来,《自然辩证法》是恩格斯"自然科学研究工作"的草案、札记和片段的集结,是恩格斯"自然科学研究工作"的存底,是恩格斯构想"自然科学的辩证法"②以至唯物主义辩证法的印迹,同时也是一种重建自然哲学的努力和心灵记录。恩格斯的《自然辩证法》确实有不少突破自然哲学体系的新思想,但它本身又的确具有凝重的自然哲学色彩,以至于马克思把它称为"关于自然哲学的著作"③。

按照恩格斯的观点,自然哲学产生于古代,并同当时的自然知识融为一体,其特点就在于:一是通过直观、猜测、想象甚至幻想的形式描述自然界的总联系,"描绘这样一幅总的图画,在以前是所谓自然哲学的任务"④;二是把握了自然界"现象的总画面的一般性质,却不足以说明构成这幅总画面的各个细节;而我们要是不知道这些细节,就看不清楚总画面",研究这些细节"首先是自然科学和历史研究的任务"⑤。问题在于,随着自然科学的独立化并从自然哲学中分化出去,随着现代自然科学本身就能以"系统的形式"描绘出一幅关于自然界总联系的"总的图画",自然哲学又演变成一种在自然科学之外和之上的"特殊科学",实际上成了一无所有的"李尔王"。

同时,恩格斯又认为,辩证法是"最高的思维形式",只有辩证法才能为自然界的发展过程和普遍联系"提供说明方法",只有辩证法"为理论自然科学本身所建立起来的理论提供了一个准则"⑥。因此,应当"沿着实证科学和利用

---

① [美]莱文:《辩证法内部对话》,张翼星等译,云南人民出版社1997年版,第124页。
② 在1876年5月28日致马克思的信中,恩格斯提到了他的"自然科学研究工作",以及正在构思的"自然科学研究"的著作;在1882年12月8日致马克思的信中,恩格斯告知马克思,他将"重新从事自然科学的研究"。恩格斯把这种研究的结果概括为"自然科学的辩证思想""自然科学的辩证法"(《马克思恩格斯全集》第21卷,人民出版社1965年版,第311页;《马克思恩格斯全集》第34卷,人民出版社1982年版,第20页;《马克思恩格斯全集》第35卷,人民出版社1971年版,第121页;《马克思恩格斯全集》第33卷,第82页;《马克思恩格斯全集》第20卷,人民出版社1971年版,第591页)。
③ 《马克思恩格斯全集》第34卷,人民出版社1982年版,第229页。
④ 《马克思恩格斯全集》第21卷,人民出版社1965年版,第340页。
⑤ 《马克思恩格斯全集》第20卷,人民出版社1971年版,第23页。
⑥ 《马克思恩格斯全集》第20卷,人民出版社1971年版,第383页。

辩证思维对这些科学成果进行概括的途径"①重建自然哲学,从而既"摆脱"与自然知识融为一体的自然哲学,又"摆脱"与自然科学分离的、处在自然科学之外和之上的自然哲学。正因为如此,恩格斯在《自然辩证法》中力图阐述"各种科学的联系""各门科学及其辩证内容",从而说明"一切运动的最普遍的规律"②。显然,这是一种以现代自然科学为依据、具有凝重的自然哲学色彩的自然辩证法。

然而,随着对现代自然科学、黑格尔的自然哲学和辩证法研究的不断深化,恩格斯对自然哲学以及自然辩证法本身的认识发生了重大变化,即"关于总联系的任何特殊科学都是多余的"。这是因为,描绘自然界普遍联系的总画面曾是自然哲学的任务,而这一任务在现代则是自然科学本身的任务了。现代自然科学不仅研究各个领域、各种过程内部的"各个细节"、内部联系,而且研究各个领域、各种过程之间的"各种联系"、系统联系,"关于自然界的所有过程都处于一种系统联系中的这一认识,推动科学到处从个别部分和整体上去证明这种系统联系"③,自然科学本身也因此成为"关于过程、关于这些事物的发生和发展以及关于联系——把这些自然过程结合为一个大的整体——的科学"。"自然界中整个运动的统一,现在已经不再是哲学的论断,而是自然科学的事实了。"④

这就是说,自然科学本身已经能够描绘出自然界联系的总画面,已经从理论上呈现出"自然过程的辩证性质",因而自然科学本身已经成为关于普遍联系,即总联系的科学。这样,"自然哲学就最终被清除了。任何使它复活的企图不仅是多余的,而且是一种退步"⑤。随着自然科学研究的不断深化,恩格斯清醒地认识到并反复重申这一点。在1885年写的《反杜林论》第二版序言中,恩格斯明确指出:"也许理论自然科学的进步,会使我的工作的绝大部分或全部成为多余的。"⑥正因为如此,恩格斯放弃了通过对自然科学成果进行"辩证综合"描绘自然界普遍联系的计划,终止了《自然辩证法》的写作,《自然辩证

---

① 《马克思恩格斯全集》第21卷,人民出版社1965年版,第311页。
② 《马克思恩格斯全集》第20卷,人民出版社1971年版,第611页。
③ 《马克思恩格斯全集》第20卷,人民出版社1971年版,第40页。
④ 《马克思恩格斯全集》第20卷,人民出版社1971年版,第537页。
⑤ 《马克思恩格斯全集》第21卷,人民出版社1965年版,第340页。
⑥ 《马克思恩格斯全集》第21卷,人民出版社1965年版,第15页。

法》因此成为一部"未完成的交响乐"。

认识到恩格斯思想的这一重要转变,我们就既不会固执地坚守"自然辩证法是马克思主义的自然哲学",并力图重建自然辩证法,也不会简单地判定恩格斯的辩证法思想存在着逻辑矛盾,即既认为辩证法是关于普遍联系的科学,又认为现代科学的发展使这种关于总联系的特殊科学成为"多余"。但是,我们应当明白,恩格斯否定了自然哲学,终止了《自然辩证法》的写作,绝不意味着恩格斯放弃了贯穿《自然辩证法》始终的辩证思维、辩证方法。当代自然科学的发展表明,《自然辩证法》中的一些具体观点、具体论断已经"没有特殊的重要性"①,但同时又表明,贯穿《自然辩证法》始终的辩证思维、辩证方法仍然具有"普遍有效性",具有当代价值。

在我看来,判断恩格斯的《自然辩证法》是否具有当代价值,不能仅仅以《自然辩证法》与当代西方科学哲学是否具有所谓的共同"问题域"为依据,而应以当代实践为基础,以《自然辩证法》的基本方法对于当代自然科学研究是否仍然有效为依据。② 当爱因斯坦认为恩格斯的《自然辩证法》在物理学上已经"没有特殊的重要性"时,他忽视的正是贯穿《自然辩证法》始终的辩证的思维方式,更未自觉地意识到他本人在研究相对论时所使用的辩证方法。当卢卡奇否定恩格斯的《自然辩证法》时,他所忽视的也是贯穿《自然辩证法》始终的辩证思维、辩证方法,所忘掉的恰恰是他自己的重要观点,即"马克思主义问题中的正统仅仅是指方法。它是这样一种科学的信念,即辩证的马克思主义是正确的研究方法",即使"新的研究完全驳倒了马克思的每一个个别的论点",即使"放弃马克思的所有全部论点",只要没有放弃辩证的方法,就仍然是"'正统'马克思主义者"。③

的确,马克思一生都没有在肯定的意义上使用"自然辩证法"这一概

---

① 1924年,伯恩斯坦请爱因斯坦鉴定恩格斯《自然辩证法》中的物理学部分。爱因斯坦的回复是:"要是这篇手稿出自一位并非作为一个历史人物而引人注意的作者,那末我就不会建议把它付印,因为不论从当代物理学的观点来看,还是从物理学史方面来说,这篇手稿的内容都没有特殊的重要性。但是,我可以这样设想:如果考虑到这部著作对于阐明恩格斯的思想的意义是一个有趣的文献,那是可以出版的。"(引自[苏]凯德洛夫:《论恩格斯的〈自然辩证法〉》,殷登祥等译,生活·读书·新知三联书店1980年版,第132页)。
② 恩格斯指出,写作《自然辩证法》是为了"表明辩证法的规律是自然界的实在的发展规律,因而对于理论自然科学也是有效的"(《马克思恩格斯全集》第20卷,人民出版社1971年版,第402页)。
③ [匈]卢卡奇:《历史与阶级意识》,杜章智等译,商务印书馆1999年版,第48、49页。

念①。但是,我们不能由此就认为马克思否定自然界本身的辩证法,即自然界本身的矛盾运动,相反,马克思以明确的表述肯定了自然界本身的矛盾运动。

在《哲学的贫困》中,马克思指出:"一切存在物,一切生活在地上和水中的东西,只是由于某种运动才得以存在、生活",而"两个矛盾方面的共存、斗争以及融合为一个新范畴,就是辩证运动的实质。"②

在《中国革命和欧洲革命》中,马克思指出:"自然界的基本奥秘之一",就是黑格尔"所说的对立统一[contactofextremes]规律。在他看来,'两极相逢'这个习俗用语是伟大而不可移易的适用于生活一切方面的真理,是哲学家不能漠视的定理,就像天文学家不能漠视刻卜勒的定律或牛顿的伟大发现一样"。③

在《资本论》中,马克思指出:"在这里,也象在自然科学上一样,证明了黑格尔在他的《逻辑学》中所发现的下列规律的正确性,即单纯的量的变化到一定点时就会转化为质的差别。"④胡克认为,"马克思本人从未谈到一种自然辩证法,虽然他十分知道在物理学和化学的基本单位中,量的渐变产生出质变"⑤。胡克看到了一个合理的事实,即马克思从未在肯定的意义上使用过"自然辩证法",但他却把这个合理的事实溶解于不合理的理解之中了。马克思没有在肯定的意义上使用"自然辩证法"这一术语,并不等于没有肯定自然界本身的辩证法,"量的渐变产生出质变"不正是自然辩证法吗?

这表明,马克思虽然关注着历史辩证法,但他并没有否定自然辩证法,相反,肯定了自然界本身的辩证法,马克思虽然关注着历史科学,但他并没有忽略自然科学,相反,马克思既反对自然科学对哲学的"疏远",也反对哲学对自然科学的"疏远",因而较为系统地研究过自然科学,并认为"自然科学是一切

---

① 研读马克思的著作可以看出,马克思一生只有两次在否定的意义上提到"自然辩证法":一次是在 1868 年 1 月 11 日致恩格斯的信中,马克思以嘲讽的口气提到,杜林"写了一本《自然辩证法》来反对黑格尔的'非自然'辩证法"(《马克思恩格斯全集》第 32 卷,人民出版社 1975 年版,第 18 页);另一次是在 1868 年 3 月 6 日致库格曼的信中,马克思再次提到杜林的《自然辩证法》,并指出杜林"出版过一本(以凯里的观点为出发点)《国民经济学说批判基础》(约五百页),和一本新《自然辩证法》(反对黑格尔辩证法的)。我的书(指《资本论》第一卷,编者注)在这两方面都把他埋葬了"(《马克思恩格斯全集》第 32 卷,人民出版社 1975 年版,第 525—526 页)。
② 《马克思恩格斯全集》第 4 卷,人民出版社 1958 年版,第 141、146 页。
③ 《马克思恩格斯全集》第 9 卷,人民出版社 1961 年版,第 109 页。
④ 《马克思恩格斯全集》第 20 卷,人民出版社 1971 年版,第 137 页。
⑤ [美]胡克:《对卡尔·马克思的理解》,徐崇温译,重庆出版社 1989 年版,第 330 页。

知识的基础"①。"在马克思看来,科学是一种在历史上起推动作用的、革命的力量。任何一门理论科学中的每一个新发现——它的实际应用也许还根本无法预见——都使马克思感到衷心喜悦。"②

我无意否定恩格斯的辩证法思想与马克思的辩证法思想之间存在着差别,不同的人生经历、理论道路、知识结构必然使恩格斯和马克思在理论研究、理论关注、理论表述上各具自己的特色和风格。但是,这种差别并未构成本质的不同、根本的对立。"马克思认为,之所以存在自然辩证法,是因为独立于思想之外的领域被纳入了思想之中;恩格斯则认为,自然辩证法之所以存在,是因为独立于思想之外的领域本身按照辩证规律运转"③,这是莱文制造的"骗局";恩格斯的自然辩证法是"自然主义进化论",马克思的历史辩证法是"人类中心说"④,这是科拉科夫斯基的虚构。二者都是以新的形式制造马克思和恩格斯对立的神话。⑤ 我断然拒绝马克思和恩格斯"对立论"。恩格斯和马克思既是两个人,又是"一个人",即同为马克思主义哲学的创始人,在辩证法的问题上具有高度的一致性。看不到这一点,那是理论近视。

---

① 《马克思恩格斯全集》第47卷,人民出版社1979年版,第572页。
② 《马克思恩格斯选集》第3卷,人民出版社1995年版,第777页。
③ [美]莱文:《辩证法内部对话》,张翼星等译,云南人民出版社1997年版,第14页。
④ 参见[波兰]科拉科夫斯基:《马克思主义的主要流派》第一卷,唐少杰等译,黑龙江大学出版社2015年版,第410页。
⑤ 关于马克思和恩格斯对立的神话,并非是西方马克思主义的首创和"专利",实际上,早在马克思主义诞生之日起就已经被制造出来了。恩格斯指出:"1844年以来,关于凶恶的恩格斯诱骗善良的马克思的小品文多得不胜枚举。它们与另一类关于阿利曼——马克思把奥尔穆兹德——恩格斯诱离正路的小品文交替出现。"(《马克思恩格斯全集》第36卷,人民出版社1974年版,第14页)无论是19世纪的马克思和恩格斯"对立论",还是20世纪的马克思和恩格斯"对立论",其意都在"肢解"马克思主义。

第十九章

重构唯物主义反映论

马克思主义哲学不仅分析了人与自然的关系、人与社会的关系,而且分析了人与意识的关系;不仅阐明了人类意识的本质以及对象意识与自我意识的关系,而且阐明了人类认识的过程以及感性具体与思维具体的关系;不仅阐明了思维反映存在的尺度以及思维的反映与建构的关系,而且提出了实践反思理论,以及认识历史的"从后思索"法,从而重构了唯物主义反映论,并在整个认识论上造成了一场革命性变革。

一、意识及其与语言的关系

人类意识的产生既有它的自然前提,又有它的神经生理基础。但是,人类意识不是单纯的生物自然进化的结果,而是社会的产物。正如马克思所说,"意识一开始就是社会的产物,而且只要人们存在着,它就仍然是这种产物"[①]。与动物不同,人类不是单纯地适应环境,而是在改变环境的过程中适应自己的生存需要。劳动,即物质生产活动就是改变环境的活动,人及其意识正是在这种改造环境的劳动中形成的。"思

[①] 《马克思恩格斯选集》第 1 卷,人民出版社 1995 年版,第 81 页。

想、观念、意识的生产最初是直接与人们的物质活动,与人们的物质交往,与现实生活的语言交织在一起的。人们的想象、思维、精神交往在这里还是人们物质行动的直接产物",尔后又成为"物质生活过程的必然升华物"。① 从内容上看,"意识起初只是对直接的可感知的环境的一种意识,是对处于开始意识到自身的个人之外的其他人和其他物的狭隘联系的一种意识。同时,它也是对自然界的一种意识"②。

人的劳动从一开始就具有社会性。高等动物的群体性是人的社会性的自然史前提,但动物的群体不过是生物的血缘关系和生存的觅食关系的结合体,是受生物的本能行为盲目支配的,并不是社会。社会是"随着完全形成的人的出现"③而产生的,是通过人与人之间的交往活动形成的,而人们的社会交往活动同动物的本能群体行为有着本质的区别。"意识到必须和周围的个人来往,也就是开始意识到人总是生活在社会中的。这个开始,同这一阶段的社会生活本身一样,带有动物的性质;这是纯粹的畜群意识,这里,人和绵羊不同的地方只是在于:他的意识代替了他的本能,或者说他的本能是被意识到了的本能。"④人是名副其实的"社会动物"。离开社会交往和社会关系的孤立的人及其意识,是根本不存在的。

意识起初是人们的物质生产活动的"直接产物",尔后之所以成为人们的物质生活过程的"必然升华物",与人们的社会分工和语言的产生密切相关。

按照马克思的观点,社会分工不仅使精神活动和物质活动、享受和劳动、生产和消费由不同的个人来分担成为可能,而且成为现实。"从这时候起意识才能现实地想象:它是和现存实践的意识不同的某种东西;它不用想象某种现实的东西就能现实地想象某种东西。从这时候起,意识才能摆脱世界而去构造'纯粹的'理论、神学、哲学、道德等等。"⑤

同时,意识又是"与现实生活的语言交往在一起的"。"语言和意识具有同样长久的历史;语言是一种实践的、既为别人存在因而也为我自身而存在的、现实的意识。语言也和意识一样,只是由于需要,由于和他人交往的迫切需要

---

① 《马克思恩格斯选集》第 1 卷,人民出版社 1995 年版,第 72、73 页。
② 《马克思恩格斯选集》第 1 卷,人民出版社 1995 年版,第 81 页。
③ 《马克思恩格斯选集》第 4 卷,人民出版社 1995 年版,第 378 页。
④ 《马克思恩格斯选集》第 1 卷,人民出版社 1995 年版,第 82 页。
⑤ 《马克思恩格斯选集》第 1 卷,人民出版社 1995 年版,第 82 页。

才产生的。"①没有语言,也就没有人的意识,没有语言,人的起初的"纯粹动物式的意识(自然宗教)"也就不可能发展成为真正的人类意识,而语言本身也是在人与人之间的交往中产生的,语言本身就是社会的产物。

劳动、语言和分工一起,成为主要推动力,促进人的意识的产生和发展,并使人类意识成为一个相对独立的社会活动系统而存在和发展。

人脑是意识的器官,但不是意识的源泉;意识是人脑的机能,但仅有人脑还不能产生意识。意识是人脑的机能,这里涉及的是意识同它的生理基础的关系;意识是存在的反映,这里涉及的是意识同它的内容的关系,涉及的是意识的本质。按照马克思的观点,物质生活的生产方式制约着整个社会生活、政治生活和精神生活的过程,"不是人们的意识决定人们的存在,相反,是人们的社会存在决定人们的意识"②;"观念的东西不外是移入人的头脑并在人的头脑中改造过的物质的东西而已"③。这是从主体与客体、观念与物质、思维与存在的关系上对意识的本质所作出的科学规定。这表明,在意识的问题上,马克思主义哲学坚持的是能动的反映论的观点。

"反映"(Reflexion)概念最初是用来形容光的反射性质的。一般说来,人的意识活动也具有这种类似反射性的特征。当客体作用于人的感觉和思维器官后,人就会相应地作出"反映",并能在思维着的头脑中"复制""再现"客体。因此,就意识的内容来看,人们的反映活动的确带有某种"反射"的特点。但是,马克思主义哲学的反映论绝不是简单的反射论,相反,马克思主义历史观认为,人对客观对象的反映本质上不是"反射"现象,而是主体与客体在实践活动基础上形成的思想关系,是人对周围环境及自身的一种观念把握方式。人的反映不仅以心理活动为基础,而且以生产实践、社会交往、语言符号为基础,意识是人所特有的反映形式,是一种主体的、社会性的反映。

同时,人的反映不是被动的反映,也不是盲目直观的摹写,而是能动的反映。这主要表现在:人的反映是有目的、有选择的反映,不仅指向客体,而且还能指向主体自身;不仅能反映客体的表面现象,而且能反映客体的本质和规律,从而能够超前地反映客体未来的发展趋势;不仅能反映现存的客观事物,

---

① 《马克思恩格斯选集》第1卷,人民出版社1995年版,第81页。
② 《马克思恩格斯选集》第2卷,人民出版社1995年版,第32页。
③ 《马克思恩格斯全集》第23卷,人民出版社1972年版,第24页。

而且通过创造性的思维、自由的想象,能"虚构"出客观世界本身没有原型的"观念事物""理想客体"。因此,人的反映活动是能动的、创造性的反映,对物质客体的意识是经过思维着的头脑观念地"改造过"的。

被观念地"改造过"的"物质的东西"显然不同于外在的、未被人脑改造过的物质本身,主观形象也不同于客观原型本身。因此,意识具有主观性特征。但是,这种主观性归根到底不能离开客观事物而独立存在,有着不以主观意志为转移的客观内容。即使是虚幻的、歪曲的、颠倒的意识,归根到底,也是对于存在的反映。例如,宗教虚构的上帝观念不过是把自然的力量神圣化,或是使人间的力量具有超人间的威力罢了。这就是说,意识不管具有多么浓厚的主观色彩,不管披上什么样的神秘外衣,归根到底,都有自己的客观"原型"。"意识在任何时候都只能是被意识到了的存在,而人们的存在就是他们的现实生活过程。如果在全部意识形态中,人们和他们的关系就像在照相机中一样是倒立呈像的,那么这种现象也是从人们生活的历史过程中产生的,正如物体在视网膜上的倒影是直接从人们生活的生理过程中产生的一样。"①

就所反映的对象的具体形态而言,可以把意识划分为三大类型:一是人与自然之间的关系;二是人与人之间的关系;三是人同自身之间的关系。不管是哪一种类型的意识,归根到底,都是现实生活过程、社会存在的反映。人们"所产生的观念,或者是关于他们对自然界的关系的观念,或者是关于他们之间的关系的观念,或者是关于他们自身的状况的观念。显然,在这几种情况下,这些观念都是他们的现实关系和活动、他们的生产、他们的交往、他们的社会组织和政治组织有意识的表现,而不管这种表现是现实的还是虚幻的"②。

意识的内容归根到底来自现实生活、社会存在,意识的变化归根到底也是由现实生活、社会存在决定的。

"成为希腊人的幻想的基础、从而成为希腊[艺术]的基础的那种对自然的观点和对社会关系的观点,能够同走锭精纺机、铁道、机车和电报并存吗?""阿基里斯能够同火药和铅弹并存吗?或者,《伊利亚特》能够同活字盘甚至印刷机并存吗?随着印刷机的出现,歌谣、传说和诗神缪斯岂不是必然要绝迹,因而史诗的必要条件岂不是要消失吗?"③这就是说,古希腊的自然观、社会观与

---

① 《马克思恩格斯选集》第1卷,人民出版社1995年版,第72页。
② 《马克思恩格斯选集》第1卷,人民出版社1995年版,第72页。
③ 《马克思恩格斯选集》第2卷,人民出版社1995年版,第28、29页。

自动纺织机、机车等不能"并存",歌谣、传说等和活字盘、印刷机不能"并存"。

之所以如此,是因为古希腊的自然观、社会观的基础是古代生产方式,而走锭精纺机、蒸汽机车体现的是近代生产方式;歌谣、传说是用口语传播,这种信息传播方式受到传播者声音所及范围的限制,而活字盘、印刷机形成的信息传播方式超越了这种时空的限制,显现为一个更大的时空结构。一句话,歌谣、传说这种信息传播方式所体现的和活字盘、印刷机所代表的不是同一性质的生产方式,因而不能"并存"。"而发展着自己的物质生产和物质交往的人们,在改变自己的这个现实的同时也改变着自己的思维和思维的产物。不是意识决定生活,而是生活决定意识。"①一句话,"人们的意识,随着人们的生活条件、人们的社会关系、人们的社会存在的改变而改变"②。

否定意识的反映性以及反映的摹写性,就会陷入唯心主义的认识论;看不到意识的创造性,就会陷入旧唯物主义的直观反映论。意识是创造性的反映,而不是机械的、镜面式的摹写;创造是以反映为基础的创造,而不是脱离摹写的随心所欲的创造。意识是反映、选择和建构的统一,既有客体性又有主体性,既有客观性又有主观性,既具有反映性又具有创造性。一句话,反映和创造的统一是意识的本质特征。这就是马克思主义哲学的意识概念。

人的意识活动是凭借语言进行的。意识是语言的内容,而语言则是意识的载体。"'精神'从一开始就很倒霉,受到物质的'纠缠',物质在这里表现为振动着的空气层、声音,简言之,即语言。"③只有借助于语言,人们才能进行抽象概括,从而反映事物的本质和规律。正如列宁所说,"任何词(言语)都已经是在概括"④;只有在语言的基础上,人们才能依据概念以及概念之间的关系,作出判断,进行推理,形成理论体系。语言是思维本身的要素,是意识活动本身的要素。"语言是思想的直接现实"。人们在语言中把自己的意识或思想固定下来,并把它作为观念客体进行研究和反思,形成了对象意识与自我意识。

按照马克思的观点,劳动使人类的祖先越来越深入和广泛地接触到对象世界的属性和关系,形成以大脑为中心,以感觉器官为门户的统一的神经生理结构,这就为人摄取、加工、综合各种信息,实现主体对客体的相符性反映奠定

---

① 《马克思恩格斯选集》第 1 卷,人民出版社 1995 年版,第 73 页。
② 《马克思恩格斯选集》第 1 卷,人民出版社 1995 年版,第 291 页。
③ 《马克思恩格斯选集》第 1 卷,人民出版社 1995 年版,第 81 页。
④ 《列宁全集》第 55 卷,人民出版社 1990 年版,第 233 页。

了自然前提。同时,劳动一开始就是社会性的活动,劳动越发展,人们越需要交往,由此产生了语言。交往的扩大和语言的发展作为两个强大的推动力,使人的意识活动成为一种社会活动,使人的意识活动形成了不同于生物遗传方式的社会遗传方式。这种社会认识结构和社会遗传方式是在人与对象的相互作用中,通过活动的"内化"逐步形成的。

具体地说,人在运用工具实际改造对象的过程中,逐步使外部的实际动作方式向内部的观念动作方式转化即内化,并使后者同前者保持一致。这就形成了人所特有的以逻辑形式固定和沉积下来的认识图式。在这个过程中,语言的产生具有重要作用。语言使认识超出了个人体验的狭隘范围,使人们的思想获得了共同的表达方式;语言的运用使人们能够在观念中对客体进行加工和改造,从而使人对物质世界的观念把握成为可能,即使人的意识发生成为可能。

语言一旦产生就具有了相对独立性,并对意识活动发生影响。尤其是随着书面语言的发展,形成了波普尔所说的"客观知识世界",即以各种形式表现出来的对象化、客观化的知识世界。"客观知识世界"的形成是人类文明得以保存、延续的根本保证。具体地说,人类的个体会死亡和消失,但个体所取得的意识成果则由于语言符号的记载而进入"客观知识世界",从而得以保存、延续和发展。这就使得个体认识的成果不会随着个体的死亡而消失。

无疑,世界在人的思想、语言之外存在。但是,人们只能通过语言去理解世界和表达对世界的理解,人们掌握语言的多与寡,直接影响和制约着他们对世界理解的广度和深度。在这个意义上,语言的界限就是认识的界限。语言自始至终参与意识活动,语言符号是人们进行意识活动、表达认识成果、进行思维操作的感性工具。语言符号和意识活动具有同样长久的历史,具有共同的来源,并在相互作用中共同发展,成为不可分割的统一体。语言反映了思维与存在、主观与客观、对象意识与自我意识以至人与世界之间的矛盾关系。从一定意义上说,正确理解和把握语言是打开人与世界关系之门的钥匙。

正因为如此,现代分析哲学高度重视语言问题,并在哲学史上实现了"语言学转向"。按照维特根斯坦的观点,全部哲学就是语言批判。在罗素看来,逻辑是哲学的本质。从本质上看,"语言学转向"所体现的就是现代西方哲学对人与世界联结点或中介环节的寻求,显示的是现代西方哲学对思想、语言和世界三者关系的总体理解。这种总体理解就是,世界在人的思想之外,但人只能在语言中表达对世界的理解,世界在人的语言中变成人的世界,所以,"语言的界限就是世界的界限",我们只能谈论"我的世界"。

分析哲学的这一见解不无道理。人们关于世界的认识成果就积淀并表现在语言中,从语言出发去研究世界,实际上就是从对人的关系中去理解和把握世界。但是,分析哲学毕竟走得太远了,在它那里,语言最终成了一个独立的王国,从根本上颠倒了实践与语言、意识与存在的关系。马克思仿佛预见到这种"语言学转向",明确指出:"正像哲学家们把思维变成一种独立的力量那样,他们也一定要把语言变成某种独立的特殊的王国",并认为"这就是哲学语言的秘密,在哲学语言里,思想通过词的形式具有自己本身的内容"。[1]

"语言是一种实践的、既为别人存在因而也为我自身而存在的、现实的意识。语言也和意识一样,只是由于需要,由于和他人交往的迫切需要才产生的。"[2]从根本上说语言是"现实生活的表现"[3],语言结构是实践结构在人脑中的内化与升华。语言不是人与世界之间的根本联结点,实践才是人与世界关系的根本联结点;不是语言决定实践,而是实践决定语言。只有从实践出发,我们才能从根本上理解语言的形成、演化和发展,才能说明蕴含在语言中的思维与存在、主观与客观、主体与客体、人与世界的矛盾关系。

从语言与思维方式的关系看,语言影响思维方式,使用不同语言体系的民族往往具有不同的思维方式。当然,语言不是思维方式的决定性因素,但语言的确影响思维方式。词汇量的多少、语法的构造、句法的表示等等,都以不同方式影响并制约着不同民族的思维方式;语言中的概念、范畴和指称的运用就是区分、整合和概括经验的过程,语言中的概念、范畴、指称排序的不同反映了不同民族对人与世界关系理解的不同。这种不同及其差异通过语言的频繁使用,又强化了意识结构的差异,从而使不同的民族形成了不同的思维方式、认识图式。

从语言与符号的关系看,语言本身就是一种符号形式。所谓符号,就是指表示事物以及事物之间关系的抽象标志或标记,是一种关于对象的人工指称物。例如,史前原始部族的图腾标记,现代国家的国旗等等,属于象征符号;古代社会烽火台上的篝火,现代社会电台发射的电波等等,属于信号符号;等等。

---

[1]《马克思恩格斯全集》第3卷,人民出版社1960年版,第525页。
[2]《马克思恩格斯选集》第1卷,人民出版社1995年版,第81页。
[3]《马克思恩格斯全集》第3卷,人民出版社1960年版,第525页。

语言是基本的符号形式,是其他各种类型符号形式的基础。只有理解语言,我们才能理解其他各种类型的符号形式。

符号化的认识方式是来源于现实而又超越现实的认识方式。语言符号是一种意义符号,是各种抽象概念的物质载体,包括一系列的符号单元(符号元素),代表着客观事物的各种规定、各种关系。运用语言符号可以把具有许多规定的客观事物在思维中分解开来,以编码的方式对这些代表一定信息内容的语言符号进行思维操作,进而通过对符号单元的组合来实现对于客观事物的反映。进一步说,人们根据符号的意义,按照一定的逻辑规则,对符号单元进行组合和再组合,建立起一种具有严密逻辑结构的符号系统,从而形成关于客观事物的知识体系或理论体系。

由语言符号所表达的各种概念、范畴是对事物共性的概括和抽象,它是人们进行逻辑思维的基本单元,就像人们运用数学上的科学符号抽象和推演出现实世界的数量关系一样,人们运用语言符号进行逻辑推演,就会使认识从感性认识上升到理性认识,从抽象规定上升到思维具体,从理论理性上升到实践理性,从而揭示出人与世界的关系。

二、对象意识与自我意识

人的意识包括对象意识与自我意识。按照马克思的观点,追求自由,是人的"本性",而"自由的首要条件是自我认识"[1],"他自己的生活对他是对象。仅仅由于这一点,他的活动才是自由的活动"[2]。马克思主义哲学并不否定自我意识,相反,马克思主义哲学认为,与动物的生命活动不同,"人则使自己的生命活动变成自己的意志和意识的对象。他的生命活动是有意识的……有意识的生命活动把人同动物的生命活动直接区别开来"[3]。

从根源上看,人的"自我"之所以形成,人的意识之所以二重化为对象意识与自我意识,就在于实践活动本身的对象性与目的性。所谓实践活动的对象性,是指实践必须指向确定的对象,实际地改变客观事物,变更它们的形式;实践活动的目的性则是指,实践是按人的方式来进行的,实践把人的需要转化为

---

[1]《马克思恩格斯全集》第1卷,人民出版社1956年版,第35页。
[2]《马克思恩格斯全集》第42卷,人民出版社1979年版,第96页。
[3]《马克思恩格斯全集》第42卷,人民出版社1979年版,第96页。

实践目的,而且在实践活动实际开始之前已经观念地形成了具体的实践目的。换言之,在实践过程中既存在"物的方式",又存在"人的方式",而实践则是以"人的方式"来改造"物的方式",使"物的方式"服从于"人的方式"的活动。

从实践本身看,一方面,实践是主体意识到对象,主体实际改变外界的"物"的活动,另一方面,实践又是主体意识到自己的活动,即主体自身的活动成为主体认识的对象;一方面,实践的目的必须服从客观的条件,为对象所制约,另一方面,实践的目的又必须在实践开始之前在人的头脑中观念地存在着,并以它来调整人的活动,规定自我运行的方向,成为一种自我意识到的、必须服从的"意志运动";一方面,实践的结果即产品是客观的物,独立存在于人之外,另一方面,产品又必须满足人的某种需要,具有"人的方式"。

因此,实践内在地包含两个方面:对对象的了解和对实践者自我的了解,对物的控制和对自我的控制,既是指向外部的改造客观世界的活动,又是指向内部的改造主观世界的活动。实践对物的改造、对客观世界的控制以及指向外部世界的活动,要求并形成着对象意识;反过来,实践对实践者自我的了解,对自我的控制以及对主观世界的改造,又要求并形成着自我意识。意识之所以发生对象意识和自我意识的二重化,归根结底是实践结构本身发展和分化的体现。

自我意识随着实践的发展而不断展示新的内容。人类历史越往前追溯,生产就越不发达,自我也就越不独立。正如马克思所说,"我们越往前追溯历史,个人,从而也是进行生产的个人,就越表现为不独立。"①。只是在生产力比较发达之后,在脑力劳动与体力劳动分离之后,个体的"自我"才开始独立出来,此时,才有了严格意义上的"自我意识",才会在"实存的自我"基础上形成"体验的自我""思维的自我",才有笛卡儿的"我思故我在",费尔巴哈的"我欲故我在"等。从根本上说,自我意识随着实践的发展而发展。"环境的改变和人的活动或自我改变的一致,只能被看作是并合理地理解为革命的实践。"②被唯心主义神秘化了的"自我意识"并不神秘,它扎根于平凡的实践活动中,通过对象性的存在表现出来,并随对象性活动的发展而发展。

从结构上看,对象意识与自我意识有着各种区别,但根本的区别是他反性

---

① 《马克思恩格斯选集》第 2 卷,人民出版社 1995 年版,第 2 页。
② 《马克思恩格斯选集》第 1 卷,人民出版社 1995 年版,第 55 页。

与自反性,即对象意识是他反性结构,自我意识是自反性结构。所谓对象意识的他反性,是指认识对象是他在的,是对自身之外的对象的反映。他反性结构决定了认识的路线必定是由自在客体、经验客体再到观念客体。对象意识使自在客体在意识中展开,通过各种抽象过程,形成简单的规定,进而形成观念中的具体。所谓自我意识的自反性,是指认识对象是认识自己。如果说对象意识回答"物是什么",那么,自我意识则要回答"我是什么",而且必须由我来认识我自己。

这似乎是一个自我循环式的思维:要回答我是什么必须由我来进行,而我必须由我是什么来定义。这一结构特点就是自反性,或者说是以自我二重化为特征的。换言之,自反性认识以自身为认识对象,自反性结构必定是二重化结构。无论是个体对自我的认识,还是人类对人类的认识,都与对象意识有着结构上的差异,这就是,我要认识我,必须把"我"二重化,形成"客体的我"和"主体的我",或者"被思的我"与"反思的我"。这就产生与对象意识不同的活动结构。

从结构上考察对象意识与自我意识,二者既有统一性,又有差异性。其统一性表现为,二者都有主客体结构,都是对象性活动,因而都有一个信息输入、加工、输出的过程;其差异性表现为,对象意识以环境为客体,客体是外在的,而自我意识以自我为客体,把自我从思维中分化出来,形成自反性结构。自我意识的自反性或者通过别人的自我反观自己的自我,或者通过自我的历史活动来认识自我,或者通过自己的对象性活动"在他所创造的世界中直观自身","人不仅象在意识中那样理智地复现自己,而且能动地、现实地复现自己,从而在他所创造的世界中直观自身"[1]。

不管怎么样,这里都存在着把自我二重化的过程。自我意识既可以是对自我的认识,也可以是对反映的反映,对思维的思维,这既取决于二重化对象的不同,又取决于对象意识的发展。但是,在这种复杂的变化中,自反性的二重化结构并没有改变。因此,要把握对象意识与自我意识的根本区别,就要抓住他反性与自反性这一本质区别。

对象意识与自我意识在意识活动中的作用就体现为二者的功能。对象意识与自我意识的功能的不同,首先是指向性上的不同。一般来说,对象意识指

---

[1] 《马克思恩格斯全集》第42卷,人民出版社1979年版,第97页。

向人的外部世界,而自我意识指向人的内部世界。认识总是要有对象存在的,但意识具体指向哪一部分信息,按照什么思维线路来把握信息,却是由自我意识来调节的。自我意识使思维集中于与自我的需要、利益有关的事件和关系,使符合人们需要的意识得以广泛传播,这就对意识的发展起到某种指向作用,从而规定着认识目标的确立。可见,自我意识与对象意识的功能是不同的,对象意识揭示"物的尺度",揭示物的机械的、物理的、化学的、生物的特点;自我意识揭示人的"内在尺度",揭示人怎样改变世界,人怎样赋予世界以人化的形式,世界在什么样的意义上成为人的世界。这两种指向性在实际改造世界的活动中统一起来。这是其一。

其二,对象意识与自我意识的功能的不同是体现在反映等级性上的不同。从意识活动的等级性上看,对象意识是对客体的一级反映,而自我意识则是二级反映。人的心理不仅具有针对外部世界的方向性,而且具有针对自身的方向性,所以,它既能反映客体,又能反映这种反映客体的过程。换言之,由于人具有自我意识,所以,人不仅能够进行一级反映(第一序列的反映),而且能够进行二级反映,即自我反映(第二序列的反映)。所谓一级反映,是主体对不同于自身的客体的认识过程,是主体对客体信息进行处理、加工和"改造",然后输出认识结果的过程;二级反映则是把这一过程作为认识对象的反映过程,即主体把主体对客体的反映过程分化出来、独立出来,对这一过程本身进行反映的过程,它是对反映本身的认识过程。在现代,人类对语言与符号、指称与意义、形式化与内在逻辑结构以及方法论本身产生了巨大兴趣,本身就说明并凸显了二级反映的意义。

从形式上考察,自我意识就是对主体的存在方式和活动方式的意识,其职能在于揭示主体感觉、知觉时空、思维模式、内在尺度的特殊性。这就产生一个悖论,即客观性是指人的意识中的"不依赖于主体、不依赖于人、不依赖于人类的内容",而自我意识的存在则表明,意识也依赖于主体、依赖于人、依赖于人类。换言之,自我意识与客观性这一悖论的特点就在于,既然客观性是人的意识中的"不依赖于主体、不依赖于人、不依赖于人类的内容",那么,人类、主体就无法把握它;既然人只能从主体、从人类的角度来认识世界,那么,这一客观性必然依赖于主体。这的确是一个棘手的、难以解决的认识论问题。

现代科学表明,人的感觉、时空坐标、对客观事物的读数系统都是立足于三维的、宏观的系统。在三维宏观系统中,主体、客体、仪器具有天然的统一性。人对世界的认识是从闵可文斯基四维时空流出发的,人的生存空间和知觉空间则是三维的,这是人的自我意识的天然尺度、天然坐标和天然背景,并成为人的自我中的固有特点和属性。但是,人的三维性、宏观系统又限制了人的意识,它使人不能直观宇观和微观系统。人的直接经验、直观层次是有界限的,但这又不是人的认识界限。正如爱因斯坦所说,在物理学上,人不能看到和直觉地想象第四维,可是在数学上,人能想象第四维。可见,只要自我意识到三维性、宏观性的特点,人就可以超出这种自我的限定,而进入更深的层次。

自我意识的能动性与客观性也不是相悖的。具体地说,自我意识对对象的选择并不是一次完成的,它在不断地与外界"反馈""相互作用"的过程中实现,反馈调节、纠正、过滤着主体选择过程,既检验选择是否正确,是否符合主体需要,也检验其是否符合物的尺度。同时,社会条件也规范着这种选择,没有历史发展所凝结的社会条件,也就没有选择。正如马克思所说,"历史不是作为'产生于精神的精神'消融在'自我意识'中而告终的,而是历史的每一阶段都遇到一定的物质结果,一定的生产力总和,人对自然以及个人之间历史地形成的关系"[①],即使人的感觉也是"全部世界历史的产物"[②]。更重要的是,实践确定具体的选择,选择必须由对象性活动实际地落到实处,成为可经验的。

但是,自我意识与客观性之间又确实存在着矛盾,因为自我从"自己出发",而物按自己的规律运动,它们本身就是矛盾着的。全部人类认识活动和实践活动都是为了解决人与世界的关系以及自我意识与客观性的矛盾,人类也是在解决这一关系和矛盾的过程中发展起来的,而人类在每一时代只是在一定层次上、一定范围内解决这一矛盾。因此,承认这一矛盾并不是为了压抑自我意识的作用,相反,只有不断发挥自我意识的作用,才能不断解决这一矛盾。

这里,有一个对客观性的理解问题。恩格斯曾经详尽地谈到客观性的特点,至今具有经典意义。按照恩格斯的观点,要从实际的认识过程来探索客观性,客观性就是认识中的普遍性、规律性。"一切真实的、穷尽的认识都只在于:我们在思想中把个别的东西从个别性提高到特殊性,然后再从特殊性提高到普遍性;我们从有限中找到无限,从暂时中找到永久,并且使之确立起来。"

---

① 《马克思恩格斯选集》第 1 卷,人民出版社 1995 年版,第 92 页。
② 《马克思恩格斯全集》第 42 卷,人民出版社 1979 年版,第 126 页。

"自然界中的普遍性的形式就是规律。"①所以,个别中的特殊、有限中的无限、特殊中的普遍,这就是以"规律"的形式出现在意识中的客观性。概而言之,客观性并不是"纯粹"的,它是反映在认识中,并在各种具体认识中具有普遍性、规律性的东西,它不依赖于人的意识而发生,同时又具有相对性,即相对于人的意识活动而言。

要正确理解和把握自我意识与客观性的矛盾,就既不能片面强调自我以及自我意识的特殊性,也不能沉湎于客观性的"纯粹性"之中,而应从对象意识与自我意识的辩证关系出发来解决这一矛盾。现代科学的发展更加突出了自我意识与客观性的矛盾,这就是:人们只有通过仪器才能观察宇观和微观系统,离开射电望远镜、光谱分析仪、电子加速器等,人根本无法经验它们;而通过仪器观察时,这一观察已经被仪器中介了,此时人们已经把宇观和微观尺度转换为宏观尺度。这是一种"关系中的关系",即人们观察到的只是被仪器限定的关系,而且不同的仪器表现出不同的关系,诸如测不准、相对性、坐标性等,说的都是同一个问题。正确解决这一问题,需要辩证的思维。

玻恩的"投影"与"不变量"的关系,实际上就是辩证思维在现代物理学中的运用。在玻恩看来,从宏观进入宇观、微观发生的变化可以用"投影"与"不变量"关系来说明。所谓投影,是指每一次具体的相互关系,即物理的"一次观察或测量所涉及的并非自然现象本身,而是它在一个参考中的面貌或射影"②。换言之,投影是主体、仪器、客体特定的相互作用的表现。之所以叫投影,只是自然现象通过这种关系个别地表现出来,它并非是自然现象本身,而是一种变形的、受到各种关系制约的表现形式。所谓不变量,是指各种不同投影中的共同规则,"在每个物理理论中,总有一种规则把同一物体在不同参考系中的射影联系起来:这规则叫做变换律,而所有这些变换具有构成一个群的性质,即接连进行两次变换的结果等于进行一次同类变换。不变量就是对任何参考系都具有同一数量的量,因此它们与变换无关"③。

显然,"投影"与"不变量"的关系就是辩证思维中现象与本质、关系与规律、形式与内容、个别与一般的关系。现象、关系、形式、个别是多变的,在一定

---

① 《马克思恩格斯选集》第4卷,人民出版社1995年版,第341页。
② [美]玻恩:《我这一代的物理学》,侯德彭等译,商务印书馆1964年版,第192页。
③ [美]玻恩:《我这一代的物理学》,侯德彭等译,商务印书馆1964年版,第189页。

条件下只是曲折地表现内在的东西,只是相互作用的表现,这就是"投影";而人的认识从个别进入一般,从关系进入规律,就把握了关系中内在的本质的东西,这就是"不变量"。只不过玻恩用它们来解决人们由宏观系统进入微观、宇观系统所产生的认识矛盾,从而使它们具有现代物理学意义罢了。实际上,人的认识总是不断由"投影"深入到"不变量",然后,随着认识范围的扩大,原有的"不变量"又成为在新的更高层次下的"投影",认识由此向更高的本质运动。这一过程表现为由个别到特殊再到普遍,表现为由现象到本质、由一级本质进入到二级本质的运动。认识的这种运动不断解决着自我意识与客观性的矛盾。

三、认识活动中的实践反思方法

在哲学史上,康德首先举起批判的旗帜,并指出:"所谓批判非指批判书籍及体系而言,乃指就理性离一切经验所努力寻求之一切知识,以批判普泛所谓理性之能力而言。"[①]这就是说,康德的"批判"是对认识本身的批判,以认清认识的来源、界限和范围,确定科学认识如何可能。"批判乃是促成一种彻底的形而上学所必需的先期准备工作。"[②]康德要求在认识之前,对认识本身进行认识:认识人的认识能力、认识界限,以及什么能认识、什么不能认识;对认识本身进行认识的可靠道路。在康德看来,这样一项研究工作还在盲目摸索,还远远没有走上一门科学的可靠的道路。

康德的批判反思扩大了反思的范围,并把反思的矛头对着认识和主体本身,从而开拓出反思的新领域。事实也证明,由于思维本身是主体把握客体的过程,所以,离开主体能力去考察认识不可能全面地把握认识。康德的批判反思的功绩就在于,指出要批判人的主体认识能力,批判认识的可能和界限,这是反思发展过程中的坐标转换。

黑格尔对反思有着特殊的兴趣。在他所有的哲学著作中,特别是《小逻辑》《大逻辑》中,"反思"这一概念反复出现。表面看来,反思在黑格尔那里是多义的,它们之间似乎没有什么内在联系。实际上,"反思"这一概念的内涵在

---

① [德]康德:《纯粹理性批判》,蓝公武译,商务印书馆1960年版,第3页。
② 引自姜丕之等:《康德黑格尔研究》第二辑,上海人民出版社1986年版,第425页。

黑格尔那里是确定的。

第一,反思是"思想自觉其为思想",是思维发展的积极的中介环节。

按照黑格尔的观点:"反思以思想的本身为内容,力求思想自觉其为思想。"①所以,反思的对象也就是思想,是对思想本身进行认识。黑格尔从"思维在纯粹概念中的运动"的角度来考察思维发展,认为"思维之超出感官世界,思维之由有限提高到无限,思维之打破感官事物的锁链而进到超感官界的飞跃,凡是一切的过渡都是思维自身造成的,而且也只是思维自身的活动"②。问题在于,这种思维自身的活动是以反思为中介的。如果作为中介的反思不被理解为绝对的积极环节而被排除于绝对真理之外,那就是对理性的一种误解。正是这种反思,使真理成为发展出来的结果,而同时又将结果与其形成过程之间的对立予以扬弃。

可见,反思在总体上应该被理解为这样一种思维形式,即以思维为对象的思维形式。在黑格尔看来,反思是思维发展中的中介环节,思维经过反思认识到自己,并使自己向更高的层次发展。因此,反思不断使思维本身"过渡",形成"自己构成自己"的运动。就其作用而言,反思是思维发展中的"绝对的积极的环节",实际上就是思维的辩证否定环节。

第二,反思在思维发展的不同层次上表现为不同形式。

作为思维运动的中介,反思在不同层次上的运行有其特殊的表现形式。黑格尔的《逻辑学》分为"存在论""本质论""概念论"。在这三个层次中,反思的运行都不一样。以"本质论"为例。在"本质论"中,不同范畴通过反思连成一体。换言之,"本质论"中的各种规定都是反思的规定。"本质的观点一般地讲来即是反思的观点。反映或反思(Reflexion)这个词本来是用来讲光的,当光直线式地射出,碰在一个镜面上时,又从这镜面上反射回来,便叫反映。在这个现象里有两方面,第一方面是一个直接的存在,第二方面同一存在是作为一间接性的或设定起来的东西。"③

因此,只有当存在向本质、直接性向间接性发展时,反思才出现。所以,黑格尔认为,在"本质论"中,各种思维规定都是由反思发掘出来,并且被反思固

---

① [德]黑格尔:《小逻辑》,贺麟译,商务印书馆1980年版,第38页。
② [德]黑格尔:《小逻辑》,贺麟译,商务印书馆1980年版,第136页。
③ [德]黑格尔:《小逻辑》,贺麟译,商务印书馆1980年版,第243页。

定下来的,"本质的观点一般地讲来即是反思的观点"①。可见,反思在不同层次上有不同的表现形式。

第三,反思作为思维运动中的中介,本身也要被扬弃,从而形成思维的整体运动。

到了"概念论",反思本身又被扬弃。此时,本质经过反思的中介进入间接性。"概念是'存在'与'本质'的统一。"因此,黑格尔又从两个方面来分析反思:"第一,反思规定是建立起来之有,即否定本身;第二,反思规定是自身反思。"这里产生双重关系,即作为建立起来之有的反思是否定和"作为自身反思,它又是这个建立起来之有的扬弃,是无限的自身关系"。②

这就是说,反思是对直接存在的否定,而思维自己无限的整体运动又是对这否定的否定,即对否定自身的反思。经过这样的运动,反思既包含了直接性,又包含了间接性;既包含反思他物,又包含反思自身;既是向外映现,又是向内映现。同时,这一过程又是作为中介环节的反思向"整体反思"发展的过程。

黑格尔对反思理论的贡献就在于:揭示了反思这一特定思维形式的对象,即以思维为对象;揭示了反思在思维发展中的中介环节作用,它是辩证否定在思维中的具体体现;揭示了反思的各种形态,并按思维"自己构成自己"的历史线索,把它们由低级到高级联系起来。当然,黑格尔对思维的反思只是在纯思辨领域中进行的,而反思在黑格尔哲学中达到了思辨的顶点。

马克思的实践反思理论正是对黑格尔的思辨反思进行唯物主义改造的产物。

按照马克思的观点,思维的反思是由实践发展所决定的,而方向是"与实际发展相反的",即"对人类生活形式的思索,从而对它的科学分析,总是采取同实际发展相反的道路。这种思索是从事后开始的,就是说,是从发展过程的完成的结果开始的"③。这一反思过程本身又是批判的,即不断地对历史上的思维方式进行"解构"。马克思对反思理论的最大贡献就是,打破了反思的神秘性,使其从抽象的思辨王国回到现实的社会运动中,成为"当作实践去理解"

---

① [德]黑格尔:《小逻辑》,贺麟译,商务印书馆1980年版,第243页。
② [德]黑格尔:《逻辑学》下卷,杨一之译,商务印书馆1976年版,第25、26页。
③ 《马克思恩格斯全集》第23卷,人民出版社1972年版,第92页。

的一个环节。

　　社会实践和历史发展的形式总是由片面到全面。马克思指出:"所说的历史发展总是建立在这样的基础上的:最后的形式总是把过去的形式看成是向着自己发展的各个阶段,并且因为它很少而且只是在特定条件下才能够进行自我批判,——这里当然不是指作为崩溃时期出现的那样的历史时期,——所以总是对过去的形式作片面的理解。"①这种实践和历史发展的片面性造成人的认识的某种片面性、局限性。但是,适应实践和历史发展片面形式的"范畴"往往成为一种思维定式,成为一种"客观的思维形式",支配着人的思维活动。于是,随着实践和历史发展由"片面"到"全面",也就要批判、反思并打破原有的范畴体系,建立新的适应实践活动全面展开形式的范畴体系,新的范畴体系对旧的范畴体系的批判实质上是实践活动不断发展的产物。因此,必须把反思置于实践和历史发展基础之上来考察。

　　马克思理论视野中的反思同时又是在自我批判基础上的批判。在马克思看来,真正的反思是在自我批判基础上的批判。"基督教只有在它的自我批判在一定程度上,可说是在可能范围内完成时,才有助于对早期神话作客观的理解。同样,资产阶级经济学只有在资产阶级社会的自我批判已经开始时,才能理解封建的、古代的和东方的经济。"②这就是说,反思是实践和历史发展到一定程度后,在进行"自我批判"基础上的一种批判形式,只有这种反思才具有"客观理解"的意义。把反思扎根于实践活动和历史发展,这是马克思思想的深刻之处。

　　这里,我们可以通过考察马克思对亚里士多德的"劳动"范畴的分析,来说明马克思实践反思理论的总体特征。

　　亚里士多德是最早对价值形式作出分析的思想家,他正确地看到"五张床＝一间屋"可以转化为"五张床＝若干货币"。然而,亚里士多德到此却停步不前了,认为"没有等同性,就不能交换;但是没有这种可以公约的性质"。所以,亚里士多德一方面认识到"五张床＝一间屋"存在着"等同性",另一方面又认为,"那是实际上不可能的,这样不同种的物是不能公约的"。造成这一结果的根本原因,是亚里士多德生活其中的社会形式及其实践活动的片面性。亚里士多德

---

① 《马克思恩格斯选集》第2卷,人民出版社1995年版,第23—24页。
② 《马克思恩格斯选集》第2卷,人民出版社1995年版,第24页。

生活在以奴隶劳动为基础的古希腊社会,这种社会实践的片面形式使他不可能形成相等的劳动概念,只能产生劳动种类不平等的观念。所以,马克思指出:"他所处的社会的历史限制,使他不能发现这种等同关系'实际上'是什么。"①

片面的实践形式产生片面的观念,即使亚里士多德这样的伟大思想家也在所难免。"如果这些个人的现实关系的有意识的表现是虚幻的,如果他们在自己的观念中把自己的现实颠倒过来,那么这还是由他们狭隘的物质活动方式以及由此而来的他们狭隘的社会关系所造成的。"②可见,实践的实际形式决定反思的形式,反思的局限性导源于"物质活动方式的局限性",因而思维的反思将是永远必要的。

通过对"劳动"这一范畴历史理解形式的分析,马克思进一步说明了反思是实践基础上的反思。按照马克思的观点,"劳动"本身是古老的,但真正把握"劳动"的意义却是在现代社会。这一过程大致有五个阶段:其一,货币主义把财富看成是完全客观的东西,看成是存在于货币中的物;其二,重工主义和重商主义把财富的源泉从客体转到主体活动中,即工业劳动与商业劳动,但又仅仅停留于"活动本身";其三,重农学派则把作为劳动一定形式的农业看作是创造财富的劳动;其四,亚当·斯密作出进一步抽象,"干脆就是劳动,既不是工业劳动、又不是商业劳动、也不是农业劳动,而既是这种劳动,又是那种劳动"③,到这里,才抽象出"劳动一般",确立了劳动价值论;其五,马克思在劳动价值论的基础上第一次对"劳动"与"劳动力"这两个概念作出区分,指出劳动是劳动力在生产过程中的使用,而劳动力则是存在于人体中的智力与体力,从而揭示出资本的存在是以剥夺劳动者的生产资料,并使劳动力成为商品为前提的,这就为剩余价值学说奠定了科学的基础。

就劳动与价值的关系而言,这里存在着"抽象"发展的五个层次:纯客体→主体活动→某种形式的劳动→劳动一般→劳动与劳动力的分离、剩余价值。这五个层次又始终存在着在实践发展的基础上后者对前者的已经形成的"抽象"进行批判、反思,即重工主义、重商主义对货币主义的批判、反思,重农主义对重工主义、重商主义的批判、反思,亚当·斯密对重农主义的批判、反思,马克思对亚当·斯密的批判、反思。其中,实践的发展始终是批判、反思的

---

① 《马克思恩格斯全集》第23卷,人民出版社1972年版,第75页。
② 《马克思恩格斯选集》第1卷,人民出版社1995年版,第72页。
③ 《马克思恩格斯选集》第2卷,人民出版社1995年版,第21页。

前提和基础。正如马克思所说,"最一般的抽象总只是产生在最丰富的具体发展的场合,在那里,一种东西为许多东西所共有,为一切所共有。这样一来,它就不再只是在特殊形式上才能加以思考了"①。

这里,马克思实际上指出了实践反思的特点:一是"最一般的抽象"是由实践决定的,即被抽象的对象已经具有"最丰富的具体的发展";二是在这"最一般的抽象"作出之前,人们已经在"特殊形式上"思考这一对象;三是作出"最一般的抽象"的过程,也就是从"特殊形式"上升到"普遍形式"的过程,换言之,也就是对已经定型的思维方式进行批判的过程。

因此,马克思不仅把亚当·斯密的劳动价值论看作是对重农主义批判的产物,而且看作是社会实践的产物。按照马克思的观点,只有在下列条件下才能作出"劳动一般"的抽象:其一,"对任何种类劳动的同样看待,以各种现实劳动组成的一个十分发达的总体为前提,在这些劳动中,任何一种劳动都不再是支配一切的劳动"②;其二,"对任何种类劳动的同样看待,适合于这样一种社会形式,在这种社会形式中,个人很容易从一种劳动转到另一种劳动,一定种类的劳动对他们说来是偶然的,因而是无差别的"③;其三,所以,劳动作为"一种古老而适用于一切社会形式的关系的最简单的抽象,只有作为最现代的社会的范畴,才在这种抽象性上表现为实际真实的东西"④。这就是说,只有在劳动形式全面展开的现代,才能作出"劳动一般"的抽象。这就是问题的本质。

但是,马克思并不是直线地看待实践与思维关系的。按照马克思的观点,思维是随着实践的发展而发展的,但由于思维运动有自身的特殊性,所以,又产生了一个思维的反向运动,即思维从高级阶段反过来认识低级阶段;只有立足于展开了的具体范畴,才能更深刻地把握简单范畴,高级范畴形成的过程同时又是使低级范畴"变形"的过程。换言之,思维发展有自身的相对独立性,只有抓住"人体解剖对于猴体解剖是一把钥匙"这一问题的关键,才能更深刻理解反思的重要性。

社会以及范畴的发展是一个范围不断扩大、新层次不断形成的过程。按照马克思的观点,这里的关系应该是这样的:"简单范畴是这样一些关系的表

---

① 《马克思恩格斯选集》第 2 卷,人民出版社 1995 年版,第 22 页。
② 《马克思恩格斯选集》第 2 卷,人民出版社 1995 年版,第 22 页。
③ 《马克思恩格斯选集》第 2 卷,人民出版社 1995 年版,第 22 页。
④ 《马克思恩格斯选集》第 2 卷,人民出版社 1995 年版,第 22 页。

现,在这些关系中,较不发展的具体可以已经实现,而那些通过较具体的范畴在精神上表现出来的较多方面的联系和关系还没有产生;而比较发展的具体则把这个范畴当作一种从属关系保存下来。""比较简单的范畴可以表现一个比较不发展的整体处于支配地位的关系或者一个比较发展的整体的从属关系,这些关系在整体向着一个比较具体的范畴表现出来的方面发展之前,在历史上已经存在。"①这里,出现六个范畴:(1)简单范畴;(2)不发展的具体(整体);(3)比较简单的范畴;(4)比较不发展的具体(整体);(5)比较具体的范畴;(6)比较发展的整体。

这六个范畴之间存在着横向对应关系,即简单范畴——不发展的整体,比较简单的范畴——比较不发展的整体,比较具体的范畴——比较发展的整体。同时,它们之间又存在着从纵向的独立到"从属"的关系,即简单范畴→比较简单的范畴→比较具体的范畴、不发展的整体→比较不发展的整体→比较发展的整体。马克思认为,"在这个限度内,从最简单上升到复杂这个抽象思维的进程符合现实的历史过程"②。换言之,逻辑与历史是一致的。

问题在于,仅仅停留在逻辑与历史一致的水平上,并不能完全说明逻辑本身发展的特殊性。更为重要的是,在认识由低级向高级发展中存在着"变形""反过来思"的过程,即从简单范畴向比较简单的范畴再向比较具体的范畴演化是一个特殊的结构变形过程。在这一过程中,简单范畴成为较具体范畴的从属因素,成为更高层次系统内的一个要素、构成部分;而较高层次的具体范畴又改变着原先较低层次的简单范畴的比重和结构,如同实践的发展一样,在范畴的发展中也存在着一种"普照的光",这种"普照的光"就是反映占主导地位的实践活动和关系特点的范畴结构,这种范畴结构支配着以前的范畴结构。正如马克思所说:"在一切社会形式中都有一种一定的生产决定其他一切生产的地位和影响,因而它的关系也决定其他一切关系的地位和影响。这是一种普照的光,它掩盖了一切其他色彩,改变着它们的特点。这是一种特殊的以太,它决定着它里面显露出来的一切存在的比重。"③

因此,在马克思的理论体系中,范畴的次序不是按它们在历史上起决定作用的先后次序来安排的,而是"倒过来"安排的。新的范畴结构总是改变着原

---

① 《马克思恩格斯选集》第2卷,人民出版社1995年版,第20页。
② 《马克思恩格斯选集》第2卷,人民出版社1995年版,第20页。
③ 《马克思恩格斯选集》第2卷,人民出版社1995年版,第24页。

有的范畴结构各要素的比重、地位，使之从属化。

通过范畴发展中的这种正向与反向的运动，我们也就不难理解马克思为什么提出关于人类生活形式的思索及科学分析，总是从"事后"，从"发展过程的完成的结果"开始了。之所以要从"事后"，从"发展过程的完成的结果"开始，是因为"后面"已经不同于"前面"，"完成"已经不同于"开始"，这里已经发生了结构上、层次上、阶段性上的飞跃；而从"前面""开始"出发，就会局限于"前面""开始"所遵循的"简单范畴"与"不发展的整体"之内，思维在这一"思维圈"内无法自身上升到"比较具体的范畴"。所以，思维的行程要倒过来，从"后面"、从"完成的结果"开始。此时，思维立足于"比较具体的范畴"和"比较发展的整体"，就会形成一种批判功能，使原有的范畴结构"变形"。

"人体解剖对猴体解剖是一把钥匙"，原因也在于此。"人体"是"猴体"发展的高级形态，类似"比较发展的整体"对"比较不发展的整体""比较具体的范畴"对"简单范畴"的关系。所以，"低等动物身上表露的高等动物的征兆，只有在高等动物本身已被认识之后才能理解"①。这里，存在着这样的关系，即发展是从"猴体"到"人体"，但更深刻的认识则是由"人体"到"猴体"。社会科学、人文科学以至自然科学的发展都是如此。例如，发展是从欧几里得几何学到非欧几里得几何学，从牛顿力学到现代非经典力学，但更深刻地认识欧几里得几何学、牛顿力学则是在非欧几里得几何学与非经典力学产生之后。只有在这个时候，人们才把其中的"关系"反思出来，认识到欧几里得几何学、牛顿力学的成功与局限、长处与短处。这里始终存在着"反过来思"的过程。

马克思实践反思理论的重要意义就在于，它揭示出反思成为思维中"绝对的积极的环节"的真正根本原因，即实践活动的发展，同时，又揭示了思维运动"反过来思"的过程，即通过建立更高级的范畴体系对原有的范畴体系进行批判，并使之"变形"。马克思的实践反思理论揭示出思维的正向与反向两个方向的运动，从而为我们把握人类历史运动提供了钥匙。

四、"从后思索"：认识历史的根本方法

在历史认识论中，马克思的实践反思理论便具体化为"从后思索"法。"从

---

① 《马克思恩格斯选集》第 2 卷，人民出版社 1995 年版，第 23 页。

后思索"是认识历史的根本方法,"从后思索"法是马克思的历史认识论的根本方法,也是马克思的认识论的重要内容。然而,现行的马克思主义认识论却恰恰忽视了这一内容。"从后思索"法被排斥在马克思主义哲学体系之外。

"从后思索"法是马克思在《资本论》中分析商品拜物教的性质及其秘密时提出来的。按照马克思的观点,商品早在古亚细亚和古希腊、古罗马的生产方式中就已经存在了,并"取得了社会生活的自然形式的固定性",但是,人们对商品的科学认识却是在"事后",即在资本主义生产方式中才获得的。究其原因,是因为商品生产在古亚细亚和古希腊、古罗马社会中"处于从属地位",而在资本主义社会中却占统治地位,并达到了"典型的形式"。

由此,马克思明确提出了"从后思索"法,即"对人类生活形式的思索,从而对它的科学分析,总是采取同实际发展相反的道路。这种思索是从事后开始的,就是说,是从发展过程的完成的结果开始的"①。在《资本论》第一卷译成法文时,马克思对这段话作了一定的修改:"对社会生活形式的思索,从而对它的科学分析,遵循着一条同实际运动完全相反的道路。这种思索是从事后开始,是从已经完全确定的材料、发展的结果开始的。"②可以看出,这两段话没有本质的区别,只是法文版的表述更精确了,并在思索的出发点上增加了"已经完全确定的材料"这一内容。

研读马克思的著作可以看出,"从后思索"法虽然是马克思在《资本论》中分析商品拜物教的性质及其秘密时提出来的,但它却是马克思一贯主张的思维方法。

在《博士论文》中,马克思就采取了"从后思索"法来分析古希腊哲学,即"从伊壁鸠鲁哲学追溯希腊哲学"。之所以如此,是因为,在马克思看来,古希腊晚期的自我意识哲学是古希腊哲学发展的最高形态,"在伊壁鸠鲁派、斯多葛派和怀疑派那里自我意识的一切环节都得到了充分表述,不过每个环节都被表述为一个特殊的存在,而且这些体系合在一起看正形成了对自我意识的完备的结构",所以"这些体系是理解希腊哲学的真正的历史的钥匙"。③ 正因为如此,马克思在《博士论文》中不是把伊壁鸠鲁之前的这种或那种哲学放在

---

① 《马克思恩格斯全集》第 23 卷,人民出版社 1972 年版,第 92 页。
② 马克思:《资本论》(根据作者修订的法文版第一卷翻译),中共中央马克思恩格斯列宁斯大林著作编译局译,中国社会科学出版社 1983 年版,第 55 页。
③ 《马克思恩格斯全集》第 40 卷,人民出版社 1982 年版,第 189 页。

"首位",而是相反,"从伊壁鸠鲁哲学追溯希腊哲学"①。

在《〈黑格尔法哲学批判〉导言》中,马克思认为,1843年的德国社会制度低于当时的世界历史水平,因为"在法国和英国行将完结的事物,在德国才刚刚开始"。"那里,正在解决问题;这里,矛盾才被提出。"②因此,如果"从德国的现状本身出发"去否定当时德国的社会制度依然要犯时代错误。为了正确而全面地把握德国的历史发展,必须从"在法国和英国行将完结的事物"出发。换言之,应从当时的先进实践出发来理解较为落后民族的历史发展。

在《1857—1858年经济学手稿》中,马克思明确指出,"作为生产过程的历史形式的资产阶级经济,包含着超越自己的、对早先的历史生产方式加以说明之点","这些启示连同对现代的正确理解,也给我们提供了一把理解过去的钥匙"。③ 在《〈政治经济学批判〉导言》中,马克思又指出,"资产阶级经济为古代经济等等提供了钥匙"④。

可见,马克思始终认为,只有从现实出发才能找到正确理解历史的钥匙。对于历史科学来说,"从后思索"法具有普遍的意义。正因为如此,马克思认为,探讨"从后思索"法"是我们希望做的一项独立的工作"⑤。应该说,"从后思索"法构成了马克思的历史认识论的核心。

对于历史认识来说,"从后思索"之所以可能,其客观依据在于:历史虽已过去,但它并没有消失,而是以浓缩或变形的方式被包含在现实社会中。从这一意义上说,现实是历史的延伸,历史往往平铺在一个社会截面上。所以,透过现实社会,我们便可以看到过去的历史。按照马克思的观点,资本主义社会是在过去社会形式的"残片""因素"的基础上建立起来的,其中一部分"残片""因素"是尚未克服的"遗物",继续在资本主义社会中存在着,一部分"因素"在过去的社会形式中只是"征兆的东西",在资本主义社会中却"发展到具有充分意义",等等。因此,那些表现资本主义社会的"各种关系的范畴以及对于它的结构的理解,同时也能使我们透视一切已经覆灭的社会形

---

① 《马克思恩格斯全集》第40卷,人民出版社1982年版,第138页。
② 《马克思恩格斯全集》第1卷,人民出版社1956年版,第457页。
③ 《马克思恩格斯全集》第46卷上,人民出版社1979年版,第458页。
④ 《马克思恩格斯选集》第2卷,人民出版社1995年版,第23页。
⑤ 《马克思恩格斯全集》第46卷上,人民出版社1979年版,第458页。

式的结构和生产关系"①。在历史认识论中,"从后思索"也就是从现实社会"透视"以往的历史。

对于历史认识来说,"从后思索"之所以必要,这是因为:

第一,社会发展是从过去到现在,从低级到高级。然而,历史已经过去,在认识历史的活动中,认识主体不可能直接面对认识客体,人们也无法通过实验室方法模拟过去的历史,因而对历史的认识也就不能从过去到现在,从低级到高级,相反,只能走"同实际运动完全相反的道路","反过来思",即从高级到低级,从现在到过去,逆向溯因。

第二,历史中的各种因素和关系,只有在其充分发展、充分展现后才能被充分认识,而其充分展现后又已经否定了自身,转化为高级的东西了。所以,考察过去的、低级的社会形式反而要以现实的、高级的社会形式为参照系。人体解剖对于猴体解剖是一把钥匙。低等动物身上表露的高等动物的征兆,反而只有在高等动物已被认识之后才能理解。"在人类历史上存在着和古生物学中一样的情形。由于某种判断的盲目,甚至最杰出的人物也会根本看不到眼前的事物。后来,到了一定的时候,人们就惊奇地发现,从前没有看到的东西现在到处都露出自己的痕迹。"②可见,"从后思索"就是从"发展过程的完成的结果"出发,通过对历史的"透视"和由结果到原因的反归来把握历史运动的内在逻辑。

当然,这种"透视"自始至终受着历史进程的制约,具有较大的相对性。但是,我们绝不能放弃客观性原则,放弃对历史的"客观的理解"。按照马克思的观点,要达到对历史的"客观的理解",必须先进行自我批判,达到"对现代的正确理解",在对现实社会的考察中得出"一些原始的方程式,——就像例如自然科学的经验数据一样,——这些方程式会说明在这个制度以前存在的过去。这样,这些启示连同对现代的正确理解,也给我们提供了一把理解过去的钥匙"③。

同时,从现实社会去"透视"、反思过去的社会形式,绝不意味着"抹杀一切历史差别",把现实的各种关系等同于"早期形式的各种关系"。这是因为,"早

---

① 《马克思恩格斯选集》第2卷,人民出版社1995年版,第23页。
② 《马克思恩格斯全集》第4卷,人民出版社1958年版,第579页。
③ 《马克思恩格斯全集》第46卷上,人民出版社1979年版,第458页。

期形式的各种关系"在现实社会中往往是以"以十分萎缩或者完全歪曲的形式出现"的,而现实的社会形式"可以在发展了的、萎缩了的、漫画式的种种形式上,总是在有本质区别的形式上"包含着过去的社会形式。① 这就是说,马克思的"从后思索"法本身就包含着"历史考察之点"。

"从后思索"的第一个要求就是选择思索的出发点。按照马克思的观点,虽然哲学家、史学家不可能在纯粹形态的条件下从事实验,因为不存在一种"纯粹形态"的社会,但哲学家、史学家可以在某种社会关系表现得最充分,某些经验事实全面展开的社会单位——社会典型中考察历史过程。马克思把这种方法称为典型分析法。在我看来,典型分析是"从后思索"的出发点,而作为"从后思索"出发点的典型的选择和确定,则是由现实的实践活动所激发和规定的。典型分析法是历史研究中的"科学实验法"。正像自然科学的实验室方法不断深化人们对自然过程的认识一样,历史研究中的典型分析方法也不断深化着人们对历史过程的认识。

从本质上看,"从后思索"是逆向溯因。历史研究的一个重要特征,就是把探求历史过程、历史事件的原因看作是自己始终不懈的任务。研究历史就是要科学地解释历史,而解释历史首先要发现历史事件、历史过程的原因。"探赜索隐",这是古代历史学家的共同要求,也是现代历史学家、哲学家的共识。"研究历史就是研究原因。""每一有关历史的争论都是围绕着什么是主要原因这一问题来进行的。"②现代著名历史学家卡尔的这句话很有见地,它道出了历史研究的一个重要特征。

但是,人们在实际认识历史时,却不可能从原因推出结果。这是因为,历史已经过去,产生历史事件、历史活动的原因已经不复存在;人们也无法像自然科学那样,在实验室中模拟这些原因。因此,要真正认识历史运动以及重大历史事件的原因只能走一条"同实际运动完全相反的道路",即从"事后""发展的结果"开始,逆向溯因。

逆向溯因并不是按照今天→昨天→前天……的严格逆向次序进行的,而是首先对现实社会进行分析,在"完全确定的材料"的基础上,寻找"一些原始的方程式,——例如就像自然科学的经验数据一样,——这些方程式会说明在

---

① 《马克思恩格斯选集》第 2 卷,人民出版社 1995 年版,第 23 页。
② [英] 卡尔:《历史是什么?》,陈恒译,商务印书馆 1981 年版,第 93、97 页。

这个制度以前存在的过去"。然后,从现实社会出发,一下子飞跃到被考察的对象上,运用逻辑与历史相统一的方法分析对象,"把可以看见的、仅仅是表面的运动归结为内部的现实的运动"①。这样,就能发现重大历史事件以及历史活动的原因所在。

在"从后思索"的过程中,无论是典型分析,还是逆向溯因,都必须使用科学抽象法。"分析经济形式,既不能用显微镜,也不能用化学试剂。二者都必须用抽象力来代替。"②实际上,在整个历史科学中,科学抽象是唯一可以当作分析工具的力量。

按照马克思的观点,科学抽象是一条有序发展的过程,它沿着两条道路进行,即"在第一条道路上,完整的表象蒸发为抽象的规定;在第二条道路上,抽象的规定在思维行程中导致具体的再现"③。应该说,这里存在着两个问题:就认识过程而言,认识从"完整的表象"开始,借助于"抽象力",达到一些"最简单的规定";就理论体系的形成来说,认识却是从"抽象的规定"开始。换言之,理论不是以各种"表象"作为自己的要素,而是以各种"抽象的规定"作为自己的要素。

按照马克思的观点,只有借助于"抽象的规定",理论思维才能运转起来;只有借助于"抽象力",才能在现实社会中找到理解过去的"原始的方程式",并借助这些"方程式""指出历史资料的各个层次间的连贯性",从而"复活死去的东西",使过去的历史资料重新"开口说话"。这样,就会使"材料的生命""观念地反映出来",从而深刻而准确地在理论上"再现"客观历史,并产生一种批判的理论效应。正是在这个意义上,马克思认为,从抽象上升到具体的方法是科学研究的正确方法。

必须指出,"从后思索"以至整个实践反思的过程绝不是一种绝对自由的精神搏动。实际上,它是"改变了的经济事实"与原有的理论体系矛盾的产物。当实践展现自身的新形式以及"改变了的经济事实"大量产生时,旧的理论就会出现"危机"。但是,由于理论本身是由初始范畴按照一定逻辑原则构建起来的体系,是一种定型的理论结构,所以,要使"改变了的经济事实"产生相应的理论,就要反思原有的理论体系,改变它们的结构,这就产生了思维的反思。

---

① 《马克思恩格斯全集》第25卷上,人民出版社1974年版,第349—350页。
② 《马克思恩格斯全集》第23卷,人民出版社1972年版,第8页。
③ 《马克思恩格斯选集》第2卷,人民出版社1995年版,第18页。

因此,反思就其本质而言,是由于"改变了的经济事实"而造成的人们对原有理论体系的反思。

这就是说,"从后思索"在本质上仍然是反映,只不过是一种特殊形式的反映。如果说理论是一级反映,那么,反思则是对一级反映的反映,即二级反映。马克思"从后思索"法的高明之处就在于,它确认历史认识活动的特殊性,认为在历史认识活动中,既不存在一个抽象的反映或摹写过程,也不存在一个纯粹的自我意识的建构过程;它把认识活动归结于实践活动,把现实社会看作是过去历史的延伸和拓展,把现实实践看作是过去历史向现实社会过渡的"转换尺度"和"显示尺度",从而从现实实践出发去探讨过去的历史以及人们认识历史的过程及其规律,这就为建构科学的历史认识论奠定了可靠的基础。马克思的"从后思索"法深刻地体现着历史本体论和历史认识论的统一性,并以超前的意识预示了20世纪历史哲学"合流"的趋势——在"复活"历史本体论的基础上深化历史认识论的研究。

五、反映和创造的统一:认识活动的本质特征

认识一词,指的是对知识的获得。人类不仅要认识作为客观对象的外部世界,同时,也要对自身的认识活动进行反思,以提高认识活动的自觉性。这正是认识论的任务。从时间上看,认识论在古代就产生了,它和整个哲学具有同样久远的历史,但认识论的真正发展是近代以来的事情。马克思主义的认识论从实践出发,将认识发生的自然因素和社会因素结合起来,科学解答了认识的发生、本质和过程,从而在认识论史上造成了一次革命性变革,对认识论的发展产生了巨大而深远的影响。

按照马克思的观点,劳动使人类的祖先越来越深入和广泛地接触到对象世界的属性与关系,形成以大脑为中心,以感觉器官为门户的统一的神经生理结构,这就为人摄取、加工、综合各种信息,实现主体对客体的相符性反映奠定了自然前提。但是,作为人的认识能力标志的,不是人脑的生物结构,而是人的社会性的认识结构。这是因为,劳动一开始就是社会性的活动,劳动越发展,人们越需要交流,由此产生了语言。交往的扩大和语言的发展作为两个强大的推动力,使人的认识活动成为一种社会活动,使人的认识活动形成了不同于生物遗传方式的社会遗传方式。

这种社会认识结构和社会遗传方式是在人与对象的相互作用中,通过活动的"内化"逐步形成的。具体地说,人在运用工具实际改造对象的过程中,逐步使外部的实际动作方式发生向内部的观念动作方式转化即内化,并使后者同前者保持一致。这就形成了人所特有的以逻辑形式固定和沉积下来的认识图式。在这个过程中,语言的产生具有重要作用。语言使认识超出了个人体验的狭隘范围,使人们的思想获得了共同的表达方式;语言的运用使人们能够在观念中对客体进行加工和改造,从而使人对物质世界的观念把握成为可能,即使人的认识发生成为可能。

马克思主义认识论所理解的认识的发生,既包括认识的种系发生,也包括认识的个体发生。前者是指,随着人类摆脱动物的心理反映形式,形成专属于人的社会反映形式,人类认识得以发生的过程;后者是指,在人类社会中,每一个个体的人在其出生以后,随着生理、心理的发育成熟,所经历的从儿童的认识水平发展到成人的认识水平的过程。认识的个体发生与认识的种系发生在受实践活动所制约和决定这一点上是一致的。同时,认识的个体发生与认识的种系发生又是一种"重演"关系,即个体认识的发生过程以浓缩的形式再现了人类认识的发生过程。"重演"是认识的个体发生与认识的种系发生之间的本质关系。

所谓"重演",是指生物机体的个体发育与生物机体的种系进化之间在过程上的一种相似性、相关性或同构性。生物个体的发育过程在其展开方式、先后秩序、发展阶段、动态模型和进化规律等方面,总是以一定方式、在一定程度上重演或再现着生物种系进化的历史过程,成为种系进化的重演或再现。所以,生物学家海克尔等把生物机体的个体发生对生物机体的种系发生的重演关系叫作"生物重演律"。

重演律是生物机体生存、延续和发展过程中的普遍规律。作为生命进化的最高形式,作为个体性与总体性、生物性与社会性、物质性与精神性相统一的运动过程,人类的个体发生与种系进化之间的重演关系格外突出,重演律的作用表现得尤为明显。更重要的是,这种重演关系、重演律不仅存在于和表现在人的机体发育方面,而且存在于和表现在人的智力发育、认识发生方面。正如恩格斯所说:"正如母体内的人的胚胎发展史,仅仅是我们的动物祖先从以蠕虫为开端的几百万年的躯体发展史的一个缩影一样,孩童的精神发展则是我们的动物祖先、至少是比较晚些时候的动物祖先的智力发展的一个缩影,只不过更加压缩了。"①

从历史上看,人类认识的种系发生是在无数原始个体认识发生的过程中实现的。正是无数原始个体的心理、意识、思维的不断发生、发展和进化,构成了人类认识种系发生的过程,使得人作为一种类存在逐步地超越动物心理和动物感觉,成为"有意识的类存在物"。在这个过程中,每一个个体认识的发生,都与在他之前的人类认识的发生和发展过程有着重演关系。正是这种关系使人类已有的认识能力和认识成果得以保存、延续和巩固,同时,个体的认识又会融入到人类认识的总体结构之中,对人类认识的总体进化起着促进和推动作用。人类认识种系发生的历史过程,正是在无数原始个体认识发生和发展的过程中实现的。

从现实上看,每一个个体认识的发生和发展过程,都以"缩影"方式重演着人类认识种系发生和发展的过程。之所以有这种过程性的重演,从根本上说,就在于现实个体认识的每次发生都以人类认识种系发生所获得的结果为前提和基础。在这个过程中,生物遗传基因和社会遗传要素及其统一作为人类种系延续和保存的链条,预先规定了个体在机体结构和功能上所能达到的样式与水平,规定了个体达到这种样式和水平必然经过的途径。因此,个体认识的发生和发展过程,必然以一定方式重演人类的精神发展史。

但是,人类认识个体发生对于人类认识种系发生的重演,毕竟是在与原始发生过程不同的自然条件和社会条件下进行的,并且是以相对成熟和完善的结果作为前提的,这就使现实个体认识的发生以"缩影"的形式重演人类认识种系发生的漫长过程。这里,"缩影"具有重要的认识论意义。

在空间结构上,"缩影"具有浓缩、缩小、聚拢、收敛之意,是指人类的种系起源和认识的种系发生,在个体机体的形成和认识的发生中得到集中的体现。相应地,通过对个体机体形成和认识发生过程的把握,并加以放大,就可以进一步了解人类的种系起源和认识的种系发生。

在时间结构上,"缩影"具有简化、加速、缩短之意,是指人类的种系起源和认识的种系发生所经历的漫长、渐进的历史过程,以简短的形式在个体机体的形成和认识的发生过程中得到重演或再现。这就使人们能够在对这个简短过程的延长、拓展的意义上,去理解、勾画人类种系起源和认识种系发生的全

---

① 《马克思恩格斯选集》第 4 卷,人民出版社 1995 年版,第 383 页。

过程。

在内容上,"缩影"具有概括、简略、精炼之意,是指人类的种系起源和认识发生所经历的复杂过程、进化方式,以简洁的方式在个体机体的形成和认识的发生过程中得以再现。"重演"并不是说个体机体的形成和认识的发生重演历史过程的一切细节和一切方面,而以简化方式再现历史过程的主要方面、关键环节和基本阶段。这就使人们能够在对这个简化过程的把握上,去了解人类种系起源和认识种系发生过程的主要方面、关键环节和基本阶段。

实际上,认识是遗传因素与环境因素之间相互作用的产物,认识的发生既是内源性的,也是外源性的,人与环境的相互作用既改变了人的认知结构,促进了内部结构的组织化,也改变了外部材料,促进了外部材料的组织化。认识需要经由对外部材料的组织化,以及内部结构组织化才能实现。

据此,皮亚杰的发生认识论考察了儿童个体认识发生的过程,揭示出儿童认识的发生是一个由儿童的操作性活动内化为认识图式和由认识图式外化并同化外部刺激的双重建构过程。从活动的内化和外化两个方面说明认识的个体发生无疑有其合理性,但皮亚杰的发生认识论在很大程度上忽视了社会遗传在认识发生过程中的作用,不理解工具性的实践活动才是主体与客体分化以及认识发生的现实基础,不理解认识本质上是在实践基础上主体对客体的能动的反映。

按照马克思的观点,人与世界的关系首先是改造与被改造的关系,在此基础上才产生出反映与被反映的关系。正是在这种双重关系中,人们既改造着外部自然,又改造着人本身的自然;既改造着客观世界,也改造着自己的主观世界,从而不断提高自己的认识能力,不断改变自己的认识图式。正如恩格斯所说,"人的思维的最本质的和最切近的基础,正是人所引起的自然界的变化,而不仅仅是自然界本身;人在怎样的程度上学会改变自然界,人的智力就在怎样的程度上发展起来"[①]。

认识主体不是脱离社会的抽象的个人。人类的认识活动由无数个人的认识活动构成,但任何个人的认识活动都不可能脱离社会而单独进行,认识活动是在个人与社会、个体与类的交互作用中发生和发展的。作为社会存在物,主体的认识图式是在先行活动的基础上形成的,但它一旦形成就会通过社会遗

[①]《马克思恩格斯选集》第4卷,人民出版社1995年版,第329页。

传方式延续下去,成为一种相对固定的框架或模式,构成一种知识背景。人的认识活动总是以一定的认识图式为知识背景,并把既定的认识图式延伸并运用于认识对象上。认识图式是人的社会性的认识器官,它决定着不同的认识主体从不同的视角、不同的层次上整理、加工客体的信息,并对客体的意义作出自己的解释。

在认识活动中,客体是信息源,是信息的发出者,主体是信息的收集者和加工者,工具则帮助主体促使客体释放信息,或者帮助主体操作、加工信息。一方面,客体的存在、属性和规律的信息进入主体的头脑,被主体所反映,这意味着客体对主体的意识、观念产生了影响和制约作用;另一方面,主体在反映、认识客体的同时,观念地改造、创造着客体,这不仅表现为主体总是把客体的信息改变为主体所特有的认识内容和思维形式,而且表现为主体在接受、加工信息的过程中形成了改造客体的目的、计划等实践理性,形成了理想客体。这是认识活动中主体能动方面的表现。

在认识活动中,客体不会自动"奉献"自己内部的信息给主体,主体也不是被动地等待和接受客体的信息,而是以工具为手段积极作用于客体才获得客体信息的。更重要的是,主体不仅要以一定的方式激发客体释放信息,而且还要在思维中加工这些信息,通过多级思维运作形成关于客体的观念模型,并以此认识和把握客体。主体是对客体信息能动的加工者,主体对客体信息的思维操作是认识形成的决定性条件。主体通过认识工具对客体施加作用和影响,通过思维对客体进行重构或建构,这是人的认识活动所特有的能动性。

我们必须看到,认识主体与客体之间的相互作用关系不是自然形成的,而是主体通过自身的活动,把客观世界的某一部分、某一层次、某一方面纳入到自己的活动范围内才产生的一种特定的相互作用关系。同时,在认识活动中,主体是主动的、能动的一方,客体是被动的、受动的一方。主体与客体之间认识关系的形成,是在一定条件下主体选择和设定客体的结果,换言之,客体是被主体选择和设定的。

我们又要看到,主体的认识活动要受到客体的限制与约束。客体有其自身存在和发展的规律,主体对客体的选择和设定必须符合客体本身的特性;当主体凭借认识工具作用于客体时,认识工具的选择和运用也必须适应客体的性质和状态。否则,就达不到激发客体释放信息的目的。认识的目的就是要正确地反映客体的属性、状态、本质和规律,主体对客体信息的选择、反映和建构都是为了观念地再现客体。

人对客观世界能动的认识过程,自始至终贯穿着主体对客体的反映和创造。马克思的认识论正是从摹写和创造两个方面来把握认识概念的。水中的月亮为天上的月亮,眼中的人为眼前的人。认识不可能脱离反映,而反映必然以客观事物为原型。反映的摹写性决定了认识的客观性。因此,反映是认识概念的基本内涵之一。

但是,作为对客观事物的摹写、反映,认识并不是直观的描摹,更不同于照镜子式的映现,而是主体在实践和认识过程中对客体的主动探求、改造和创造。其中,既有主体按照自身的需要对客体或客体某些方面的主动选择,也包含着主体对客体的观念重构或建构。认识的创造性就表现在,人的思维通过对感性材料的选择、加工、制作,揭示出事物的本质和规律,并根据人自身的需要和事物本身的规律,在思维中建构起理想客体,这种理想客体实际上是对现实客体的超前反映和观念创造。创造是认识概念的又一基本内涵。认识是反映、选择和建构的统一,既有客体性,又有主体性;既有客观性,又有主观性;既具有反映性,又具有创造性。一句话,反映和创造的统一是认识活动的本质特征。

六、感性具体、思维具体和实践理念:认识的过程

人的认识活动是凭借语言进行的。正是通过语言这一符号化思维,儿童从自我中心化的状态走向主体与客体分化的状态,并从单纯的情感态度走向理论态度。语言是个体认识发生和成熟、人类认识活动得以进行的前提。

思想是语言的内容,而语言则是思想的载体。只有借助于语言,人们才能进行抽象概括,从而反映事物的本质和规律。正如列宁所说,"任何词(言语)都已经是在概括"[1];只有在语言的基础上,人们才能依据概念以及概念之间的关系,作出判断,进行推理,形成理论体系。语言是思维本身的要素,是认识活动本身的要素。没有语言,就没有人的认识,"语言和意识具有同样长久的历史"[2]。无疑,世界在人的思想、语言之外存在。但是,人们只能通过语言去理

---

[1]《列宁全集》第55卷,人民出版社1990年版,第233页。
[2]《马克思恩格斯选集》第1卷,人民出版社1995年版,第81页。

解世界和表达对世界的理解,人们掌握语言的多与寡,直接影响和制约着他们对世界理解的广度和深度。在这个意义上,语言的界限就是认识的界限。语言自始至终参与认识活动,语言符号是人们进行认识活动、表达认识成果、进行思维操作的感性工具。

由语言符号所表达的各种概念、范畴是对事物共性的概括和抽象,它是人们进行逻辑思维的基本单元。就像人们运用数学上的科学符号抽象、推演出现实世界的数量关系一样,人们运用语言符号进行逻辑推演,就会使思维从感性认识上升到理性认识,从抽象规定上升到思维具体,从理论理性上升到实践理性,从而揭示出人与世界的关系。

人的认识要经历两个阶段,即从感性认识上升到理性认识。认识过程之所以要经历感性认识和理性认识两个阶段,既同事物本身具有现象与本质的关系相关,又同人本身具有感觉器官与思维器官的关系密切相关。换言之,现象与本质的区分既有客观事物本身的依据,又有人本身的依据;既是一个本体论范畴,又是一个认识论范畴。

感性认识有两个基本特点:从认识的主体来说,感性认识离不开人的经验,通常所说的经验知识基本上属于感性认识;从认识的客体来说,感性认识属于对事物的现象、外部联系的认识。问题在于,人的感性认识不同于动物的感觉活动,它始终同人所特有的认识图式相联系。人的感觉在任何时候都不可能是没有理性参与的纯粹的感觉,它始终受既定的认识图式的制约,而且主体的价值观念和社会关系也无不渗透并影响着感性认识的形成。正如马克思所说,"五官感觉的形成是以往全部世界历史的产物……忧心忡忡的穷人甚至对最美丽的景色都没有什么感觉;贩卖矿物的商人只看到矿物的商业价值,而看不到矿物的美和特性;他没有矿物学的感觉"[1]。

理性认识是人们借助于抽象思维对感性认识进行加工、整理、概括而形成的对事物的本质、内部联系的认识。理性认识不仅表现为概念、判断和推理的形式,而且还包括由概念、判断和推理所组成的理论体系。理论体系是思维反映存在的系统形式,其任务就是把事物的本质和规律在思维中从总体上、具体地再现出来。

从现象到本质、从感性认识到理性认识的过程具有内在的逻辑,这就是从

---

[1]《马克思恩格斯全集》第42卷,人民出版社1979年版,第126页。

感性具体经过思维抽象而达到思维具体。马克思认为,认识有两条道路:"在第一条道路上,完整的表象蒸发为抽象的规定;在第二条道路上,抽象的规定在思维行程中导致具体的再现。"①这两条道路首尾相接,构成"感性具体—思维抽象—思维具体"的否定之否定过程。

感性具体属于感性认识,它使置于人的感官面前、具有感性规定性的具体事物,通过人的感觉和知觉在人脑中形成一个"完整的表象""生动的整体",即形成了对事物外部联系的整体印象。抽象现实和思维具体属于理性认识。抽象规定是指思维通过对感性具体的分析所抽取出来的一个个单一的规定性,尤其是本质规定;思维具体是在抽象规定的基础上复制、建构出来的理性具体,"是许多规定的综合,因而是多样性的统一"②。

思维具体不同于感性具体。感性具体只是一种"混沌的表象",未深入到对象的本质层次,而思维具体经过抽象规定这一中介过程,不仅进入到事物的本质层次,而且把事物的规定性综合和统一起来了,是经过理性分析后重新达到的对事物的整体认识。换言之,思维具体是关于某一对象的多种抽象规定的综合,在理性层面达到了对事物本质、规律和总体的认识,"是一个具有许多规定和关系的丰富的总体了"③。

思维具体不同于抽象规定。抽象规定已经包含着对事物本质规定的认识,但仅仅依靠一个个单个的抽象规定还不能把握事物规律和整体的联系。只有借助于综合的方法,把反映事物的抽象规定联系起来,形成关于事物整体的统一认识,才能真正从根本上和总体上把握客观事物从而真正达到主观与客观相符合。马克思指出:"具体总体作为思想总体、作为思想具体,事实上是思维的、理解的产物;但是,决不是处于直观和表象之外或驾于其上而思维着的、自我产生着的概念的产物,而是把直观和表象加工成概念这一过程的产物"。"因此,就是在理论方法上,主体,即社会,也必须始终作为前提浮现在表象面前。"④

包括思维具体在内的理性认识反映的是客观事物的本质和规律,具有抽象性、普遍性,但实践活动总是具体的,理性认识的成果因此无法直接应用于

---

① 《马克思恩格斯选集》第2卷,人民出版社1995年版,第18页。
② 《马克思恩格斯选集》第2卷,人民出版社1995年版,第18页。
③ 《马克思恩格斯选集》第2卷,人民出版社1995年版,第18页。
④ 《马克思恩格斯选集》第2卷,人民出版社1995年版,第19页。

实践活动。换言之，要实现通常所说的理性认识向实践活动的飞跃，就必须结合具体的实践活动使理性认识具体化，形成和建立实践理性，即实践理念。

所谓实践理念，是指人们在从事实践活动之前建立起来的关于实践的观念模型、理想客体。马克思指出："蜘蛛的活动与织工的活动相似，蜜蜂建筑蜂房的本领使人间的许多建筑师感到惭愧。但是，最蹩脚的建筑师从一开始就比最灵巧的蜜蜂高明的地方，是他在用蜂蜡建筑蜂房以前，已经在自己的头脑中把它建成了。劳动过程结束时得到的结果，在这个过程开始时就已经在劳动者的表象中存在着，即已经观念地存在着。"[1]这种观念存在着的实践结果就是实践理念。换言之，实践理念是实践活动所创造的实在客体的观念原型，而作为这种实在客体的实践结果就是实践理念的对象化、物化。

实践理念与理论理性都属于意识、观念范畴，但二者又有较大区别。如果说理论理性是关于对象本身的本质和规律的认识，那么，实践理念则是人们为了满足自身的需要而制定的关于改造对象的目标、规划、方案等。从内容上看，除了包含理论理性所揭示的关于对象即客体的存在状况、内部结构、本质属性、运动规律等知识外，实践理念还凝结着关于主体本身的需要、目的和活动的认识；除了包含关于客体"是什么"和"怎么样"的知识外，实践理念还加上了主体为了达到自身目的而作出的关于客体以及主体与客体关系"能如何"和"应如何"的判断，包含着对客体意义的评价。因此，就认识过程来说，实践理念是比理论理性更高的阶段。

实践理念的建立离不开理论理性，但它并不是理论理性的逻辑推演。实践理性形成和建立的根据，是物的外在尺度和人的内在尺度的统一。一方面，实践理性的建立只有在人们认识、把握客体的本质和规律时才是可能的，没有理论理性，没有对物的外在尺度的把握，也就无所谓实践理念；另一方面，实践理念的建立又是以认识人本身的需要和本质力量为前提的。人们改造世界并不是简单地重复和模仿客观事物的现存形式，而是为了改变客观事物的现存形式，创造出能够满足自身需要、适合自己发展的"为我之物"。

实践理念的形成过程，就是主体在观念中按照一定的方式将其内在尺度运用到物的外在尺度上去，形成"理想的意图"，创造出理想客体的过程。实践理念不仅包含着关于客体的规律的普遍性认识，而且包含着关于主体本身的

---

[1]《马克思恩格斯全集》第23卷，人民出版社1972年版，第202页。

需要的认识,并结合了实践活动的具体要求。换言之,在实践理念中,关于客体规律的认识、关于主体需要的认识、关于实践活动的具体要求的认识,这三者统一起来了。因此,实践理念既是认识过程的最高环节,又是由理性认识向实践活动转化的中介环节,成为具有强烈现实感的实践意识。

七、思维的建构和反映论的重构

20世纪认识论的重大变革,无疑是对人的思维的建构性的揭示。"图式""范例""格式塔""概念结构""模式"等概念一下子涌进了认识论领域,它给了直观的反映论以致命的打击。但是,若认为思维的建构性毁灭了反映论,则是一种错误认识。思维的建构性只是引起了反映论的革命,揭示出认识是反映与建构的统一。一方面,认识确实是对外部信息的加工,没有外部的信息,认识无所形成;另一方面,要理解认识何以是这样的而不是那样的,就必须到人的思维的建构性中去寻找,以揭示出认识的社会性、历史性和结构性。因此,我们应当从反映与建构这两个角度重新来确立认识的本质。

在康德哲学产生之前,是没有思维建构性这一理论问题的。人们只把思维理解为简单的二维结构,在二维结构中只存在一个谁决定谁,即决定与被决定的关系。正如恩格斯所说的那样,以前的科学家和哲学家们,一个只知道自然界,另一个又只知道思想。在这种情况下,只有认识的二维结构,或者用自然界来说明思想,或者用思想来说明自然界。旧唯物主义走的是从自然界到思想的道路,主张"白板论",推崇归纳法;唯心主义走的是从思想到自然界的道路,主张"天赋观念论",推崇演绎法。

20世纪初,美国行为主义创始人华生把思维归结为行为刺激→反应的两项式,这就是著名的S→R(刺激→反应)图式。与此相反,当代认识论把S→R的二项式变成S→O→R的三项式结构,其中,出现了一个中项O,即人的主体性。历史上长期占统治地位的二维结构被打破了,人们对认识结构的理解跳跃到三维结构:S→O→R,即自在客体→主体→观念客体。

在认识的三维结构中,主体及其思维结构成为自在客体与观念客体之间的转换体,自在客体经过主体的转换形成观念客体,其中,主体是信息转换的加工、调节系统。这一三项式结构决定了思维的建构性问题的产生。

其一,观念客体或认识的形成,一方面受到自在客体的决定,表现为输入系统;另一方面又受到主体的思维结构的决定,表现为信息的转换加工系统,只有这两方面同时作用,才能形成作为输出系统的观念客体。所以,认识由客体单项决定进入到客体与思维结构的双重决定,认识的决定因素多重化了。

其二,在这个三项式中,主体又表现为唯一的能动者,它以自己的已经具有的思维结构去选择、处理输入系统,形成输出系统。这样,从形式上、从功能过程来考察,仿佛是主体建构客体,即主体以自己内在的思维结构分解、过滤、转化着自在客体的信息,建构成观念客体。所以,对认识的理解由被动进行式进入到主动进行式,角度、方式、坐标发生了一次"哥白尼式的革命"。

应该指出,对于认识的这样一个三项式,现代哲学的不同派别并没有什么分歧,因为否认这一点等于否定现代科学的发展。问题在于,这里中项是什么,中项的本质是什么,中项是如何起作用的。围绕这一问题,产生了现代唯物主义与唯心主义的分歧。

由怀特奠基的西方文化学派认为,人和动物的行为及认识都受到中项的影响。在怀特看来,动物心理变量与动物身体变量构成函数关系,人的心理变量则与文化构成函数关系,所以,中项是人的文化。苏联的维列鲁学派则把中项理解为人的活动。列昂捷夫指出:在三项式中"包括着一个中间环节(中项)——主体的活动及其相应的条件、目的和手段——而这个中间环节中介着它们两者之间的联系",于是"活动就表现为其中实现着'主体'——'客体'这两极之间的相互转变的过程"。① 爱因斯坦则认为,由于从经验材料到逻辑演绎之间并没有一条逻辑的通道,所以,从经验事实是不能归纳出基本规律、普遍原理的,因此,概念是构造的,是思维的创造。皮亚杰则提出 S→(AT)→R 的公式,即一定的刺激(S)被个体同化(A)于图式(T)之中,才作出反应(R)。还有一些哲学家,或者把中项看作是经验,或者把中项看作是语言结构,或者把中项看作是逻辑结构、意志、情感、潜意识,等等。

这五花八门的解说至少说明了两个问题:一是从认识的二项式进入到三项式是一个历史进步;二是哲学上的对立已经转移到一个新问题上,即对中项(O)的解释之上,哲学的学派之争具有了新的形式。因此,我们应当把握这一新形式来捕捉认识论中的变革。

对认识三维结构的解释,其核心是说明思维的建构性。思维的建构性无

---

① [苏]列昂捷夫:《活动 意识 个性》,李沂等译,上海译文出版社1980年版,第65页。

非是揭示这样一个事实,即人对世界的反映过程,并不是单纯由世界自发地给予人的,它同时也是人以主体的方式对世界的、社会的、历史的、概念的把握过程。除了种族、文化、社会、历史知识背景等等因素外,思维的建构性主要是指:(1)经验、直观、日常意识与理论、知识体系、科学意识之间有着质的区别,它们之间有着一系列抽象、"蒸发"和观念化的过程。(2)人总是以自己内化了的概念结构、思维模式来把握世界的,总是把世界纳入到自己的理解和解释系统之中。(3)主体因此成为一种特殊的转化机构,一切感性、知性、理性的东西都在其中"变形",仿佛被建构起来。

思维的建构性是主体能动性的高度体现。当主体依附于环境,经验、直观是认识的最主要形式的时候,人们可以把反映归结为被动的直观形式,把思维归结为经验的归纳,这一矛盾并不突出。但是,20世纪的实践和科学发展使人的直观形式发生了重大变化,思维建构性因此就突出出来了。思维的建构性首先由哲学提出来,后来,它又为现代科学、心理学的发展所证实和丰富。思维建构性同时也是马克思主义认识论的题中应有之义,是马克思把"对象、现实、感性"当作人的实践活动去理解,从主体方面去理解这一思想的最直接的体现。

人对世界的反映通过它的对立的形式——思维对观念客体的建构表现出来,建构成为反映的一个环节,只是表明人是通过概念、范畴、逻辑观念来反映世界的,反映是一个包括一系列中介活动的过程。列宁早就指出:"认识是人对自然界的反映。但是,这并不是简单的、直接的、完整的反映,而是一系列的抽象过程。""范畴是区分过程中的梯级,即认识世界的过程中的梯级,是帮助我们认识和掌握自然现象之网的网上纽结。"①因此,范畴的产生和运用是人的认识的升华,它表明人从主体与客体混沌不分发展到主体与客体的分化,而主体与客体的分化则是通过自在客体与观念客体分化的形式表现的。所谓观念客体也就是主体在观念中通过逻辑形式所把握和建构的客体。

人是通过范畴的"纽结"作用来把握"自然现象"之网的。问题在于,人一旦把范畴关系置于主体与客体之间,反映就具有了建构的特点。从总体上看,思维的建构性具有三种含义。

第一,思维的建构性是指思维通过概念、范畴关系把自在客体转化为观念

---

① 《列宁全集》第55卷,人民出版社1990年版,第152、78页。

客体的过程。

列宁指出:"'自在'=潜在,尚未发展,尚未展开。"① 自在客体分化过程首先是在观念中进行的,也就是主体运用逻辑结构(概念结构)对其分解和理解的过程,是主体运用概念结构对感性材料有序化的过程。它们表现为这样的关系:自在客体→逻辑结构→观念客体。正因为观念客体经过逻辑结构的中介由自在客体转化而来,因而逻辑结构就成为二者中间的"转换器"。逻辑结构的不同,对自在客体的反映也就不同,它表现为对信息输入的选择不同,理解的视角不同、加工程度不同,信息被规范、被构成的方式不同,从而观念客体也就不同。

如果把自在客体向观念客体的转化看作是一个精神生产的过程,那么,逻辑结构,即概念结构就类似工具操作系统。不同时代的不同概念结构就像不同的精神生产的工具一样,把自在客体转化为观念客体,从而使观念客体仿佛是被概念结构建构出来的一样。以石块下落为例,自古代到现代,石头都同样地从高空落下,但亚里士多德把它看作是石块在寻找自己的天然位置,伽利略看到的则是石头与天体一样作圆运动,牛顿则领悟出地心引力,爱因斯坦则看到石块在引力场中沿黎曼空间走最短的路程。这里,概念结构确实起到某种建构作用,这种建构作用只是把自在客体转化为观念客体,而不是自在客体本身的转化。

从信息论的观点来看,思维的建构作用也就是特定的概念结构对信息的加工、转换作用。信息是双向的,按照维纳的观点,"信息这个名称的内容就是我们对外界进行调节并使我们的调节为外界所了解时而与外界交换来的东西"②。概念结构类似某种信息"转换器",它把外界输入的信息转化为自身能理解,并且在一定程度上又反映着外界的属性、结构、规律性的双向过程。这种转换过程固定下来,就形成了某种思维模式。一定的概念结构仅仅是对客体的一定程度的把握和转换,它不可能穷尽客体的一切信息、属性、结构、规律。所以,主体和思维的选择性既是能动性的体现,又是受动性的体现。

选择,一方面表明主体的自主性,另一方面又表明,主体只能在一定限度内,在它可理解、可选择的限度内活动,它已经被外在的客体与内在的概念结

---

① 《列宁全集》第 55 卷,人民出版社 1990 年版,第 196 页。
② [美]维纳:《人有人的用处——控制论和社会》,陈步译,商务印书馆 1989 年版,第 9 页。

构所双重地制约。因此,思维的建构性表明主体与客体以概念结构为中介的双向运动,主体以概念结构去分解自在客体,而自在客体也就在一定程度上转化为观念客体,从而反映过程也就表现为建构过程,表现为"从主观方面去理解"的过程。

第二,思维的建构性是指思维通过从抽象到具体的道路,并形成"先验的结构"的方式去把握世界。

爱因斯坦一再强调概念是"思维的自由创造"。这实际上是指理论、知识体系有着自身特殊的产生道路,需要幻想和创造。这一观点本身是正确的,正如列宁所说,"即使在最简单的概括中,在最基本的一般观念(一般'桌子')中,都有一定成分的幻想"①。这种"幻想性"不会在经验中自发产生,它要靠思维的创造和建构。

马克思指出了思维建构的特殊道路,这就是,人们所把握的具体是一种理论的具体,这一理论具体是通过思维的综合而实现的:"具体之所以具体,因为它是许多规定的综合,因而是多样性的统一。"②在这一过程中,规定的抽象、规定的综合,以及多样化的形成,都要靠思维的建构作用。这一过程通过两条道路来实现——"在第一条道路上,完整的表象蒸发为抽象的规定","从表象中的具体达到越来越稀薄的抽象,直到我达到一些最简单的规定";第二条道路,思维的行程又反过来,即"在第二条道路上,抽象的规定在思维行程中导致具体的再现"。③ 这就是思维的建构性,把混沌的具体"稀薄"化为抽象、各种规定,然后,再把各种规定综合起来。这些工作一旦做完,"材料的生命一旦观念地反映出来,呈现在我们面前的就好象是一个先验的结构了"④。

因此,思维建构的目的是形成一个仿佛是"先验的结构"。思维一开始就不同于经验,它要对自在客体形成某种"规定",需要把表象"蒸发""稀薄"化。所谓规定,也就是把某一方面纯化,这种抽象过程只能在思维中进行,在实际生活中是不存在的。最简单的规定,比如欧几里得几何中的没有面积的点,没有宽度的线,没有厚度的面以及由点的运动构成线,由线的运动构成面,由面的运动构成立体,都是思维建构的产物,是一种极度的纯化了的思维抽象物。

---

① 《列宁全集》第55卷,人民出版社1990年版,第317页。
② 《马克思恩格斯选集》第2卷,人民出版社1995年版,第18页。
③ 《马克思恩格斯选集》第2卷,人民出版社1995年版,第18页。
④ 《马克思恩格斯全集》第23卷,人民出版社1972年版,第23页。

再进一步,在这些极度抽象基础上形成的整体,也只是一种纯化了的整体,仿佛是一种"先验的结构"。

这里,确实产生了"思维的自由创造",因为人的概念就其抽象性、隔离性来说是主观的,但这种主观性是必要的,因为"从抽象上升到具体的方法,只是思维用来掌握具体、把它当作一个精神上的具体再现出来的方式"①。这一过程就是思维的建构过程,而且主体只有通过这一抽象到具体的方式才能主观地再现客体。这是人所特有的"反映"方式。当然,实践会"扬弃"这一主观性,但是在"扬弃"之前,需要发展这一主观性。

第三,思维的建构性是指定型化了的"客观的思维形式"。

如果思维的建构性仅仅是主观的,仅仅在思维中进行的,那么,它也就不会有那么大的魅力。实际上,思维的建构性总是以某种"客观的思维形式"表现出来的。当某一思维的建构形式,即特定的概念结构(范畴结构)被社会承认之后,它也就仿佛具有某种客观的效力,形成某种固定的模式。马克思认为,资产阶级经济学的范畴相对于他们的生产关系来说,是有社会效力的,因而是"客观的思维形式"。范畴及其关系会转化为"客观的思维形式",这也就是思维的建构定型化、模式化、客观化的过程。

本来,范畴结构只是特定生产关系、实践结构在人脑中的内化和升华。问题在于,范畴结构一旦"客观化",也就形成了某种"惯性运动",仿佛是范畴结构决定着思维,从而产生了马克思所说的"神秘性"和"魔法妖术"。但是,只要用历史主义和发生学的观点来考察它,"一切魔法妖术就立刻消灭了"。

因此,从整个发展历史来看,思维的建构性在各个不同时代尽管都有它的客观性,但是它本身还具有社会性、历史性以及由低级向高级发展的不可逆性。所以,思维的建构性本身又是被更大的系统,被社会历史发展,被整个认识发展所建构的。

恩格斯认为:"熟知人的思维的历史发展过程,熟知各个不同的时代所出现的关于外在世界的普遍联系的见解,这对理论自然科学来说是必要的,因为这为理论自然科学本身所建立起来的理论提供了一个准则。"②提供了一个什么准则呢?这就是历史性的准则,即任何思维的建构——理论,都是历史的,

---

① 《马克思恩格斯选集》第2卷,人民出版社1995年版,第19页。
② 《马克思恩格斯全集》第20卷,人民出版社1971年版,第383页。

它们必将为新的理论所更替。因此,思维的建构性显示出人对世界认识的特点,即要揭示世界的内在本质,就必须发挥思维的建构作用。但是,思维的建构性本身又是被建构的,也要被新的概念结构、思维方式所更替。我们应该自觉地把握这一点,而不是陷入到思维建构的某一特定形式中。

思维建构性这一特点表明,认识是主体与客体借助于中介系统(工具操作系统、概念逻辑系统、社会关系系统)相互作用的双向运动过程。因此,合理的结论只能是,认识是双重决定的。

没有自在客体也就不会有信息的输入,当然也就不会有观念的客体。因此,认识必然是反映的,反映是认识无法否定的前提和基础。换言之,不管认识是正确的或错误的、全面的或片面的,是神话的或经验的、形象的或逻辑的,都具有客观内容,都必须有信息的输入。从这一角度看,认识论中的反映论具有永恒的意义,它表明反映是认识的基本过程,是一切认识的母体。

没有主体的理解、创造过程,没有概念结构或其他中介系统对自在客体的分解过程,人类只能停留在直接性上,当然也就不会有观念客体。观念客体总是主体对自在客体的特殊理解和把握的产物,总是思维建构的产物。由此可见,思维的建构性否定了白板论式的反映论,否定了那种纯客观性的、一次完成的、照镜子式的反映,它使人类对认识的理解更深刻、更丰富了。

如同电脑"认识"有硬件与软件两个对立的方面一样,人脑的认识也有着两个对立的方面:一方面,自在客体决定着观念客体;另一方面,主体性,即主体所特有的生理的、神经的、经验的、知识的、社会的、实践的等特性,又决定着自在客体向观念客体分化的角度、广度和深度。这一主体性在感觉、直观、观察、信息加工、理论建构、知识体系形成等各个层次上表现出来,主体因而拥有着自身特有的对客体信息的选择、理解和解释方式。只有把这两个方面的因素结合起来,我们才能全面地理解认识的发生、本质、活动结构和发展过程,才能更深刻地理解和把握马克思主义的认识论。

八、思维对存在的反映:方式、尺度和取向

思维反映存在是一个既有永久魅力,又不断更新自己尺度的哲学课题。从总体上看,思维反映存在包含着两个层次的问题:一是思维是对存在的反映,它揭示的是思维的本质、来源、基础;二是思维如何反映存在,它揭示的是

思维反映存在的方式、尺度、取向。我们不能把这两个层次的问题混淆起来，既不能用前一层次的问题取消后一层次的问题，使认识论简单化，也不能用后一层次的问题取消前一层次的问题，使认识论离开基础。

反映一词从词源看，有反照、反射、反省、反思的不同含义，这说明反映是一个广泛运用的多义的日常用语。把反映与映入、射入、反照、照镜子作同一意义理解，只是近代机械唯物主义的特殊理解。从内容上考察，反映无非是揭示人的认识与世界的关系这一具有特定内涵的范畴，它在哲学产生之始便已形成。古代唯物主义对反映的理解始终是把主体与客体联结起来的，如恩培多克里的"同类相知说"、阿那克萨哥拉的"异类相知说"，德谟克利特的"影像论"对反映的理解，都已天才地揭示出主体与客体的关系。

只是在近代，在机械唯物主义的反映论中，反映才与"白板"具有了同一性，表现为纯客观的、一次完成的、照镜子式的反映。但是，这只是人类思想发展史上的特殊形式，而且这一特殊形式已经被科学的发展所推翻。恩格斯指出："现代自然科学已经把全部思维内容起源于经验这一命题加以扩展，以致把它的旧的形而上学的限制和公式完全推翻了。"①同时，这一形式也被马克思主义哲学所批判和否定。马克思指出："不仅五官感觉，而且所谓精神感觉、实践感觉（意志、爱等等），一句话，人的感觉、感觉的人性，都只是由于它的对象的存在，由于人化的自然界，才产生出来的。五官感觉的形成是以往全部世界历史的产物。"②

显然，否定反映的机械形式，既是马克思主义哲学与旧唯物主义哲学的区别，也是马克思主义哲学的历史贡献。因此，把反映论等同于近代的一种机械唯物主义反映论，这是错误的；把马克思主义哲学的反映论等同于机械唯物主义反映论则是一种更大的曲解。既曲解了历史，也曲解了马克思主义哲学。

在某种意义上，思维如何认识和反映存在这一问题的深化，是通过反映的转化尺度的认定表现出来的。所谓思维反映存在的尺度，是指思维与存在在什么角度、层次、范围，通过什么形式、途径，达到二者的统一。按照马克思的观点，人类对这一问题的认识，历经了三个阶段的尺度的转化。

第一个阶段是"内容尺度"，即通过思维的内容的客观性、来源的客观性证

---

① 《马克思恩格斯全集》第 20 卷，人民出版社 1971 年版，第 610 页。
② 《马克思恩格斯全集》第 42 卷，人民出版社 1979 年版，第 126 页。

明思维对存在的反映。这是从古代唯物主义哲学家一直到18世纪唯物主义哲学家所走的道路。内容尺度的证明,一方面从认识中铲除了"神""上帝""超自然力量"的阴影,主张从世界本身来说明世界,这是它的不朽功绩;但另一方面,"它只限于证明一切思维和知识的内容都应当起源于感性的经验,而且又提出了下面这个命题:凡是感觉中未曾有过的东西,即不存在于理智中"①,所以,这种证明又是直观性的、经验论和感觉论的。

第二个阶段是"形式尺度",即从思维的内容进到思维的形式。黑格尔哲学实现了这一推进,从而由第一层次进到了第二层次。恩格斯指出:"只有现代唯心主义的而同时也是辩证的哲学,特别是黑格尔,还从形式方面去研究了这个前提。"②黑格尔根据从低级到高级的过程,把判断划分为实在的判断、反省的判断、必然性的判断、概念的判断,其中,第一类实在的判断是个别的判断,第二类反省的判断和第三类必然性的判断是特殊的判断,第四类概念的判断是普遍的判断。从第一类到第四类的判断形式的运用,表示着认识是个别——特殊——普遍的运动,从而由逻辑形式本身的矛盾运动反映出与实在运动的曲折统一性。

第三个阶段是"实践主体尺度"。马克思总结了以往全部哲学的发展,从实践、主体、主体与客体的相互作用的角度,开启了现代哲学对思维对存在反映的理解。马克思指出:"从前的一切唯物主义(包括费尔巴哈的唯物主义)的主要缺点是:对对象、现实、感性,只是从客体的或者直观的形式去理解,而不是把它们当作感性的人的活动,当作实践去理解,不是从主体方面去理解。因此,和唯物主义相反,能动的方面却被唯心主义抽象地发展了。"③

马克思既批判了旧唯物主义,又批判了唯心主义:旧唯物主义只是从客体方面来说明世界,既不懂得主体,也不懂得实践,因而缺乏能动性;唯心主义只是从思想来说明世界,只有抽象的思维主体,因而只是抽象地发展了能动性。马克思的新唯物主义确定思维对存在的反映是立足于实践活动,由主体主动地进行和达到的。于是,在思维如何反映存在问题上引进了"实践尺度"与"主体尺度"。只有把握"实践"与"主体"尺度,才有能动的思维对存在的反映原则,才能理解实践与认识、主体与客体的关系问题是思维与存在的关系问题的

---

① 《马克思恩格斯全集》第20卷,人民出版社1971年版,第610页。
② 《马克思恩格斯全集》第20卷,人民出版社1971年版,第610页。
③ 《马克思恩格斯选集》第1卷,人民出版社1995年版,第54页。

现代表现形式。这是马克思的新唯物主义对哲学发展的巨大贡献。

在现代,人的主体活动的发展,呼唤着整个人类关注和研究主体性,并在主体活动的基础上透视和反映出思维与存在关系的更深层次。这一历史任务要求我们不能仅仅停留于思维与存在、实践与认识、主体与客体的宏观关系的分析,而要在此基础上,结合现代科学,包括心理学、逻辑学、语言学、人类学等学科的新成果,结合现代实践活动的新形式,来深化这一问题,使之具体化、现代化。

第一,思维对存在的反映不仅通过实践、通过主体与客体的相互作用,而且通过思维自己构成自己的形式来进行。

"人的概念的每一差异,都应把它看作是客观矛盾的反映,客观矛盾反映人主观的思想,组成了概念的矛盾运动,推动了思想的发展,不断地解决了人们的思想问题。"①显然,这里有两个层次的问题:一是主观矛盾是客观矛盾的反映;二是主观矛盾又相对独立,"组成了概念的矛盾运动",正是它推动了思想的发展。因此,实践对认识的辩证关系又要通过"概念的矛盾运动"表现出来,而这一思维相对独立地自己构成自己的过程,是整个思维发展的特点,在20世纪之后则显得越来越重要,越来越突出。

这里,回顾一下恩格斯对这一问题的看法是有益的。恩格斯在晚年指出:"对问题的这一方面……我觉得我们大家都过分地忽略了。这是一个老问题:起初总是为了内容而忽略形式。"②"这一点在马克思和我的著作中通常也强调得不够,在这方面我们大家都有同样的过错。这就是说,我们大家首先是把重点放在从基本经济事实中引出政治的、法的和其他意识形态的观念以及以这些观念为中介的行动,而且必须这样做。但是我们这样做的时候为了内容方面而忽略了形式方面,即这些观念等等是由什么样的方式和方法产生的。"③列宁在则充分认识到这一问题的重要性,他重新解释了黑格尔的"思维自己构成自己的道路"的思想,重新改造了黑格尔所说的"思维在概念中的纯粹运动"的观点,为我们探索这一方面的问题指明了方向。

20世纪,哲学的发展正在这里膨胀起来,从这一角度或者那一角度强调思维自己构成自己。实用主义哲学家詹姆士把世界的本原看作是"纯粹经验"

---

① 《毛泽东选集》第一卷,人民出版社1991年版,第306页。
② 《马克思恩格斯选集》第4卷,人民出版社1995年版,第727页。
③ 《马克思恩格斯选集》第4卷,人民出版社1995年版,第726页。

"思想流""意识流"。胡克强调:"理智对一切存在物的研究过程既是一个发现过程,也是一个创造和重新建造的过程。"①结构主义哲学家列维·斯特劳斯认为语言结构、而皮亚杰认为认知图式决定了人的认识活动。分析哲学家罗素、维特根斯坦、卡尔纳普则把思维与存在的关系看作是逻辑构成和语言构成问题,维特根斯坦一再强调,"我所能给予人们的一切只是一种方法,我不能给你们以任何新的真理","我正在做的工作只是劝人们改变他们的思想方式"。② 而其他哲学流派,如生命哲学、意志哲学、科学哲学等,也都从不同角度突出了思维与存在关系的某一方面。总之,现代哲学已从思维与存在关系的宏观层次进入到微观层次,使思维与存在的关系从语言结构、认知结构、逻辑结构、经验结构、意识流,以及意志、生命、价值、情感等某一个方面、某一种形式透显出来。

这里,存在着两方面的问题:一方面,把思维与存在仅仅归结为某一方面的问题,当然是片面的;另一方面,仅仅停留于思维与存在的一般关系也是不行的,思维与存在不会是一般的同一,二者的关系总是要通过特殊的形式表现出来,通过曲折的、有时仿佛是对立的矛盾运动过程展现出来,形式是多样的,但形式又有其相对的独立性。因此,一方面,思维对存在的反映必定要通过思维自己构成自己的矛盾过程表现出来,另一方面,思维自己构成自己又只是思维对存在反映的历史的表现形式,二者是矛盾的统一。

不仅思维自己构成自己是思维对存在反映的矛盾性的表现形式,而且思维的选择性、建构性、超前性也只是反映的形式和特点,是主体自组织过程的体现。马克思主义哲学当然确认并研究"思维自己构成自己的道路",而现代科学和哲学、原始思维、发生认识、儿童思维、心理活动以及人工智能的研究也表明,思维确实是自己构成自己的,它有着自身的内在矛盾、内在的发展逻辑,是一个典型的自组织过程。从远古时代的行为思维到我向思维、神话思维,一直到概念思维,表现为一个有序的发展过程;而概念结构的转换,也是一个有序的由低级到高级的过程。

这表明,人类思维随着实践发展而不断独立起来。对此,一方面要从实践发展来揭示思维的发展,另一方面,也要从思维的内在矛盾的展开来研究思

---

① 洪谦:《西方现代资产阶级哲学论著选辑》,商务印书馆1964年版,第209页。
② 北京大学外国哲学研究所编译:《外国哲学资料》第四辑,商务印书馆1978年版,第207页。

维。换言之,要从对实践与认识关系的第一层次的研究跨入到思维内在发展的第二层次的研究,并把这两个层次的研究联结起来。应该说,这是现代实践、科学以及哲学本身的发展向认识论提出的更高的要求。

第二,思维对存在的反映又是通过特定的主体坐标系进行的。

20世纪,人类认识由宏观进到微观、宇观,科学由经典向非经典转化,人们由此发现,思维对存在的反映是有方向的,是从特定主体坐标出发的。从总体上看,人类认识至少存在着三个主体坐标或者主体角度。

一是感觉和知识坐标。人是三维的动物,人的感觉有着自身直观尺度、直观坐标,无论视觉、听觉、嗅觉、触觉、味觉都有"感觉阈"。视觉能分辨1/18秒,因而电影胶片以每秒钟18张,使间断性变成流动性;视觉可见380—770毫微米之间的电磁辐射光波;听觉阈限则在16—20 000赫兹的声波之间;等等。同样,人们对客体的理解和解释,也都受到知识背景、认识图式、思维框架、概念结构的制约,因而人有特殊的认识坐标,这是生物和社会长期发展的产物。人们只有加深对主体的自我意识,才能更好地理解思维如何反映存在这一问题的深刻性。

二是地球宏观坐标。人产生并生活在地球这一宏观系统。在宏观系统内,人对物通过经验、直观的方式能感知到,主体与客体有着某种天然的统一性。但是,人的认识一旦跨入微观领域、宏观领域,经验与直观只能起到间接的"投影"坐标作用。在这一转换中,诸如测不准、相对性、选择性、互补性开始起作用。因此,人类只有更深刻地认识地球宏观坐标,才能更好地认识认识。从科学上看,我们告别了"地球中心说",但是,人类的活动更加以地球为"中心"了。正因为如此,恩格斯反复强调:"我们的整个公认的物理学、化学、生物学都是绝对地以地球为中心的,只是为地球建立的"①,甚至认为反对"以地球为中心的科学","要求一种无中心的科学,那就会使一切科学都停顿下来。对我们说来,只要知道,在相同的情况下,无论在什么地方,甚至在离我们右边或左边比从地球到太阳还远一千万亿倍的地方,都有同样的事情发生,那就够了"②。理解这一点,是理解经典科学向非经典科学转化,理解现代认识论的关键。

---

① 《马克思恩格斯全集》第20卷,人民出版社1971年版,第581—582页。
② 《马克思恩格斯全集》第20卷,人民出版社1971年版,第582—583页。

三是人的内在尺度坐标。人类认识自然界并不仅仅为了认识自然界的机械的、物理的、化学的、生物的特点,认识的目的是支配自然界,控制自然界。马克思指出:"只有当物按人的方式同人发生关系时,我才能在实践上按人的方式同物发生关系。"①所谓"物按人的方式",就是指物成为人的对象性活动的对象,而所谓"在实践上按人的方式同物发生关系",是指人通过对象性活动占有对象。这一过程也就是人们以自身的内在尺度改造物的尺度,使物具有"人的方式",使"自在自然"转化为"人化自然",从"第一自然"进入到"第二自然"。这里,活跃着两个尺度——"物的尺度"和"内在尺度",其中,"内在尺度"是转化的控制机构,转化的坐标系;对"物的尺度"把握的程度则是"内在尺度"发挥作用的客观基础。人只有把握"物的尺度",同时又意识到"内在尺度",即自己的需要、目的、评价标准、善与美的理解,使这两个尺度统一起来,才能真正认识和控制自然界。所以,列宁强调:"必须把人的全部实践——作为真理的标准,也作为事物同人所需要它的那一点的联系的实际确定者——包括到事物的完整的'定义'中去。"②

因此,人对事物的认识和占有包含着"人所需要它的那一点",真理本身也包含着对人的"内在尺度"的认识。应该说,我们以前只把认识归结为对"物的尺度"的认识,即对象认识,而忽视了对"内在尺度"的认识,即自我认识,这不能不是认识论的一个缺陷。现代认识论的发展要求我们进一步认识人的特定坐标,无论是感觉和知识的、地球宏观系统的,还是人的内在尺度的,都表明人对世界的认识是有坐标系的,是有方向的。按照马克思的观点,把存在"当作人的感性活动,当作实践去理解""从主体方面去理解",这就是认识的方向性。

第三,思维对存在的反映是通过实践反思的方式不断发展的。

在现代,对思维反映存在这一问题认识的升华,莫过于实践反思方式的提出。如前所述,对人类生活形式的思索,从而对它的科学分析,总是采取同实际发展相反的道路,即这种思索和分析是从事后开始的。这是思维发展的根本规律,按照马克思本人的说法就是,思维"一般来说,总是"这样的。我们把这一规律称为"实践反思规律"。

实践反思的特点是,思维总是从结果开始,从结果回溯到原因,总是从历

---

① 《马克思恩格斯全集》第 42 卷,人民出版社 1979 年版,第 124 页。
② 《列宁全集》第 40 卷,人民出版社 1982 年版,第 291—292 页。

史发展的最高阶段开始,从最高阶段反归低级阶段。这就是说,思维总是立足于现代实践,对历史的概念结构进行反思,并重建概念结构的过程。所以,马克思指出:"把经济范畴按它们在历史上起决定作用的先后次序来排列是不行的,错误的。它们的次序倒是由它们在现代资产阶级社会中的相互关系决定的,这种关系同表现出来的它们的自然次序或者符合历史发展的次序恰好相反。"①马克思哲学的实践反思理论为现代认识论的发展开辟了广阔的思维空间。

---

① 《马克思恩格斯选集》第 2 卷,人民出版社 1995 年版,第 25 页。

第二十章

价值论的探求与建构

马克思主义哲学是关于无产阶级和人类解放的学说,正因为如此,马克思主义哲学不是纯粹的科学体系或知识形态,而是知识形态与意识形态的高度统一;马克思主义哲学追求的不仅是发现真理,而且是创造价值。人们认识世界的目的在于改造世界,改造世界则是为了满足人自身的需要,以实现自身的发展。这就在追求真理的基础上提出了价值问题。马克思主义哲学就是真理观与价值观的高度统一。然而,由于种种原历史原因,苏联马克思主义把价值观(论)排斥在马克思主义哲学体系之外;西方马克思主义在总体上则把马克思主义归结为伦理社会主义,把马克思主义哲学仅仅作为一种价值论,代表着对人的异化的抗议。从马克思主义哲学史上看,在国外,首先把价值论纳入马克思主义哲学体系的是南斯拉夫斯托伊夫维奇的《马克思主义哲学原理》。正是这部著作提出,马克思主义哲学是关于人与世界的认识关系和价值关系的学说,不仅阐述本体论、认识论,而且阐述了价值论。在国内,首先把价值论纳入马克思主义哲学体系的是肖前等的《辩证唯物主义原理》(修订版),这部著作的第十章就是"真理和价值",不仅阐述价值的本质及其主体性特征,而且阐述真理原则与价值原则的关系。在我看来,同本体论、认识论一样,价值论也是马克思主义哲学的题中应有之义。重建马克思主义哲学体系,应当也必须阐述价值的本质和特征,说明价值原则与真理原则的关系。

一、价值关系:本质上的利益关系

在《1844年经济学哲学手稿》中,马克思提出了三个著名的论断:一是"贩卖矿物的商人只看到矿物的商业价值,而看不到矿物的美和特性";二是"忧心忡忡的穷人甚至对最美丽的景色都没有什么感觉";三是"对于没有音乐感的耳朵说来,最美的音乐也毫无意义,不是对象"。① 有的学者以此为依据,认为客体依存于主体,没有主体就没有客体。这是误读,也是误解。这是因为,马克思的上述论断涉及的不是事实判断,即"是什么",而是价值判断,即"应如何"。音乐,对于有没有音乐素养以及不同素养的人来说,领悟、诠释和评价显然是不一样的:对于没有音乐素养的人来说,音乐没有意义;对于有音乐素养的人来说,有意义;对于职业音乐家和爱乐者来说,意义又不一样;而有没有意义、有什么意义,属于价值范畴。这就是说,马克思的上述论断是关于客体对主体的价值判断。

从哲学的视角看,所谓价值,就是指主体与客体之间一种特定的关系,即主体与客体之间的意义关系。在实践活动和日常生活中,主体总是根据自己的需要掌握和占有客体,利用客体的属性满足自己的需要。因此,主体与客体之间存在着一种特定的关系,这就是,主体按照自己的需要对客体及其属性进行选择、利用和改造的关系,或者说,是客体属性对主体需要满足的关系。这种特定的关系就是价值关系,也就是人们通常所说的意义关系。某事、某物能够满足主体的需要,就是有意义、有价值的;不能满足主体的需要,就是没有意义、没有价值的。

主体及其需要是价值关系形成的根据,事物的价值及其等级次序都是由作为主体的人按照自己需要的尺度排列的;客体及其属性是价值关系形成的又一根据,价值总是一定的客体对主体的价值,客体的属性和功能影响着客体对主体是否有意义以及意义大小。正如马克思所说,"一物之所以是使用价值,因而对人来说是财富的要素,正是由于它本身的属性。如果去掉使葡萄成

---

① 《马克思恩格斯全集》第42卷,人民出版社1979年版,第126页。

为葡萄的那些属性,那末它作为葡萄对人的使用价值就消失了"①。

我们不能仅仅从作为主体的人自身出发来规定价值,认为价值就是人的兴趣、欲望、情感的表达,与客观事物无关;我们也不能仅仅从作为客体的客观事物本身的属性来规定价值,认为价值是客观事物本身所固有的某种东西,与人无关。价值不是实体,既不能仅仅归结为客体,也不能仅仅归结为主体。价值是一种关系,是主体与客体之间的一种特殊的关系。物及其属性是价值关系形成的客体依据,价值离不开客体及其属性,价值总是客体对主体的价值,只有具有某种特定属性的客观事物才能成为价值客体;人及其需要是价值关系形成的主体依据,只有人才是价值的创造者、实现者和享有者,才是价值的主体。客观事物本身并没有好与坏、善与恶、有用与无用、有利与无利、有益与有害之分,好与坏、善与恶、有用与无用、有利与无利、有益与有害,都是相对于人、相对于主体而言的。空气污染实际上是以"天灾"的形式而表现出来的"人祸"。所谓环境危机实际上是人的危机,所谓益虫与害虫、水利与水灾,都是相对于人而言的。

价值关系生成于人对自然的改造过程中。没有人与自然之间的实践关系和认识关系,也就没有价值关系,价值关系就存在于人的实践活动和认识活动之中,并与实践关系和认识关系交织在一起。价值观念的形成既不可能离开人的实践活动,也不可能离开人的认识活动,价值判断就是直接建立在对对象认识的基础上的。这就是说,有了人和人的活动,才产生了自然界原本不具有的价值现象,才形成了物与人之间的价值关系。客观事物的属性是在人的活动中被发现、规定和改造的,人是在需要的推动下从事实践活动,把自身之外的事物变成自己活动的对象,变成自己的价值客体的。事物能否满足人的需要,能否成为价值客体,不仅依赖于事物自身的属性,而且取决于人的实践水平。

单纯的生理需要都是有限的,动物是这样,人也是如此。中国有句古语,日食三餐,夜眠八尺,但实际上,人的需要是无限的。这是因为,人的需要不是纯粹的动物性的需要,而是"从社会生产和交换中产生的需要"②,是随着实践活动的发展而不断变化的需要。实践,尤其是物质生产越发展,需要也就越丰

---

① 《马克思恩格斯全集》第 26 卷Ⅲ,人民出版社 1974 年版,第 139 页。
② 《马克思恩格斯全集》第 46 卷下,人民出版社 1979 年版,第 19 页。

富;物质生产不仅满足需要,而且生产需要。在资本主义社会,"每个人都千方百计在别人身上唤起某种新的需要,以便迫使他作出新的牺牲,使他处于一种新的依赖地位,诱使他追求新的享受方式"①。与动物的需要不同,人的需要日益多样化、广泛化、无限化。"人以其需要的无限性和广泛性区别于其他一切动物。"②

更重要的是,人与人的需要也不是不同的。在阶级社会,剥削者与被剥削者、统治者与被统治者的需要甚至迥然不同。马克思指出,在资本主义社会,"一方面所发生的需要和满足需要的资料的精致化,在另一方面产生着需要的牲畜般的野蛮化和最彻底的、粗糙的、抽象的简单化"。对于住在地下室的工人来说,光、空气等等,"都不再成为人的需要了","人不仅失去了人的需要,甚至失去了动物的需要"。③ 按照马克思的观点,私有制和两极分化不仅导致了工人需要的异化,而且导致了人的需要本身也发生了异化,这就是,人的需要分化为人的需要与非人的需要,即正常需要与非正常需要,后者导致奢侈、畸形消费。"人类的生产在一定的阶段上会达到这样的高度:能够不仅生产活动必需品,而且生产奢侈品。"④

这表明,尽管人人都有需要,但并不是每个人的需要都能得到满足。需要的内容及其满足方式、满足程度,取决于个人在社会关系中的地位。"我们的需要和享受是由社会产生的;因此,我们在衡量需要和享受时是以社会为尺度,而不是以满足它们的物品为尺度的。因为我们的需要和享受具有社会性质。"⑤需要的内容和满足,就是利益。从根本上说,为利益而斗争就是为满足需要而斗争。这就是说,价值关系的核心是利益,价值关系本质上是利益关系。"人们奋斗所争取的一切,都同他们的利益有关。"⑥

我们应当明白,主体及其需要是在实践中形成和发展的。人是实践存在物,实践使人成为现实的主体。如前所述,人的需要不是纯粹的动物性的需要,而是"从社会生产和交换中产生的需要"。随着实践的不断发展,随着满足需要手段的不断丰富,人的需要也在不断发展和丰富,正如马克思所说,"已经

---

① 《马克思恩格斯全集》第 42 卷,人民出版社 1979 年版,第 132 页。
② 《马克思恩格斯全集》第 49 卷,人民出版社 1982 年版,第 130 页。
③ 《马克思恩格斯全集》第 42 卷,人民出版社 1979 年版,第 133、134 页。
④ 《马克思恩格斯全集》第 34 卷,人民出版社 1972 年版,第 163 页。
⑤ 《马克思恩格斯选集》第 1 卷,人民出版社 1995 年版,第 350 页。
⑥ 《马克思恩格斯全集》第 1 卷,人民出版社 1956 年版,第 82 页。

得到满足的第一个需要本身、满足需要的活动和已经获得的为满足需要而用的工具又引起新的需要"①。

我们应当明白,客体及其属性也是在实践中被发现、规定和改造的。客体是进入人的活动范围的客观事物。人在需要的推动下从事实践活动,把自身之外的事物变成自己活动的对象,变成自己的客体。事物能否成为现实客体,不仅依赖于客体自身的属性,还取决于主体的实践能力和实践水平。"对象如何对他来说成为他的对象,这取决于对象的性质以及与之相适应的本质力量的性质……因为我的对象只能是我的一种本质力量的确证。"②

这就是说,主体与客体的价值关系是在实践中形成和实现的。没有实践,就没有主体与客体,就没有主体与客体之间的价值关系。正是通过实践活动,一方面,客体按照主体的需要发生结构和形式上的变化;另一方面,客体从客观对象的存在形式转化为主体生命结构的因素或主体本质力量的因素,变成主体的一部分。实践在改变客体存在形式的同时,实现了主体的预期目的,满足了主体的需要,使主体与客体的价值关系由潜在成为现实。因此,价值是在主体与客体的相互作用中生成的,是作为人的活动的对象产生的,并且是作为主体需要的对象而实现的。

人双重地存在着:一方面,人直接地是自然存在物;另一方面,人又是社会存在物。正是这种社会特质,使人成为价值主体,在自己的活动中与客体形成价值关系。人并非是由于自然存在物成为价值主体的,而是由于人超越自然属性、获得社会属性才成为价值主体的。价值总是与人的社会性联系在一起,总是同人的实践活动联系在一起的,或者说,人在实践活动中创造了对象的价值,并实现了自身的价值。所谓价值的主体性,就是指价值本身的特征是同主体及其活动的特征直接相联系的。

首先,价值的主体性通过主体的创造性体现出来。人与动物不同,仅仅依靠自然物直接的、现成的形态,不能满足人的需要。同时,自然物的属性对人有何用,自然物本身不会自动显示出来;即使自然物能显示出对于人的某种有用性,但在人们未发现和掌握对它的使用方法时,它对人仍不具有现实的价值。因此,主体与客体之间的价值关系不是一种自然的现成的关系,也不是主

---

① 《马克思恩格斯选集》第 1 卷,人民出版社 1995 年版,第 79 页。
② 《马克思恩格斯全集》第 42 卷,人民出版社 1979 年版,第 125—126 页。

体需要与客体属性随机形成的关系,而是主体在实践活动中确立的一种创造性的关系。无论是主体发现客体的潜在价值,还是发明或发现实际掌握客体的方式,乃至最后改造客体,实现自己的价值目标,都贯穿着主体的创造性活动。从这个意义上说,价值体现的是主体的创造性本质。

其次,价值的主体性体现为,在价值关系中,不是人趋近物,而是物趋近人,主体的现实需要是某物是否具有价值以及价值大小的尺度。尽管价值体现在具有某种属性的物上,但物的属性本身并不是价值。某物对人是否有价值以及有多大价值,不是以某物自身的属性为尺度,而是以人的现实需要为尺度。这同时表明,价值具有时效性。价值的时效性与客体有关。客体的属性会随着时间的流逝而变化,因而它对主体的价值也会发生变化,甚至从有价值变成无价值。但是,就价值本身来说,其时效性如何主要取决于主体的需要,而主体的需要处在不断的变化之中。随着主体需要的变化,特定的客体对主体的价值也会发生变化,甚至从有价值变成无价值,价值的时效性归根到底取决于人的需要的变化。这也就是说,价值的时效性本质上属于价值的主体性。

再次,价值的主体性蕴含着价值的相对性,即同一客体相对于不同的主体具有不同的价值。价值的相对性归根到底是由主体的需要决定的,现实的人在需要上的差异,造成了价值与特定主体的相关性。这也就是说,不同的主体有不同的需要,因而同客体之间形成不同的价值关系。马克思指出:"一座房子不管怎样小,在周围的房屋都是这样小的时候,它是能满足社会对住房的一切要求的。但是,一旦在这座小房子近旁耸立起一座宫殿,这座小房子就缩成茅舍模样了。这时,狭小的房子证明它的居住者不能讲究或者只能有很低的要求;并且,不管小房子的规模怎样随着文明的进步而扩大起来,只要近旁的宫殿以同样的或更大的程度扩大起来,那座较小房子的居住者就会在那四壁之内越发觉得不舒适,越发不满意,越发感到受压抑。"[1]受社会条件、社会关系的限制,人们的需要是具体的、有限的,他们对价值客体的选择和利用也是具体的、有限的,从而使物对人的价值表现出相对性。正如马克思所说:"因为我们的需要和享受具有社会性质,所以它们是相对的。"[2]

---

[1] 《马克思恩格斯选集》第 1 卷,人民出版社 1995 年版,第 349 页。
[2] 《马克思恩格斯选集》第 1 卷,人民出版社 1995 年版,第 350 页。

二、价值评价：认识的特殊形式

客观事物只是对于人，并且只有经过人，才能获得价值的特性。价值随着人的本质力量、认识方法和实践活动的发展而发展。实践的突出特点就在于它的目的性，在于它具有将现有的东西改造成应有的东西的意图。在实践活动中，主体意识不仅包含着对现存事物的认识，而且包含着对自己目的和要求的意识；不仅提出了"存在什么或存在是什么"的问题，而且提出了"这种存在对于主体来说是什么"的问题。人的这种自我意识是在价值评价中实现的。

现存事物既是人们认识的对象，又是人们评价的对象。人们通过认识现存事物而真实地面对现实，通过评价现存事物进而合目的地改变现实，从而创造属人的现存世界。实践作为满足人的需要的活动，要求人们通过对客观事物的改造，尽可能创造和实现更大的价值。因此，主体必须对客体可能具有的价值进行评价。

所谓评价，就是主体在对客体属性、本质和规律进行认识的基础上，把自身需要的内在尺度运用于客体，对主体与客体之间的价值关系进行评判。这种评判是人的意识对主体与客体之间价值关系的反映，反映的是主体需要与客体属性之间的关系。人们在评价过程中不仅揭示了客体的面貌，而且揭示了主体自身的面貌。价值评价作为主体观念活动的结果，表现为人们对一定客体是否具有满足主体需要的属性所作的肯定或否定的判断。正是在这个意义上，价值评价也被称作价值判断。

就属于主体对客体的观念把握而言，价值评价仍然是一种认识活动。但是，价值评价又不同于对客体"是什么"的认识，而是一种特殊的认识。这种特殊性就特殊在，它是对某种事物能否满足人们需要的一种认识，是对客体"应当是什么"的认识，其着眼点是主体与客体之间的效用关系。所以，价值评价必须考虑主体的需要和利益，必须把主体的需要和利益作为内在尺度运用于评价的客体。如果说事实性认识追求的是对客体"是什么"或"是怎样"的认识，那么，评价性认识追求的则是"应该怎样"和"不应该怎样"的认识，表达的是主体肯定或否定什么的价值要求。

这就是说，价值评价必然包含着主体的意向、愿望和要求。用现在时髦的话来说就是，价值评价体现的是主体的"愿景"，而且不同主体有不同的"愿景"。任何一个个体、群体的评价方式都受到他们的需要和利益的制约,都受到反映这种需要、利益的立场和观点的制约,因此,价值评价必然具有多元性、多样化。中国有句古话,"人心有杆秤"。面对同一客体,不同的主体从不同的需要和利益、意向和愿望出发,必然会得出不同的价值评价。

我们应当明白,事实与评价不能等同,历史事实与历史评价也不能等同。事实属于客观进程,评价属于关于事实价值的主体判断;事实属于"彼时彼地",评价属于"此时此地"。从来不存在一个没有立场和观点的价值评价,价值评价总是依据评价者的立场和观点的不同而不同,包括对历史事件、历史人物的评价。所有的历史学家都宣称自己是客观的、公正的,尤其是那些所谓的纯粹学者更是如此。除非是御用的历史学家,有意歪曲历史的历史学家是极少的,但这并不能保证对历史事件、历史人物的评价都是客观的、公正的。

对同一历史事件、历史人物的价值评价出现多样化甚至矛盾性,其中,有不同主体的学术水平问题,但更多的是学术水平背后的利益问题。价值评价的主体总是自觉不自觉地代表着或体现着某种利益。"利益是如此强大有力,以至顺利地征服了马拉的笔、恐怖党的断头台、拿破仑的剑,以及教会的十字架和波旁王朝的纯血统。"[1]在历史研究以至整个社会科学研究中,现实的利益关系以及政治立场,犹如一只"看不见的手"牵引着研究的方向,从而使不同的主体对同一个历史事件、历史人物形成了不同的评价。

实际上,只叙述而不解释的历史学是不存在的,只摆事实而不讲道理的"历史学"不是历史学,而是史料学,可问题在于,即使纯粹史料的编排也必然渗透着史料编排者的价值观。抛弃价值判断去追求历史的真相,去理解和解释历史事件、历史人物,这是不可能的。历史研究不可能排除价值观,而特定的价值观是传统文化、政治立场、阶级状况、现实利益以一种不声不响的方式长期浸润和濡化的结果。历史学家如何评价历史事件、历史人物,形式上是自主的,实际上是被他的价值观和政治立场决定的。例如,有的学者站在特定的政治立场上,仅仅依据曾国藩的道德文章而片面夸大甚至无限放大他在历史中的实际作用,并作出了不恰当的评价。可问题在于,历史人物的实际作用是客观的,而对历史人物实际作用的评价并不都能同客观历史相吻合。这种背

---

[1] 《马克思恩格斯全集》第 2 卷,人民出版社 1957 年版,第 103 页。

离实际上就是价值评价的失衡或混乱。在我看来,无论如何曾国藩都不可能是中华民族救亡的中兴名臣。

对同一个客体,不同的主体会有不同的价值评价,但这并不是说,所有的价值评价都是合理的。要使价值评价具有合理性,一要正确认识客体的实际状况,二要正确认识主体的实际需要。合理的、真正具有价值的价值评价,必须尊重事实,以事实为基础。任何建立在歪曲事实甚至伪造事实基础上的价值评价,实际上是没有价值的价值评价。在这种价值评价中,历史事实变成了漂浮不定的泡沫。历史研究应该追求事实与价值的统一。事实必须求真,理解必须求理,在此基础上,使价值评价趋向合理,使价值评价真正具有价值。

对客体实际状况的正确认识,是形成合理的价值评价的前提。只有尽可能正确、深刻和全面地认识客观事物,才能确保价值认识的正确性、深刻性和全面性。每一事物的属性、成分等都不是单一的,而是复合的。往往出现这样一种情况,即当我们利用事物的某种属性、成分满足人的某种需要时,事物的另一些属性、成分可能给人类带来不利甚至有害的后果,反之亦然。许多物质客体和精神客体在历史发展中往往表现出利与害、正价值与负价值相互交织的复杂情况。这就要求我们要全面认识客观事物的属性、成分,对其价值的正与负、大与小加以全面的历史的考察和科学的分析。否则,就会危害主体长远的、根本的利益,阻碍甚至破坏人类社会的发展。

对主体实际需要的正确认识,是形成合理的价值评价的必要条件。主体的实际需要在本质上是有利于主体生存和发展的东西,仅凭情感和直觉往往难以把握主体的实际需要。人的主观情感往往偏爱某种东西,认为它对自己有较大的价值。但是,如果人们没有真正了解自己的实际需要,就往往会以暂时的某种满足损害长远的、根本的利益。因此,主体为了形成科学的、合理的价值评价,在认识对象的同时需要正确理解和认识自身的实际需要。

认识主体的实际需要,并不意味着只认识某些个人或群体的私利和要求。只有那些既有利于社会主体生存和发展,又对个人主体、群体主体有意义的需要,才是真正符合主体利益的需要。强调社会主体的利益,并不是否认价值评价的多样性。人的需要是丰富、具体和多样的,各种物质客体和精神客体的属性也是多方面的,因而可以在不同方面满足人的不同需要。只要人们作出的价值判断、价值选择是合理的,即不损害和有悖于社会主体的根本利益,不违背社会发展规律,那么,价值评价越丰富就越有助于人的全面发展。

三、价值原则:人类活动的基本原则

从总体上看,人类活动就是以创造价值和追求真理、实现自我发展为主题。因此,和真理原则一样,价值原则也构成了人类活动的基本原则。价值原则与真理原则这两大原则,根源于人类活动的两个尺度。马克思指出:"动物只是按照它所属的那个种的尺度和需要来建造,而人却懂得按照任何一个种的尺度来进行生产,并且懂得怎样处处都把内在的尺度运用到对象上去。"①马克思在这里所说的尺度是指规定性、规律性。"任何一个种的尺度"是指对象、客体的规定、规律;"内在尺度"则是指人、主体自身的规定、规律。

人具有对象意识,能够认识、把握对象的本性和规律,这是外在的物的尺度;同时,人又具有自我意识,又能够认识、把握自身的本质和规律,这是人的内在的尺度。人不同于动物。"人和绵羊不同的地方只是在于,他的意识代替了他的本能,或者说他的本能是被意识到了的本能。"②"动物和自己的生命活动是直接同一的。动物不把自己同自己的生命活动区别开来。它就是自己的生命活动。人则使自己的生命活动本身变成自己意志的和自己意识的对象。他具有有意识的生命活动……有意识的生命活动把人同动物的生命活动直接区别开来。"③人之所以不同于并高于动物,是因为人既有对象意识,又有自我意识,能够认识、把握物的尺度与人的尺度这两个尺度,并在实践活动中把二者自觉地结合起来。从根本上说,实践就是人以"人的方式"来改造"物的方式",使"物的方式"服务于"人的方式"的活动。

价值原则与真理原则是主体尺度和客体尺度在人的活动中的体现。人是实践的主体,一方面,主体必须认识客体,把握客体的本性和规律;另一方面,主体又要改变客体,重建客体,使客体为主体的需要和目的服务,这又必须把握主体自身的本性和规律。实践使客体与主体相互适应、相互转化,客体主体化,主体客体化。这两方面的规定和规律在人的观念中越来越明确,并贯彻到行为规则中去,就形成了人类活动的价值原则与真理原则,成为人类活动必然

---

① 《马克思恩格斯全集》第42卷,人民出版社1979年版,第97页。
② 《马克思恩格斯选集》第1卷,人民出版社1995年版,第82页。
③ 《马克思恩格斯全集》第42卷,人民出版社1979年版,第96页。

遵循的规范和准则。

人类活动的这两个基本原则的形成有一个从不自觉到自觉的过程,但价值意识与真理意识的萌芽却是人类与生俱来的。恩格斯曾这样描述过远古时代人类意识的发展过程:"随着手的发展,头脑也一步一步地发展起来,首先产生了对影响某些个别的实际效益的条件的意识,而后来在处境较好的民族中间,则由此产生了对制约着这些条件的自然规律的理解。"[①]这里所说的关于"实际效益"的意识和关于制约效益的规律的意识,就是人的价值意识与真理意识的最初形态。在一定意义上说,人的实践和认识发展的历史,也就是价值原则与真理原则发展的历史。

在侧重点上,价值原则与真理原则是不同的,因而是有区别的:真理原则体现客体尺度的要求,要求人们在认识什么是真理时不能考虑人的主体需要和利益,而价值原则体现主体尺度的要求,要求人们在认识真理时必须考虑主体需要和利益;真理原则主要表明人的活动中的客观制约性,而价值原则主要表明人的活动中的主观目的性;真理原则是社会活动中的统一性原则,价值原则是社会活动中的多样化原则;真理是一元的,真理本身没有主体的差别,而价值是多元的,不同的主体有不同的需要、不同的价值要求和价值选择。

价值原则与真理原则的差异性,说明创造价值与追求真理之间具有矛盾性。这种矛盾性,一方面给人类的生活、活动造成了困难,另一方面,这个矛盾的不断解决又不断地推动着人本身的发展和社会的进步。我们既要看到价值原则与真理原则对立的一面,又要看到二者统一的一面。价值原则与真理原则之间的矛盾是人类活动的内在矛盾,价值原则与真理原则的统一是人类活动的内在要求。

价值原则与真理原则在人的活动中相互引导。在人类活动中,人们总是不断从价值走向真理,从真理走向价值。真理从被发现到进一步具体化和完善化,是朝着更深刻、更全面理解人的生活条件和人本身价值的方向发展的,这表明,真理的发展趋向于价值。人们对客观世界有了新的正确认识,就会提出和实现新的价值目标。反过来,人们对价值的不断追求,又会引起对制约实际效益的客观条件和规律的探索,从而从价值走向真理。

价值原则与真理原则统一的根据就在人的实践活动之中。作为同一活动

---

① 《马克思恩格斯选集》第4卷,人民出版社1995年版,第274页。

的两个方面,失去任何一个方面,都会使人的活动偏离正确的轨道。尽管人们的每个具体活动不一定都能实现价值原则与真理原则的统一,特别在阶级社会中,价值原则与真理原则的背离更是时常发生,但是,人类需要也能够通过自我调节来解决价值原则与真理原则的冲突,从而以某种方式使二者达到某种程度的统一。

价值原则与真理原则的统一性,是在人们的具体的活动中实现的。每当价值选择与真理原则发生冲突时,就需要主体调节自己的活动。一般说来,这种调节总是要使价值服从真理,使需要服从可能。实践是具体的,在实践的基础上人们认识和发现的真理也是具体的,相应提出的价值要求以及价值所能实现的范围、程度等同样是具体的,由此决定了价值原则与真理原则的统一也必然是具体的。人们不可能一次就穷尽对真理的认识,也不可能通过一次实践就能满足自己的全部价值要求。这些都体现出价值原则与真理原则相统一的具体性。

在一定意义上说,人类社会的发展史就是价值原则与真理原则矛盾运动的历史。人们一方面以真理为基础去追求价值,追求物对人的有用性,另一方面以价值为动力去寻求真理,促进人对客观世界的认识更加深刻、更加完备。正是在价值原则与真理原则的相互引导、相互作用的过程中,人类不断的从必然王国走向自由王国。马克思指出:人们在物质生产领域所能实现的"自由只能是:社会化的人,联合起来的生产者,将合理地调节他们和自然之间的物质变换,把它置于他们的共同控制之下,而不让它作为一种盲目的力量来统治自己;靠消耗最小的力量,在最无愧于和最适合于他们的人类本性的条件下来进行这种物质变换。但是,不管怎样,这个领域始终是一个必然王国"。"自由王国只是在由必需和外在目的规定要做的劳动终止的地方才开始;因而按照事物的本性来说,它存在于真正物质生产领域的彼岸……在这个必然王国的彼岸,作为目的本身的人类能力的发挥,真正的自由王国,就开始了。但是,这个自由王国只有建立在必然王国的基础上,才能繁荣起来。"①

四、价值观:价值关系应然状态的展示与期盼

所谓价值观,就是指人们基于生存和发展的需要,对事物的价值的根本看

---

① 《马克思恩格斯全集》第 25 卷下,人民出版社 1974 年版,第 926—927 页。

法,是关于如何区分好与坏、善与恶、符合意愿与违背意愿的总体观念,是关于应该做什么和不应该做什么的基本原则。作为解答人与世界关系的世界观,哲学不仅要回答人与世界的关系是什么的问题,而且要回答人与世界的关系应当怎么样的问题。前者属于真理观,后者属于价值观。在这个意义上,哲学是真理观和价值观的统一。

同世界观或人生观一样,价值观具有广泛性,涉及社会生活的各个领域:在人与自然的关系中,有对实践活动和认识活动成果的评价;在人与社会的关系中,有对社会关系和社会制度的评价;在人与自我的关系中,有对自我价值和社会价值的评价;如此等等。任何一种价值评价都有自己特殊的标准和基本原则。就内容而言,价值观的根本是价值原则。有什么样的价值原则,就会有什么样的价值规范和价值理想,价值原则规定了价值观的性质。基督教的价值观以上帝为价值原则,并将之作为衡量一切价值的标准。个人主义的价值观以个人利益为价值原则,并将之作为评判其他一切价值的根据。马克思主义的价值观以个人与社会的统一为价值原则,以每个人的全面而自由发展为最高价值。

价值原则总是渗透在价值规范中。所谓规范,其本意就是规则、标准或尺度,明确规定人应该怎样,不应该怎样。价值规范包括风俗习惯、伦理道德、政治法律等等,任何价值观都要通过价值规范具体化为如何行动的规范,才能引导人们的活动。有什么样的价值原则,就有什么样的价值规范。

确定的价值原则、价值规范必然导向确定的价值理想。价值理想是人们所追求的、具有现实可能性和合乎自己愿望的目标,它以对未来应然状态的规定和把握为内容。价值理想、价值信念、价值信仰属于同一序列的范畴。价值信念是关于价值理想的信念,是人们对价值理想抱有深刻信任感的精神状态;价值信仰则不仅表示人们对价值理想的认同,而且还意味着感情的皈依、真诚的信奉,表现了主体的最高价值追求。价值原则、价值规范、价值理想都属于价值观的内容。

价值观与价值关系既有联系又有区别。价值关系是一种客观的社会关系,是人与物、人与人之间的实际的利益关系。利与害、好与坏、得与失等等都不是单纯的主体的自我感受,而是实际的利益关系。例如,一个奴隶可以满足自己的奴隶地位,但并不能因此改变奴隶与奴隶主的价值关系,改变奴隶与奴隶制的价值关系。价值观则是在一定的历史条件和文化背景下,不同的人对价值关系的理解和把握。换句话说,价值观念不同于价值关系,价值关系是客观的社会关系,价值观念则是人们对客观的价值关系的观念把握。

价值关系之所以是客观的,关键在于这种关系依存的对象的客观性。例如,水对人的价值是不言而喻的,没有水,人就不可能生存,水资源的危机实际上是人的危机。之所以如此,取决于水具有满足人的需要的物理、化学特性。如果没有水,人就会以死亡为代价表明人与水之间价值关系的客观性。同时,只有对象的客观属性还不能构成价值关系,人与事物之间要构成价值关系,还必须有人的特定的需要。没有人对水的需要,人与水之间就不可能形成价值关系。没有资本对劳动力的需要,没有工人就业的需要,资本家与工人之间的价值关系同样不能成立。人们的价值观的形成恰恰依赖于对自身需要的把握。

人们正是基于意识到的需要对各种价值关系进行判断、反思和整合,才形成了价值观。不同的人有不同的需要和自我意识,从而形成不同的价值观。人的需要的多层次性,决定了价值观的多层次性;人的需要的社会性,决定了价值观的社会性;人的需要的历史性,决定了价值观的历史性。不存在一个抽象的、永恒不变的、适应于任何时代、任何民族、任何阶级的价值观。

价值观是人们在实际需要的驱动下,在自我意识的引导下,在实践活动的基础上形成的。每一个时代的价值观都是当时的物质生活方式、政治法律制度、观念文化传统等因素濡染、熏陶和塑造的结果。任何一个社会都是一方面通过法律、舆论和教育,有目的、有计划地把核心价值观灌输给每个社会成员;另一方面通过文化传统,将核心价值观在潜移默化中传递给每个社会成员,从而促使他们形成共同的价值观。个人接受社会核心价值观的过程,实际上就是通过自己的实践活动和人生经验对之加以选择和内化的过程。没有这种体会、理解、选择、接受、认同和内化,社会所提供的核心价值观就只能成为外在的规范,而不能成为人们自觉的价值意识,不能真正成为社会的主导价值观念。

在日常生活中,价值观构成了个人的心理定势。社会总是通过核心价值观告诉人们能做什么,不能做什么,从而为人们的社会活动、日常生活提供规则、标准和模式。通过核心价值观,特定的社会不仅为自身提供了价值理想和奋斗目标,引领社会发展方向,而且影响个人的价值取向,引导个体的价值选择和活动方向。所以,每一个社会都要确立自己独特的核心价值观,它造就一种氛围,形成一种力量,并通过多种渠道使这种价值观转化成为社会成员的个人价值观,形成社会的共同价值观,从而为人们提供共同的价值原则、价值规范、价值理想,使人们形成共同的追求。

现实的价值观主要决定于不同人的社会地位,这种社会地位同时就是人们在价值关系中的地位。所以,任何一个社会都存在着多种价值观,它们反映了人们多样的生存条件、活动方式和利益关系。这种种不同的价值观之间存在着矛盾和冲突。价值观的冲突表现为个人与个人、个人与群体,以及群体与群体之间的价值观冲突,在效率与公平、自由与平等、利益与道义等一系列重要问题上,不同的民族、阶级、阶层以至个人往往有不同的乃至相反的看法。即使同一个民族、阶级、阶层以至个人在不同领域、不同方面的价值取向上也往往呈现出多变性和矛盾性。

但是,社会地位相同,价值观不一定就相同。同样是处于被剥削地位的工人,有起来反抗雇佣劳动制度的工人,有满足自己雇佣劳动地位的工人,也有赞美雇佣劳动制度的工人,他们的社会地位相同,但价值观念不一定相同。在阶级社会中,被剥削者接受剥削阶级的价值观念是普遍现象,在这种社会制度下利益受损的人反而赞美这种社会制度的现象也不罕见。之所以如此,是因为价值观与价值关系既有联系,又有区别。价值观是人们对事物进行价值判断的尺度,属于主观的思想领域,价值关系是人们之间实际的利益关系,属于客观的社会关系。人们的价值观可能正确地反映了价值关系,也可能歪曲地反映了价值关系,二者并不是绝对一致的。实际上,价值观的形成是包括价值关系、经济关系、传统文化和社会教育积淀在内的复杂过程。

价值观的多样性及其冲突,往往带来价值失序的问题。因此,面对不同价值观之间的冲突,需要积极地进行核心价值观建设,并使之成为社会的主导价值观,转化为人们的共同价值观。任何社会都提倡共同的价值观,这个共同的价值观实际上就是统治阶级的价值观。处于统治地位的阶级利用自己掌握的教育、舆论、宣传工具,进行日积月累、代代相传的思想灌输,从而使自己的价值观转化为人们的主导价值观,并力图使之成为社会的共同价值观。儒家价值观在中国封建社会中长期处于主导地位,就与长期以来封建社会统治者的倡导,与整个封建社会的教育,尤其是与科举制度和官吏任用的标准密不可分。实际上,"统治阶级的思想在每一时代都是占统治地位的思想。这就是说,一个阶级是社会上占统治地位的物质力量,同时也是社会上占统治地位的精神力量。支配着物质生产资料的阶级，同时也支配着精神生产资料，因此，那些没有精神生产资料的人的思想，一般地是隶属于这个阶级的。占统治地位的思想不过是占统治地位的物质关系在观念上的表现，不过是以思想的形式表现出来的占统治地位的物质关系；因而，这就是那些使某一个阶级成为统治阶级的关系在观念上的表现，因而这也就是这个阶级的统治的思想"[1]。

任何社会都有自己的核心价值观，任何社会的核心价值观反映的都是该社会的本质特征和核心利益。中国封建社会的核心价值观，就是儒家的忠孝仁爱礼义廉耻。资本主义社会的核心价值观，就是私有财产神圣不可侵犯以及以此为基础的个人本位。维护资本主义私有制既是资本主义国家机器、资本主义法律体系的核心任务，也是资本主义价值观的核心内容。社会形态的变化同时也就是核心价值、核心价值观的变化。由资本主义转变为社会主义是社会形态的根本变革，这一变革在价值观上的标志，就是核心价值的变化。我们应当明白，社会主义社会的核心价值与以往社会的核心价值不存在继承的问题，因为社会主义对资本主义的变革同时也就是对资本主义以及封建主义核心价值的变革；我们应当注意，不能简单地移用西方资本主义社会、中国封建社会现成的核心价值观，因为它们不能反映社会主义的本质特征和核心利益。社会主义核心价值观应该也必须反映社会主义的本质特征和核心利益。

价值观中的一个极其重要的问题甚至是核心问题，就是个人的社会价值与自我价值的问题。从根本上说，人的价值就在于，它是一种创造价值的价值。就个人而言，个人的价值可以分为个人的社会价值与自我价值，即个人对社会的价值和对自己的价值。

人是历史的"剧中人"，又是历史的"剧作者"，人既依赖社会，又创造着社会。因此，个人的价值首先是指其社会价值，即个人的创造活动对社会需要的满足和对社会的贡献。一个人对社会的贡献越大，他的社会价值就越大；一个人对社会的贡献越小，他的社会价值就越小。对社会不承担任何责任，不作任何贡献的人，也就是没有社会价值的人。社会生活在本质上是实践的，从根本上说，一部社会史就是人的劳动史。在这个意义上，一个人劳动贡献、创造成果的大小标志着其社会价值的大小。

---

[1]《马克思恩格斯选集》第 1 卷，人民出版社 1995 年版，第 98 页。

个人的社会价值的实现有赖于其能力,在"心有余而力不足"时,人的社会价值难以实现。但是,个人的社会价值又不是简单地取决于其能力的大小,重要的是取决于这种能力发挥的程度。人的能力总是有大有小,有的人虽然有能力,但不愿为社会付出,甚至"拔一毛而利天下,不为也";有的人能力虽小,但在社会需要时能够倾其全力。一个人的人格、品格如果是高尚的,他的劳动态度和精神面貌为别人作出了榜样,他也就向社会提供了精神价值,尤其是道德价值。一个人道德水平越高,表明他对社会作出的贡献就越大,他的社会价值因此也就越大。毛泽东指出:"一个人能力有大小,但只要有这点精神,就是一个高尚的人,一个纯粹的人,一个有道德的人,一个脱离了低级趣味的人,一个有益于人民的人。"①因此,根据个人的能力的发挥程度,而不是仅仅根据其是否具有能力来判断个人的社会价值,具有重要意义。

评价个人的社会价值,就是要看他的活动及其结果是否满足了社会需要,以及在何种程度上满足了社会需要。个人是通过对社会的贡献来显示自己的社会价值的。所谓"人生的价值在于奉献",就是说个人应当在对社会的贡献中实现和表现自己的社会价值。实际上,这是对个人的价值评价的社会尺度。

价值是作为主体的人的活动的产物,物对人的意义实际上是人的活动对人自身的意义。所谓个人的自我价值,是指个人的活动对自身的意义,是个人通过自己的活动来满足自己的需要。一个人越是通过自己的活动来满足自己的需要,他的自我价值就越大;一个人越是依靠他人的活动来满足自己的需要,他的自我价值就越小。个人的自我实现也就是一种个人价值,当个人以自身为目的来创造价值时,这种活动就是实现个人的自我价值的活动。个人只有通过参加社会活动才能满足自己的需要,实现自己的自我价值。

人的价值有潜在的和现实的两种形态。人的潜在价值是人所具有的创造价值的潜能。人的潜能是人通过生物遗传和社会遗传方式获得的,是自然进化和社会进化双重进化的积淀。人在实践活动中使自身的潜能发挥出来,变成创造客体价值的现实力量,人因此也就成为现实的主体而实现了自身的创造价值。创造价值的实践是人的潜在价值向现实价值转化的基础。

但是,人的价值由潜在向现实的转化是有条件的。条件不同,人的价值实现的方式和程度也就不同。实际上,个人的先天禀赋,即潜能的原始差别并不

---

① 《毛泽东选集》第二卷,人民出版社1991年版,第660页。

大,但实现价值的方式和程度上的差别却往往很大,甚至其潜在价值因缺乏实现的条件而泯灭。所以,考察人的价值的实现必须注重考察人的价值实现的社会条件,必须注意正确把握个人的社会价值与自我价值的关系。

个人的社会价值是个人对社会的意义,人的自我价值则是个人对自身的意义。无疑,个人应当实现自己的自我价值。但是,个人自身意义的实现离不开社会。不管人们是否承认或意识到,人自身的意义或希望自身具有的意义,归根到底,都是在他和社会的关系中所体现出来的意义,是对社会的意义。正如马克思所说,"人同自身的关系只有通过他同他人的关系,才成为对他说来是对象性的、现实的关系"①。

个人的自我价值总是与个人的社会价值相联系的。在实现个人的自我价值的过程中,看起来似乎只是个人的东西,实际上总是与他人有关,总是具有社会的性质。"甚至当我从事科学之类的活动,即从事一种我只是在很少情况下才能同别人直接交往的活动的时候,我也是社会的,因为我是作为人活动的。不仅我的活动所需的材料,甚至思想家用来进行活动的语言本身,都是作为社会的产品给予我的,而且我本身的存在就是社会的活动;因此,我从自身所做出的东西,是我从自身为社会做出的,并且意识到我自己是社会的存在物。"②任何个人都是在社会中生存和生活的,个人不可能脱离社会实现自我价值。

个人的自我价值的实现离不开个人的社会价值。社会能够给予个人的东西,是人们自己创造和贡献出来的,在这里,贡献是前提;社会给予作出贡献的个人以满足和尊重,但只有为社会作出贡献的人,才配得到这种满足和尊重。心理学所讲的自尊心的核心,实际上就是对个人的自我价值的判断。一个公平正义的社会对个人尊严的重视,归根到底,是组成社会的个人对自身价值的肯定。社会的发展有赖于人们的贡献,只有贡献大于获取,社会才能发展;如果人们的索取和享受大于贡献,社会则不可能存在下去。同时,只有在社会的不断发展中,人们才能得到越来越多的满足和享受。"活动和享受,无论就其内容或就其存在方式来说,都是社会的,是社会的活动和社会的享受。"③

个人的自我存在、自我发展与社会存在、社会发展互为前提。"现实的个

---

① 《马克思恩格斯全集》第 42 卷,人民出版社 1979 年版,第 99 页。
② 《马克思恩格斯全集》第 42 卷,人民出版社 1979 年版,第 122 页。
③ 《马克思恩格斯全集》第 42 卷,人民出版社 1979 年版,第 121—122 页。

人"是社会历史的"现实前提",没有个人的存在,也就没有社会的存在,社会发展是无数个人自我发展的结果;反过来说,没有社会的存在,也就没有个人的存在,离开社会的发展,个人的发展就失去了基础和条件。"个人是社会存在物。因此,他的生命表现,即使不采取共同的、同其他人一起完成的生命表现这种直接形式,也是社会生活的表现和确证。"①"只有在共同体中,个人才能获得全面发展其才能的手段。"②个人只有在社会中,并且只有通过社会才能实现自己的自我价值。换言之,个人只有在推动社会发展的过程中,才能求得个人发展,实现自我价值。

所谓自我,是对人作为主体的肯定,人类、个人作为主体具有自我的特性。所谓自我实现,实际上是指人类、个人所做的一切都要由人来实现,而不是指凡人所做的一切都源于自我。实际上,人仅凭自我,什么也实现不了,"巧妇难为无米之炊"。日常生活中往往有一种"颠倒"的看法,似乎因为某人是木匠,所以才会做家具,似乎因为某人是教师,所以才会教书,似乎因为某人是作家,所以才会写小说。实际情况正好相反,是因为某人做家具才成为木匠,因为某人教书才成为教师,因为某人从事写作才成为作家。人要实现什么,首先就要获得什么。一个画家创作一幅画,不是他实现了自我的绘画才能,而是他把自己在学习和实践中获得的绘画才能实现出来了。一个人究竟是什么样的人,其特点体现在他的活动和被凝结为对象的产品之中,一个人的价值是在对象化的活动中自我确证的。人的一切都是由人来实现的。人具有能动性和创造性,能够把客观存在的可能性转化为自己的需求和目的,然后,通过实践这种对象化的活动去实现,这就是真实的自我实现。

从根本上说,人与社会的关系决定了个人只有在社会中,并且只有通过社会才能实现自我价值。为社会奉献,为人类造福与个人的自我实现、自我完善并不冲突,相反,它是个人自我实现、自我完善的根本途径。"人们只有为同时代人的完美、为他们的幸福而工作,才能使自己也达到完美。"③个人的社会价值与自我价值在本质上是统一的。离开了社会而高谈"我就是我",是貌似高深的无聊的废话。

个人的自我价值与社会价值的统一意味着目的与手段、权利与义务的

---

① 《马克思恩格斯全集》第42卷,人民出版社1979年版,第122—123页。
② 《马克思恩格斯选集》第1卷,人民出版社1995年版,第119页。
③ 《马克思恩格斯全集》第40卷,人民出版社1982年版,第7页。

统一。

个人的自我价值是个人对自身的意义,意味着个人自身成为目的,同时,每个人都应是目的与手段的统一。马克思指出:"每个人是手段同时又是目的,而且只有成为手段才能达到自己的目的,只有把自己当作自我目的才能成为手段。"①一个把自己作为目的的人,要在两个方面把自己作为手段:一是作为自己本身的手段,二是作为他人、社会的手段,在满足他人、社会需要的过程中满足自己的需要。"一个人的发展取决于和他直接或间接进行交往的其他一切人的发展。"②一个人只想当目的,不愿作手段,这是皇权思想;一个阶级只想当目的,不愿作手段,这是剥削阶级观念;整个人类只想当目的,不愿作手段,那就会陷入空想主义之中。

权利是对个人主体地位的社会确认,是个人在社会中应当享有的利益以及实现这种利益的权力。这种人权是社会对个人最基本需要的肯定和满足,也是个人价值的重要体现。人权并不是天赋的,而是个人作为特定社会成员的权利,是具体的历史的权利,"权利决不能超出社会的经济结构以及由经济结构制约的社会的文化发展"③。但是,有权利就必有义务,即个人在一定的社会关系中对他人、社会应尽的责任。权利与义务不可分割,"没有无义务的权利,也没有无权利的义务"④。个人的权利,对社会、集体来说,则表现为对集体、社会的义务;个人的义务,相对于集体、社会来说,则表现为集体、社会的权利。这就是说,任何权利的实现都是以义务的履行为条件,任何权利主体都要承担相应的义务,承担相应的责任。

个人的自我价值与社会价值的统一,表明人具有使命。"作为确定的人,现实的人,你就有规定,就有使命,就有任务,至于你是否意识到这一点,那都是无所谓的。这个任务是由你的需要及其与现存世界的联系而产生的。"⑤实际上,这就是人活着为了什么的问题,是人生观和价值观的问题。

---

① 《马克思恩格斯全集》第46卷上,人民出版社1979年版,第196页。
② 《马克思恩格斯全集》第3卷,人民出版社1960年版,第515页。
③ 《马克思恩格斯选集》第3卷,人民出版社1995年版,第305页。
④ 《马克思恩格斯选集》第2卷,人民出版社1995年版,第610页。
⑤ 《马克思恩格斯全集》第3卷,人民出版社1960年版,第329页。

附 录

再论马克思主义的理论主题和理论结构

马克思主义的创立犹如人类思想史上的壮丽日出,不仅深刻地改变了人类思想史的面貌,而且深刻地改变了人类历史的进程。在人类思想史上,没有一种思想理论像马克思主义那样对人类产生了如此广泛而深刻的影响。然而,由于社会生活和历史任务的改变,"马克思主义这一活的学说的各个不同方面也就不能不分别提到首要地位"①,由于在马克思主义内部存在着不同的派别,这些不同的派别对马克思主义有不同的理解,由于在马克思主义外部有不同的学者对马克思主义有不同的解读,所以,如何从整体上准确地理解和把握马克思主义就成了一个争论不休、有待全面而深入研究的重大理论问题。"马克思主义思想史首先应该说明,在一定的时期中,什么样的马克思主义以及它在多大程度上体现了创造性的解决办法,哪一种马克思主义是经得起历史考验的最深刻的马克思主义,并且是真正符合当代历史要求的马克思主义",从而真正把握"统一的""完整的马克思主义"。② 本文拟就马克思主义的理论主题和理论结构作一新的考察和审视,以深化我们对马克思主义的研究。

一、关于人类解放学说和关于社会发展规律科学的统一

理论体系往往以理论家个人的名字命名,但它并非仅仅属于理论家个人。由理论家们所创造的理论体系,不管它们在形式上如何抽象,不管它们具有什么样的"个性",都和理论家本人所处的时代密切相关。苏格拉底思想、卢梭学说、黑格尔哲学、斯密经济学、圣西门理论、凯恩斯主义……离开了它们各自的

---

① 《列宁选集》第 2 卷,人民出版社 1995 年版,第 279 页。
② [南]弗兰尼茨基:《马克思主义史》第一卷,胡文建等译,黑龙江大学出版社 2015 年版,第一版序言,第 5—6、2、1 页。

时代都是无法理解的。任何一种理论体系都是一定时代的产物。马克思主义同样如此。马克思主义并不是马克思个人的自我表现，而是马克思在解答资本主义社会所特有的问题中产生的，是资本主义生产方式占据统治地位的时代的产物，其理论主题——无产阶级和人类解放就是时代课题在理论上的反映和升华。

马克思的时代就是资本主义的时代。从历史上看，"资产阶级在历史上曾经起过非常革命的作用"①。然而，资产阶级在取得巨大的历史性胜利的同时，也给自己带来了巨大的社会性问题，这就是，生产社会化与生产资料私有制之间存在着无法解决的矛盾，这一矛盾导致人的活动、人的关系和人的世界都异化了。用马克思的话来说，这是一个"颠倒的世界"，"物的世界的增值同人的世界的贬值成正比"②，不是人支配物，而是物支配人。在资产阶级社会里，"资本具有独立性和个性，而活动着的个人却没有独立性和个性"③。这种异化集中体现在无产阶级身上。无产阶级集中体现了"使人受屈辱、被奴役、被遗弃和被蔑视的东西的一切关系"，"表明了人的完全丧失"。④ 因此，揭露并消除这种异化，实现人类解放就成为马克思那个时代的时代课题。

然而，包括"批判的空想的社会主义"在内的西方近代社会理论并没有科学地解答这一时代课题。"批判的空想的社会主义"本质上是一种抽象的人道主义，它既不理解无产阶级的历史地位，也没有发现社会发展的客观规律，因而它向人们展示的仍然是抽象的真、善、美。"批判的空想的社会主义"似乎在给人们提供某种希望，实际上是在掩饰现实的苦难，抚慰被压迫的生灵。与"批判的空想的社会主义"者不同，马克思不仅提出了人类解放的问题，而且认为能够完成这一历史任务、担当"解放者"这一历史角色的，只能是无产阶级。按照马克思的观点，无产阶级不是同资本主义制度的"后果"发生"片面矛盾"，而是同资本主义制度的"前提"发生"全面矛盾"，因而是一个如果"不从其他一切社会领域解放出来并同时解放其他一切社会领域，就不能解放自己"⑤的阶级。这就是说，无产阶级是一个需要自己解放自己，并且只有解放全人类才

---

① 《马克思恩格斯选集》第1卷，人民出版社1995年版，第274页。
② 《马克思恩格斯全集》第42卷，人民出版社1979年版，第155、90页。
③ 《马克思恩格斯选集》第1卷，人民出版社1995年版，第287页。
④ 《马克思恩格斯全集》第1卷，人民出版社1956年版，第461、466页。
⑤ 《马克思恩格斯全集》第1卷，人民出版社1956年版，第466页。

能最后解放自己的阶级。作为这样一个特殊的"解放者",无产阶级需要自己的理论,以达到"自我认识和自我意识",并形成"明确的阶级意识"。

正因为如此,探讨无产阶级和人类解放的目标、内涵和途径,就成为马克思首要的和主要的工作。正是通过对资本主义生产方式的批判,马克思主义发现了人的异化的秘密所在,并力图付诸"革命的实践",消除人的异化,实现无产阶级和人类解放。"无产阶级要求否定私有财产,只不过是把社会已经提升为无产阶级的原则的东西,把未经无产阶级的协助、作为社会的否定结果而体现在它的身上,即无产阶级身上的东西提升为社会的原则。"①"对实践的唯物主义者,即共产主义者说来,全部问题都在于使现存世界革命化,实际地反对和改变事物的现状。"②马克思主义就是为无产阶级改变世界的实践活动而创立的,其最高目标,就是力图通过改变资本主义私有制条件下人对物的占有关系来消除人与人的异化关系,实现无产阶级和人类解放。从根本上说,马克思主义的理论主题就是"人类解放何以可能"这一时代课题在理论上的反映和升华。抽掉无产阶级和人类解放这一理论主题,"马克思主义"就会成为无魂的躯壳。

我断然拒绝萨特的观点,即马克思主义"见物不见人",在马克思主义中存在着"人学空场"。对马克思主义发展史的深入研究可以看出,无产阶级和人类解放,让马克思一生魂牵梦绕,从精神上和方向上决定了马克思一生的理论活动。无论是所谓的"不成熟"时期,还是所谓的"成熟"时期,马克思关注的都是消除人的异化状况,实现无产阶级和人类解放,从而确立"有个性的个人"③,实现"每个人的全面而自由的发展"④。正是在马克思主义中,我们看到了一种对资本主义制度的彻底的批判精神,透视出一种对人的异化状态的深切的关注之情,领悟到一种旨在实现无产阶级和人类解放的强烈的使命意识。由此,马克思主义实现了对人的现实关怀和终极关怀的统一。在我看来,这是一种双重关怀,是全部人类思想史上对人的最激动人心的关怀。

但是,我们应当明白,马克思主义不是抽象的人道主义,关注的不是抽象的人。按照马克思的观点,如果不能给工人、劳动者这些占人口绝大多数、被

---

① 《马克思恩格斯全集》第 1 卷,人民出版社 1995 年版,第 466—467 页。
② 《马克思恩格斯全集》第 3 卷,人民出版社 1960 年版,第 48 页。
③ 《马克思恩格斯全集》第 3 卷,人民出版社 1960 年版,第 79 页。
④ 《马克思恩格斯全集》第 23 卷,人民出版社 1972 年版,第 649 页。

压迫的人们以真实的利益和自由,人类解放就是空话甚至沦为一种欺骗;马克思主义也不是"伦理的社会主义",仅仅出于对工人、劳动者的同情,仅仅通过"伦理的使命"而重建社会主义学说。马克思对工人、劳动者这些"受苦的人"当然怀有真挚的同情,但马克思并不以此作为立论根据,正像妙手回春的圣医并不以对病人的同情代替诊断、开出药方一样。马克思不是心怀济世的救世主,而是思想家和革命家的完美结合;马克思主义不是一种纯粹的"道德抗议",而是意识形态和科学理论的高度统一。

任何一门科学都以发现和把握某种规律为己任,任何一种学说要成为科学,就必须发现和把握某种规律。人的本质在现实性上是社会关系的总和。"黑人就是黑人。只有在一定的关系下,他才成为奴隶。纺纱机是纺棉花的机器。只有在一定的关系下,它才成为资本。"①"资本家和雇佣工人,本身不过是资本和雇佣劳动的体现者,人格化,是由社会生产过程加在个人身上的一定的社会性质,是这些一定的社会生产关系的产物。"②一言以蔽之,"社会人的一定性质,即他所生活的那个社会的一定性质"③。因此,要科学地解答"人类解放何以可能",就要科学地解答人类历史"向何处去",就要发现和把握社会生活的本质和社会发展的规律。马克思主义立论的依据就是社会发展规律,即历史规律。马克思主义就是关于资本主义生产方式运动规律、社会发展一般规律的科学,并使这种科学性转化为人们的价值目标和理想追求。抽掉社会发展规律,"马克思主义"就会成为无根的浮萍。

这就是说,马克思主义既是关于无产阶级和人类解放的学说,又是关于人类社会发展规律的科学;既是一种价值观念,又是一种科学理论,马克思主义是价值观念和科学理论的统一。马克思主义毫不掩饰自己对无产阶级和人类解放的价值追求,同时从社会发展规律中探求无产阶级和人类解放的可能性、条件和途径。在马克思主义体系中,价值判断以科学判断为依据,科学判断又蕴含着价值判断,而且"科学越是毫无顾忌和大公无私,它就越符合工人的利益和愿望"④。

---

① 《马克思恩格斯选集》第1卷,人民出版社1995年版,第344页。
② 《马克思恩格斯全集》第25卷下,人民出版社1974年版,第995页。
③ 《马克思恩格斯全集》第19卷,人民出版社1963年版,第404页。
④ 《马克思恩格斯选集》第4卷,人民出版社1995年版,第258页。

"马克思主义是马克思的观点和学说的体系。"①列宁对马克思主义的定义表明,马克思只有一个,这就是作为马克思主义主要创始人的马克思。离开了马克思主义的马克思,是虚构的马克思;同样,离开了马克思的马克思主义,是虚构的马克思主义。我们不能以虚无主义的态度对待作为马克思主义主要创始人——马克思的观点和学说,奉行没有马克思的马克思主义。在我看来,这是打引号的马克思主义。我们应当注意,马克思主义是马克思的观点和学说的"体系",而不是马克思的著作和观点的"总和"。马克思主义当然表现在马克思的著作中,但其中的某本著作、某一观点并不能等同于马克思主义。马克思主义是贯穿在马克思的全部著作中,且不断重复出现、具有规律性概括的观点和学说,这些观点和学说在逻辑上是严密的、完整的,因而构成了马克思主义的理论体系。从历史的角度看,把马克思的某本著作、某一观点从马克思思想发展的某一阶段分离出来;从逻辑的角度看,把马克思的某一观点、某一学说甚至某一句话从马克思主义的理论体系中分割开来,都是对马克思主义的曲解。

同时,我们也不能奉行"原教旨主义",以教条主义的态度对待马克思主义,认为只有坚持马克思的所有观点和学说,才是马克思主义。在我看来,这同样是打引号的马克思主义。按照这种标准,马克思主义就会终止于1883年,连恩格斯的思想、列宁主义都不属于马克思主义的范畴,因为恩格斯的思想的确在某些方面超出了马克思学说的范围,而列宁主义的确在一些重大问题上突破了马克思的观点,并用一些新的观点代替了原有的观点。马克思是马克思主义的主要创始人,但我们又不能把马克思的观点和学说与马克思主义完全等同起来。马克思主义是在批判资本主义、探索社会主义的过程中产生的,马克思主义就是由马克思所创立,为他的后继者所发展的关于批判资本主义、建设社会主义的学说。正因为如此。列宁在《卡尔·马克思》中提出了"马克思的学说"和"马克思主义"②这两个概念。

二、哲学批判、政治批判和资本批判的统一

批判性是马克思主义的本质特征。早在马克思主义创立之初,马克思

---

① 《列宁选集》第2卷,人民出版社1995年版,第418页。
② 《列宁选集》第2卷,人民出版社1995年版,第417、413页。

就明确提出,"对现存的一切进行无情的批判","在批判旧世界中发现新世界"。① 当代世界的发展表明,马克思的批判性仍然具有重大的现实意义。德里达指出,"求助于某种马克思主义的批判精神仍然是当务之急,而且将必定是无限期地必要的",并认为忠实于马克思主义的批判精神是一种"义不容辞的责任",只要我们继承马克思主义的批判精神,并"使马克思主义的批判适应新的条件,不论是新的生产方式、经济和科学技术的力量与知识的占有,还是国内法或国际法的话语与实践的司法程序,或公民资格和国籍的种种新问题等等,那么这种马克思主义的批判就仍然能够结出硕果"。②

马克思主义的批判精神表明,马克思主义是一种批判理论。但是,马克思主义的批判性并不是一种"纯粹"的道德批判,而是一种同科学性高度统一的批判性。马克思主义以社会发展规律为对象,从"经验的观察"出发,"根据经验来揭示社会结构和政治结构同生产的联系"③,深刻地揭示了研究对象的规律性,正是在这个意义上,马克思把马克思主义的批判称为"实证的批判",把马克思主义称为"真正实证的科学",即"在现实生活面前,正是描述人们的实践活动和实际发展过程的真正实证的科学"④。这就是说,马克思主义是"真正批判的世界观"⑤和"真正实证的科学"的高度统一,马克思主义的批判性是革命性和科学性的高度统一,不存在两个各自独立的"批判的马克思主义"与"科学的马克思主义"。正如列宁所说,"马克思认为他的理论的全部价值在于这个理论'按其本质来说,它是批判的和革命的'……这一理论对世界各国社会主义者所具有的不可遏止的吸引力,就在于它把严格的和高度的科学性(它是社会科学的最新成就)同革命性结合起来,并且不仅仅是因为学说的创始人兼有学者和革命家的品质而偶然地结合起来,而是把二者内在地和不可分割地结合在这个理论本身中"⑥。

马克思主义的批判性又是批判和自我批判的高度统一,即马克思主义不仅以批判精神对待其他社会思潮、理论体系,而且以批判精神对待自己,它总

---

① 《马克思恩格斯全集》第1卷,人民出版社1956年版,第416页。
② [法]德里达:《马克思的幽灵——债务国家、哀悼活动和新国际》,何一译,中国人民大学出版社1999年版,第122页。
③ 《马克思恩格斯全集》第3卷,人民出版社1960年版,第29页。
④ 《马克思恩格斯全集》第3卷,人民出版社1960年版,第30—31页。
⑤ 《马克思恩格斯全集》第3卷,人民出版社1960年版,第261页。
⑥ 《列宁全集》第1卷,人民出版社1984年版,第291页。

是在同现实世界的相互作用中反观自己,总是在同其他社会思潮、理论体系的相互作用中反思自己,并在这种自我批判的过程中不断地修正、深化、发展自己。马克思主义高度重视自我批判,并认为:"所说的历史发展总是建立在这样的基础上的:最后的形式总是把过去的形式看成是向着自己发展的各个阶段,并且因为它很少而且只是在特定条件下才能够进行自我批判……所以总是对过去的形式作片面的理解。基督教只有在它的自我批判在一定程度上,可说是在可能范围内准备好时,才有助于对早期神话作客观的理解。同样,资产阶级经济只有在资产阶级社会的自我批判已经开始时,才能理解封建的、古代的和东方的经济。"①正因为马克思主义高度重视自我批判,是批判和自我批判高度统一的批判理论,马克思主义始终保持着旺盛的生命力,至今仍然是具有重大国际影响的思想体系、话语体系。德里达看到这一点,并明确指出:"要想继续从马克思主义的精神中吸取灵感,就必须忠实于总是在原则上构成马克思主义而且首要地是构成马克思主义的一种激进的批判的东西,那就是一种随时准备进行自我批判的步骤。这种批判在原则上显然是自愿接受它自身的变革、价值重估和自我阐释的。"②应该说,德里达的这一见解正确而深刻。

马克思曾把自己的哲学称为"批判的哲学"③,但是,马克思的批判哲学不同于康德的批判哲学,或者说,马克思的哲学批判不同于康德的哲学批判。康德的哲学批判是"纯粹"的哲学批判,马克思的哲学批判从一开始就是和政治批判结合在一起的。"彼岸世界的真理消逝以后,历史的任务就是确立此岸世界的真理。人的自我异化的神圣形象被揭穿以后,揭露非神圣形象中的自我异化,就成了为历史服务的哲学的迫切任务。于是对天国的批判就变成对尘世的批判,对宗教的批判就变成对法的批判,对神学的批判就变成对政治的批判。"④

马克思主义哲学批判的一个显著特征,就是哲学批判和政治批判高度统一甚至融为一体,其针芒所向就是资本主义社会。"辩证法,在其合理形态上,引起资产阶级及其夸夸其谈的代言人的恼怒和恐怖,因为辩证法在对现存事物的肯定的理解中同时包含对现存事物的否定的理解,即对现存事物的必然

---

① 《马克思恩格斯全集》第46卷上,人民出版社1979年版,第43—44页。
② [法]德里达:《马克思的幽灵——债务国家、哀悼活动和新国际》,何一译,中国人民大学出版社1999年版,第124页。
③ 《马克思恩格斯全集》第1卷,人民出版社1956年版,第418页。
④ 《马克思恩格斯全集》第1卷,人民出版社1956年版,第453页。

灭亡的理解;辩证法对每一种既成的形式都是从不断的运动中,因而也是从它的暂时性方面去理解;辩证法不崇拜任何东西,按其本质来说,它是批判的和革命的。"①社会主义必然代替资本主义,首先就是马克思主义哲学批判的政治结论。马克思主义哲学批判的政治内涵使其产生巨大的政治效应,马克思主义哲学与时代的统一性首先就是通过这种政治效应实现的。

正因为如此,马克思对时代课题的解答,即对"人类解放何以可能"和人类历史"向何处去"的探讨始终贯穿着哲学批判:"黑格尔法哲学批判""对黑格尔的辩证法和整个哲学的批判""对批判的批判所作的批判""对费尔巴哈、布·鲍威尔和施蒂纳所代表的现代德国哲学的批判"……哲学批判和政治批判的高度统一,使马克思对政治以及哲学本身有了更透彻的理解,对现实的社会矛盾有了更深刻的认识,从而科学地解答了时代课题。"正像古代各族是在幻想中、神话中经历了自己的史前时期一样,我们德意志人是在思想中、哲学中经历自己的未来的历史的。我们是本世纪的哲学同时代人,而不是本世纪的历史同时代人。德国的哲学是德国历史在观念上的继续。因此,当我们不去批判我们现实历史的 oeuvresincomplètes〔未完成的著作〕,而来批判我们观念历史的 oeuvresposthumes〔遗著〕——哲学的时候,我们的批判恰恰接触到了本世纪所谓的 that is the question!〔问题所在!〕的那些问题的中心。在先进国家是同现代国家制度的实际脱离,在甚至还没有这种制度的德国,首先却是同这种制度的哲学反映的批判脱离。"②

马克思主义哲学批判的又一个显著特征,就是对"形而上学"的批判。这里所说的"形而上学",不是指它的"转义",即与辩证法对立意义上的思维方法,而是指其"本义",即关于超验存在之本性的哲学形态,或者说,是关于存在之存在的学说。正如海德格尔所说,"形而上学就是一种超出存在者之外的追问,以求回过头来获得对存在者之为存在者以及存在者整体的理解"③。从历史上看,形而上学在对终极存在的探究中确立了一种严格的逻辑规则,标志着作为理论形态的哲学的形成。但是,形而上学中的存在又是脱离了现实的社会、现实的人及其活动的存在。无论是近代唯心主义哲学中的"绝对理念",还是近代唯物主义哲学中的"抽象物质",从根本上说,都是一种与现实的社会和

---

① 《马克思恩格斯全集》第 23 卷,人民出版社 1972 年版,第 24 页。
② 《马克思恩格斯全集》第 1 卷,人民出版社 1956 年版,第 458 页。
③ [德] 海德格尔:《路标》,孙周兴译,商务印书馆 2000 年版,第 137 页。

现实的人无关的抽象存在、抽象本体。从这种抽象存在、抽象本体出发,无法认识现实社会,无法解答现实的人所面临的种种紧迫的生存问题。

随着自然科学的独立化并"给自己划定了单独的活动范围",随着社会的发展促使人们把"全部注意力集中到自己身上",这种脱离了科学又凌驾于科学之上的"科学的科学",脱离了人的存在又支配着人的存在的形而上学,就"变得枯燥无味了","形而上学的全部财富只剩下想像的本质和神灵的事物了"。① 因此,马克思从理论和实践两个方面展开了对形而上学的批判,并明确提出"反对一切形而上学"②。马克思对形而上学的批判本质上是"唯物主义的批判","只有这种批判才是科学的批判,这种批判就是把政治、法律、社会和习俗等等方面的事实拿来同经济、生产关系体系,以及在一切对抗性社会关系基础上必然形成的各个阶级的利益加以对照"③。正是在对形而上学批判的过程中,马克思使唯物主义转变为"批判的唯物主义"④。

但是,马克思主义对形而上学的批判并没有停留在"纯粹"哲学的层面上,而是把哲学批判延伸到对现实生活过程的批判。这是因为,"意识在任何时候都只能是被意识到了的存在,而人们的存在就是他们的实际生活过程。如果在全部意识形态中,人们和他们的关系就像在照相机中一样是倒现着的,那末这种现象也是从人们生活的历史过程中产生的,正如物象在眼网膜上的倒影是直接从人们生活的物理过程中产生的一样"⑤。在马克思的时代,对实际生活过程的批判就是对资本主义生产方式的批判,也就是资本批判。正是在这种批判中,马克思发现,形而上学中的"抽象存在"与资本主义社会中的"抽象统治"具有同一性,在资本主义社会,个人受"抽象统治",而"抽象或观念,无非是那些统治个人的物质关系的理论表现"⑥。这就是说,资本主义社会中"抽象关系"的统治和形而上学中"抽象存在"的统治具有必然的关联性及同一性。用阿多诺的话来说就是,形而上学中的同一性原则与资本主义社会中的同一性原则不仅对应,而且同源,正是在商品交换中,同一性原则获得了它的社会形式,离开了同一性原则,这种社会形式便不能存在。实际上,这种同一性的

---

① 《马克思恩格斯全集》第 2 卷,人民出版社 1957 年版,第 162 页。
② 《马克思恩格斯全集》第 2 卷,人民出版社 1957 年版,第 159 页。
③ 《列宁全集》第 1 卷,人民出版社 1984 年版,第 291 页。
④ 《列宁全集》第 1 卷,人民出版社 1984 年版,第 368 页。
⑤ 《马克思恩格斯全集》第 3 卷,人民出版社 1960 年版,第 29—30 页。
⑥ 《马克思恩格斯全集》第 46 卷上,人民出版社 1979 年版,第 111 页。

根源就是资本。

的确如此。资产阶级生存和统治的根本条件就是资本的形成和增殖。问题在于,"资本不是物,而是一定的、社会的、属于一定社会形态的生产关系,它体现在一个物上,并赋予这个物以特有的社会性质"①,"产品和资本之间的区别恰恰在于:产品作为资本表示着属于某个社会历史形式的一定关系"②;资本不仅是人与物的关系,而且是人与人的关系,并使人与人的关系采取了物的形式,表现为物与物的关系,表现为物对人的支配关系。由此,人的关系、人的活动都异化了。正如马克思所说,"人本身的活动对人说来就成为一种异己的、与他对立的力量,这种力量驱使着人,而不是人驾驭着这种力量"③。

更重要的是,资本的形成和增殖是一个不断自我建构和自我扩张的过程。在这个过程中,资本不仅改变了人与自然的关系,而且改变了人与人的关系;不仅改变了与人相关的自然界的存在属性,而且改变了人类社会的存在形式。资本"这种有机体制本身作为一个总体有自己的各种前提,而它向总体发展的过程就在于:使社会的一切要素从属于自己,或者把自己还缺乏的器官从社会中创造出来"④。这就是说,正是资本使资本主义社会总体化了。"如果说以资本为基础的生产,一方面创造出一个普遍的劳动体系,——即剩余劳动,创造价值的劳动,——那么,另一方面也创造出一个普遍利用自然属性和人的属性的体系,创造出一个普遍有用性的体系,甚至科学也同人的一切物质的和精神的属性一样,表现为这个普遍有用性体系的体现者,而且再也没有什么东西在这个社会生产和交换的范围之外表现为自在的更高的东西,表现为自为的合理的东西。因此,只有资本才创造出资产阶级社会,并创造出社会成员对自然界和社会联系的普遍占有。"⑤马克思的这一精彩表述表明,资本是资本主义社会的根本规定、存在形式和建构原则,并构成了资本主义社会的基本建制。

正是在哲学批判和资本批判双重批判的过程中,马克思主义发现了"资本也是一种社会生产关系。这是资产阶级的生产关系,是资产阶级社会的生产关系"⑥,

---

① 《马克思恩格斯全集》第 25 卷,人民出版社 1974 年版,第 920 页。
② 《马克思恩格斯全集》第 46 卷上,人民出版社 1979 年版,第 220 页。
③ 《马克思恩格斯全集》第 3 卷,人民出版社 1960 年版,第 37 页。
④ 《马克思恩格斯全集》第 46 卷上,人民出版社 1979 年版,第 235—236 页。
⑤ 《马克思恩格斯全集》第 46 卷上,人民出版社 1979 年版,第 392—393 页。
⑥ 《马克思恩格斯选集》第 1 卷,人民出版社 1995 年版,第 345 页。

发现了"资本是资产阶级社会的支配一切的经济权力"①,是一种"自在""自为"运动着的存在,是资本主义社会最基本和最高的社会存在。一言以蔽之,资本本身就是一种独特的社会存在。这样,马克思主义便扬弃了抽象的存在,发现了现实的社会存在及其秘密,发现了人与人的关系以物化方式而存在的秘密,发现了人的活动和生存状态异化的秘密;同时,"资产阶级社会是历史上最发达的和最复杂的生产组织。因此,那些表现它的各种关系的范畴以及对于它的结构的理解,同时也能使我们透视一切已经覆灭的社会形式的结构和生产关系"②。正因为如此,通过资本批判,马克思不仅发现了资本主义生产方式的运动规律,而且发现了人类社会发展的一般规律。

在资本主义社会,"文明的一切进步,或者换句话说,社会生产力(也可以说劳动本身的生产力)的任何增长,——例如科学、发明、劳动的分工和结合、交通工具的改善、世界市场的开辟、机器等等,——都不会使工人致富,而只会使资本致富,也就是只会使支配劳动的权力更加增大,只会使资本的生产力增长。因为资本是工人的对立面,所以文明的进步只会增大支配劳动的客观权力"③。当代的世界市场体系、国际政治结构和主流意识形态,都证明了马克思主义的哲学批判和资本批判的真理性及其深刻性、超越性,并表明我们仍然处在资本支配一切的时代。在当代,无论是对科学技术、政治制度和价值观念的研究,还是对个人生存方式、社会生产方式和国际交往方式的研究,我们都必须明白,资本是当代社会的最高存在和建构原则,研究必须以马克思主义的哲学批判和资本批判为理论基础。否则,任何理论"创新"都是无病的呻吟。

哲学批判和资本批判高度统一,这是马克思的独特的思维方式,是马克思主义的独特的存在方式。科学社会主义正是以哲学批判为前提,以资本批判为中心发展起来的。用恩格斯的话来说就是,由于唯物主义历史观和剩余价值理论这两个伟大发现,社会主义由空想变成科学。

三、科学社会主义的"科学"所在

马克思主义的社会主义理论不是"哲学社会主义",即不是依据哲学的演

---

① 《马克思恩格斯全集》第46卷上,人民出版社1979年版,第45页。
② 《马克思恩格斯全集》第46卷上,人民出版社1979年版,第43页。
③ 《马克思恩格斯全集》第46卷上,人民出版社1979年版,第268页。

绎或推导而建构的;马克思主义的社会主义理论不是"伦理社会主义",即不是仅仅通过对资本主义的"道德批判"以及对未来社会的"伦理公设"而建构的。马克思主义的社会主义理论之所以是"科学"社会主义,是因为它以历史规律,尤其是资本主义生产方式的运动规律为客观依据。马克思指出:共产主义"必然在私有财产的运动中,即在经济中,为自己既找到经验的基础,也找到理论的基础"①。

科学社会主义并不否定对资本主义的道德批判,并不否定对社会主义的价值判断,但科学社会主义是把道德批判、价值判断建立在科学判断基础上的。正如列宁所说,科学社会主义"不限于评论现代制度,评价和斥责这个制度",而且"还对这个制度作了科学的解释",即对"资本主义社会形态"的"活动规律和发展规律作了客观分析","以对资本主义制度的这种客观分析,证明了资本主义制度变为社会主义制度的必然性"②。

按照马克思的观点,资产阶级生存和统治的根本条件是财富在私人手里的积累,是资本的形成和增殖,而资本形成和增殖的过程实际上就是剩余价值不断生产和实现的过程,剩余价值规律由此成为资本主义社会的基本经济规律。问题在于,资本的增殖或剩余价值的实现依赖于生产过程向流通过程的转化,而资本离开生产过程重新进入流通过程时,立刻就受到两种限制。

一是资本作为生产出来的产品受到现有消费量或消费能力的限制。资本的生产和积累本质上就是资本主义生产关系的生产和再生产,它必然造成两极对立,即一边是为数很少的人不断积累财富,一边是为数众多的人不断陷入相对贫困。这就必然造成极其有限的消费能力,造成生产能力与消费能力之间的巨大反差。

二是资本生产出来的产品受到现有等价物的量的限制,尤其是货币量的限制。剩余价值的实现需要"剩余等价物"。正如产品作为使用价值受到的限制是他人的消费,产品作为价值受到的限制是他人的生产。由于资本主义的生产都是以追求剩余价值为目的的,个别企业生产的组织性和整个社会生产、世界市场弱组织性处在对立之中,因而在交换总体上就没有实现所有剩余价值的等价物。这就必然导致使用价值的生产受到交换价值的限制,受到货币

---

① 《马克思恩格斯全集》第 42 卷,人民出版社 1979 年版,第 120—121 页。
② 《列宁全集》第 1 卷,人民出版社 1984 年版,第 127 页。

量的限制。所以,马克思指出:"剩余等价物现在表现为[对于资本的]第二个限制。"①

从根本上说,这两个限制就是对生产力无限发展趋势的限制,而资本总是力图在不断发展生产力和不断变革生产关系的过程中突破这种限制。"资产阶级除非对生产工具,从而对生产关系,从而对全部社会关系不断地进行革命,否则就不能生存下去。"②问题在于,这每一次"创造性的破坏",都使资本主义陷入一次比一次更大的危机之中。从1825年的经济危机到20世纪80年代的滞涨危机,再到21世纪初的全球金融危机,这一系列经济危机一方面表明资产资本主义生产方式的矛盾不断具有新的表现形式,另一方面又体现出资本主义生产方式的矛盾在不断积累和加深。资产阶级不理解或者说忘记了,无论是消费量的限制,还是货币量的限制,归根到底,都是资本主义私有制对生产力无限发展趋势的限制。所以,马克思认为,"资本主义生产的真正限制是资本自身"③。实际上,这是资产阶级无法突破也不愿意破的"大限"。"劳动和资本的这种对立一达到极限,就必然成为全部私有财产关系的顶点、最高阶段和灭亡。"④这表明,资本主义或迟或早、或这样或那样必然要被社会主义所代替。

当然,历史规律不同于自然规律。自然规律形成并实现于人的活动之外,历史规律生成并实现于人的活动之中;自然规律表现为动力学规律,历史规律表现为统计学规律。正因为如此,自然科学既能预见,又能预报,而社会科学只能预见,不能预报。所谓预报,是对某一具体事物在较短的时间、确定的空间范围必然或可能出现的判断;预见则是以规律为依据的关于发展趋势的判断,或者说,是一种只涉及发展趋势的判断。社会的主体是人。人的活动的能动性、社会生活的特殊性和历史条件的可变性,使得具体历史事件发生的时间、空间不可能被预报。但是,我们可以预见社会发展的趋势,预见某一社会活动的最终结局和社会发展的未来走向。这种预见正是以发现和把握社会发展规律为前提的。正是依据社会发展的一般规律,依据资本主义生产方式矛盾运动的规律,马克思主义科学地预见到资本主义社会的发展趋势,并科学地

---

① 《马克思恩格斯全集》第46卷上,人民出版社1979年版,第388页。
② 《马克思恩格斯选集》第1卷,人民出版社1995年版,第275页。
③ 《马克思恩格斯全集》第25卷上,人民出版社1974年版,第278页。
④ 《马克思恩格斯全集》第42卷,人民出版社1979年版,第106页。

制定了社会主义社会的基本原则。

其一,在经济上实现生产力的巨大增长和高度发展。无产阶级应"利用自己的政治统治""尽可能快地增加生产力的总量"。① "生产力的巨大增长和高度发展"是社会主义社会"绝对必需的实际前提",没有"生产力的巨大增长和高度发展","那就只会有贫穷的普遍化;而在极端贫困的情况下,就必须重新开始争取必需品的斗争,也就是说,全部陈腐的东西又要死灰复燃"。② 社会主义的实践完全证实了马克思主义这一观点的真理性、深刻性及其巨大的超越性。

其二,在生产关系上建立生产资料公有制,实现共同富裕。社会主义制度同资本主义制度之间具有决定意义的差别就在于,"在实行全部生产资料公有制(先是单个国家实行)的基础上组织生产"③,并以此为基础逐步实现人民共同富裕,即"生产将以所有的人富裕为目的"④,社会"将给所有的人提供健康而有益的工作,给所有的人提供充裕的物质生活和闲暇时间,给所有的人提供真正的充分的自由"⑤。就公有制与个人的关系来说,每个社会成员只有同其他社会成员联合成一个整体,才能获得生产资料所有者的地位。占有主体的这种整体性决定了公共所有的财产权不能在个人之间任意分割、自由交易。任何试图把公共所有的财产权量化到个人身上的做法都必然对社会主义公有制构成侵犯。

同时,生产资料公有制又不能成为脱离个人的抽象物,相反,财产应当也必须"受所有的个人支配"。"联合起来的个人对全部生产力总和的占有,消灭着私有制。"⑥正是在这个特定的意义上,建立社会主义公有制也就是重建个人所有制。马克思指出:"从资本主义生产方式产生的资本主义占有方式,从而资本主义私有制,是对个人的、以自己劳动为基础的私有制的第一个否定。但资本主义生产由于自然过程的必然性,造成了对自身的否定。这是否定的否定。这种否定不是重新建立私有制,而是在资本主义时代的成就的基础上,也就是说,在协作和对土地及靠劳动本身生产的生产资料的共同占有的基础上,重新

---

① 《马克思恩格斯选集》第1卷,人民出版社1995年版,第293页。
② 《马克思恩格斯全集》第3卷,人民出版社1960年版,第39页。
③ 《马克思恩格斯选集》第4卷,人民出版社1995年版,第693页。
④ 《马克思恩格斯全集》第46卷下,人民出版社1979年版,第222页。
⑤ 《马克思恩格斯全集》第21卷,人民出版社1965年版,第570页。
⑥ 《马克思恩格斯全集》第3卷,人民出版社1960年版,第76、77页。

建立个人所有制。"①

其三,在分配方式上实行按劳分配,实现平等。在社会主义公有制条件下,任何人都不能凭借对生产资料垄断而获得特殊的经济利益,只有劳动才能成为人们占有生产资料和获得产品的根据;同时,由于还存在非自主的社会分工,劳动还主要是一种谋生手段,劳动能力是个人"天赋"的权利,具有私人性质,所以,劳动者所创造的产品在做了各项社会扣除之后,还必须以他们各自付出的劳动量为基础进行分配,即在产品占有、获得收入的分配方式上实行按劳分配。按劳分配的实质就在于,以劳动作为占有产品、获得收入的"同一原则""同一尺度"。正如马克思所说,"这里通行的是调节商品交换(就它是等价的交换而言)的同一原则","平等就在于以同一尺度——劳动——来计量"。②

在社会主义社会,尽管按劳分配是以默认不同的劳动者具有不同天赋、不同能力为前提的,尽管"某一个人事实上所得到的比另一个人多些,也就比另一个人富些",尽管在特定的意义上这是一种"不平等的权利",但是,由于按劳分配不承认任何阶级差别,由于按劳分配按照劳动这一"同一原则""同一尺度"来计量,因而它在社会主义社会本质上是一种"平等的权利"。"权利决不能超出社会的经济结构以及由经济结构制约的社会的文化发展"③。在社会主义社会,全部社会公平的重建只能以现实的经济结构为基础。社会主义市场经济体制的建立使社会范围内的按劳分配只能通过市场机制和价值形式,以迂回曲折的形式间接地加以完成。因此,寻找一种既符合市场经济要求,又体现按劳分配本质的劳动计量方式,使按劳分配与市场机制有机结合起来,这才是问题的关键所在。

其四,在政治上实现社会主义民主。"工人革命的第一步就是使无产阶级上升为统治阶级,争得民主"④,建立"新的真正民主的国家权力"⑤。社会主义需要民主,没有民主,也就没有社会主义,民主是社会主义的生命;民主也需要社会主义,只有社会主义才能实现更真实、更深刻、更广泛的民主。同时,在从

---

① 《马克思恩格斯全集》第23卷,人民出版社1972年版,第832页。
② 《马克思恩格斯选集》第3卷,人民出版社1995年版,第304页。
③ 《马克思恩格斯选集》第3卷,人民出版社1995年版,第305页。
④ 《马克思恩格斯选集》第1卷,人民出版社1995年版,第293页。
⑤ 《马克思恩格斯全集》第22卷,人民出版社1965年版,第228页。

资本主义社会向共产主义社会的"革命转变时期""政治过渡时期",应实行无产阶级专政。这就是说,实施无产阶级专政有特定的时空限制,这就是资本主义社会向共产主义社会(社会主义是共产主义的初级阶段)的"革命转变时期",其实质"是达到消灭一切阶级和进入无阶级社会的过渡"①。无产阶级专政与社会主义民主的关系并非如同冰炭,难以相融,相反,无产阶级专政与社会主义民主是同一过程的两个方面。换言之,无产阶级专政必须遵循民主的一般规则和程序,在恩格斯看来,"民主共和国"是无产阶级专政的形式。

其五,在人本身的发展上,实现每个人的全面而自由的发展。1894 年,意大利社会党人卡内帕请恩格斯为《新纪元》周刊题词,以表述社会主义社会的本质特征。为此,恩格斯从《共产党宣言》中找出这样一段话,即"代替那存在着阶级和阶级对立的资产阶级旧社会的,将是这样一个联合体,在那里,每个人的自由发展是一切人的自由发展的条件",并认为除了这一段话外,"再也找不出合适的了"②。从《德意志意识形态》提出确立"有个性的个人",到《共产党宣言》提出"每个人的自由发展""一切人的自由发展";从《资本论》重申人的"自由个性""每个人的全面而自由的发展",到《哥达纲领批判》重申"个人的全面发展",再到《社会主义从空想到社会的发展》强调人将"成为自己的社会结合的主人""成为自然界的主人""成为自己自身的主人——自由的人",贯穿科学社会主义中的一条永恒的金带就是每个人的全面而自由的发展。共产主义就是"以每个人的全面而自由的发展为基本原则的社会形式"③,而不断促进人的全面发展是马克思主义关于建设社会主义新社会的本质要求。

以社会发展的一般规律为前提,以资本主义社会的基本规律和社会主义社会的基本原则为内容,这正是科学社会主义的"科学"所在。一种学说的后继者,可以放弃其创立者的某些具体观点并补充新的观点,可以也应当发展其创立者的观点,但不能放弃这种学说的宗旨、主题和基本原则。放弃了这种学说的宗旨、主题和基本原则,也就不是这种学说的"后继者",而是"背叛者"。对于社会主义建设来说,科学社会主义基本原则不能丢,丢了就不是社会主义。

马克思主义制定了社会主义社会的基本原则,但并没有对如何建设社会

---

① 《马克思恩格斯选集》第 4 卷,人民出版社 1995 年版,第 547 页。
② 《马克思恩格斯选集》第 4 卷,人民出版社 1995 年版,第 730—731 页。
③ 《马克思恩格斯全集》第 23 卷,人民出版社 1972 年版,第 649 页。

主义提供"预定看法"。马克思明确指出:"在将来某个特定的时刻应该做些什么,应该马上做些什么,这当然完全取决于人们将不得不在其中活动的那个既定的历史环境。但是,现在提出这个问题是不着边际的,因而实际上是一个幻想的问题。"①这种态度本身就是科学社会主义不同于空想社会主义的一个重要标志。马克思是普罗米修斯,而不是上帝;马克思主义是科学,而不是启示录,它没有也不想"教条式地预料未来",没有也不可能提供关于未来社会一切问题的答案。自诩为包含一切问题答案的学说只能是神学,而不可能是科学。"马克思的整个世界观不是教义,而是方法。它提供的不是现成的教条,而是进一步研究的出发点和供这种研究使用的方法。"②我们只能按照马克思主义的"本性"期待它做它所能做的事,而不能要求它做它不能做或做不到的事。

四、哲学、政治经济学和科学社会主义的统一

对马克思主义的哲学批判、政治批判和资本批判以及科学社会主义科学性的分析,内含着一个重要问题,这就是马克思主义理论体系的内在结构问题。在马克思主义历史上,明确提出并分析马克思主义理论体系构成问题的,是列宁。在《马克思主义的三个来源和三个组成部分》中,列宁明确地把马克思主义划分为"三个组成部分",即哲学、政治经济学和社会主义学说,并结合马克思主义的"三个理论来源",即德国古典哲学、英国古典经济学和法国空想社会主义,对"三个组成部分"的内容作了扼要的论述。

列宁的这一划分是正确的,其立足点是既成的事实,而不是抽象的应当,即马克思主义应当包括什么。马克思主义是理论体系,而不是观点的汇集,我们不能因为马克思以及恩格斯的言论涉及某种理论或某一学科,就认为马克思主义包含着类似的理论或某一学科,或去建构马克思主义的某某学。马克思是科学家,而不是神学家;马克思主义是科学体系,而不是神学大全;马克思主义为我们解答历史难题提供了至关重要的方法,而不是提供了全能的解释;我们不能因为马克思主义博大精深,就把马克思主义理解为或建构成包罗万象、全能解释的思想体系。历史已经证明,凡是以包罗万象、全能解释自诩的

---

① 《马克思恩格斯选集》第4卷,人民出版社1995年版,第643页。
② 《马克思恩格斯全集》第39卷,人民出版社1974年版,第406页。

思想体系,如同希图万世一系的封建王朝一样,无一不走向没落。

德国古典哲学、英国古典政治经济学、法国空想社会主义之所以成为马克思的三个理论来源,哲学、政治经济学、科学社会主义这三个部分之所以构成马克思主义的理论结构,是由无产阶级和人类解放这一理论主题决定的,是由探讨资本主义生产方式运动规律、人类社会发展规律这一原因决定的。这就是说,马克思并不是按照事先构思的体系及其结构建构马克思主义体系的,并不是先建构一个由哲学、政治经济学、科学社会主义构成的理论结构,然后再去探讨无产阶级和人类解放,探讨人类社会发展规律的,换言之,包括哲学、政治经济学、科学社会主义三个部分在内的马克思主义理论结构并不是先验的逻辑结构,相反,这一理论结构是在马克思探讨无产阶级和解放,探讨人类社会发展规律的过程中逐步形成、成熟和定型的。

哲学不是政治,但政治需要哲学,没有经过哲学论证的政治,缺乏理念和精神支柱,缺乏说服力和凝聚力,很难得到人们的认同,因此,无产阶级需要自己的哲学,哲学是无产阶级的"精神武器",是人类解放的"头脑",[1]只有马克思主义哲学才为无产阶级指明了如何摆脱"精神奴役"的出路;无产阶级需要自己的经济学,"对市民社会的解剖应该到政治经济学中去寻求"[2],没有对资本主义制度的经济学分析,就没有可能也没有必要建立马克思主义,只有马克思主义政治经济学才阐明了资本主义生产方式的运动规律和无产阶级在资本主义社会中的真实地位;科学社会主义就是马克思、恩格斯通过对英国古典经济学的哲学批判而得出的不同的政治结论,是关于无产阶级解放运动的性质、条件和使命的学说。正如恩格斯所说,"完成这一解放世界的事业,是现代无产阶级的历史使命。深入考察这一事业的历史条件以及这一事业的性质本身,从而使负有使命完成这一事业的今天受压迫的阶级认识到自己的行动的条件和性质,这就是无产阶级运动的理论表现即科学社会主义的任务"[3]。这就是围绕着无产阶级和人类解放这一理论主题而展开的马克思主义的理论逻辑。

从马克思主义哲学、马克思主义政治经济学和科学社会主义的真实关系来看,马克思主义哲学不仅是在批判德国古典哲学,而且是在批判英国古典经

---

[1] 《马克思恩格斯全集》第1卷,人民出版社1956年版,第467、121页。
[2] 《马克思恩格斯选集》第2卷,人民出版社1995年版,第32页。
[3] 《马克思恩格斯选集》第3卷,人民出版社1995年版,第760页。

济学、法国空想社会主义的过程中生成的;而且在批判英国古典经济学、法国空想社会主义过程中生成的马克思主义哲学,反过来又成为马克思主义政治经济学的方法,成为科学社会主义的理论前提。用马克思的话来说就是,他一经得到唯物主义历史观,就用于"指导"他的经济学研究,而唯物主义辩证法是他的经济学的"研究方法"和"叙述方法"。① 按照恩格斯的观点,"科学社会主义本质上就是德国的产物,而且也只能产生在古典哲学还生气勃勃地保存着自觉的辩证法传统的国家,即在德国。唯物主义历史观及其在现代的无产阶级和资产阶级之间的阶级斗争上的特别应用,只有借助于辩证法才有可能"②。

同时,"自从《资本论》问世以来,唯物主义历史观已经不是假设,而是科学地证明了的原理"③。这是因为,作为政治经济学著作,《资本论》不仅分析了资本主义社会的经济基础,而且分析了资本主义社会的上层建筑;不仅分析了资本主义社会的阶级关系,而且分析了资本主义社会的家庭关系;不仅分析了资本主义社会的意识形态,而且分析了资本主义社会的日常生活,从而揭示了资本主义社会的活动规律和发展规律,并由此科学地证明了唯物主义历史观。正如列宁所说,"既然运用唯物主义去分析和说明一种社会形态就取得了如此辉煌的成果,那么,十分自然,历史唯物主义已不再是什么假设,而是经过科学检验的理论了"④。不仅如此,《资本论》本身又内含着辩证法,"马克思和恩格斯称之为辩证方法(它与形而上学方法相反)的,不是别的,正是社会学中的科学方法,这个方法把社会看作处在不断发展中的活的机体","阐明调节这个社会机体的产生、生存、发展和死亡以及这一机体为另一更高的机体所代替的特殊规律(历史规律)"⑤。这就是说,《资本论》不仅使唯物主义历史观成为科学检验的理论,而且使唯物主义辩证法也成为经过科学检验的理论了。

更重要的是,马克思主义政治经济学不仅是一种关于资本的理论,而且是对资本的理论批判或批判理论,意味着"政治经济学理论的严格表述所不可缺少的理论(哲学)概念的产生"⑥,因而具有深刻的哲学内涵。如前所述,正是在资本批判的过程中,马克思发现了现实的存在,即人们的"社会存在",发现

---

① 参见《马克思恩格斯选集》第 2 卷,人民出版社 1995 年版,第 32、111 页。
② 《马克思恩格斯选集》第 3 卷,人民出版社 1995 年版,第 691—692 页。
③ 《列宁全集》第 1 卷,人民出版社 1984 年版,第 112 页。
④ 《列宁全集》第 1 卷,人民出版社 1984 年版,第 115 页。
⑤ 《列宁全集》第 1 卷,人民出版社 1984 年版,第 135、136 页。
⑥ [法]阿尔都塞等:《读〈资本论〉》,李其庆等译,中央编译出版社 2001 年版,第 215 页。

了人的生存本体和现存世界的本体。因此,马克思主义以商品为起点,以资本为核心范畴而展开的对资本主义社会的批判,本质上是一种存在论或本体论意义上的批判。我们既不能从西方传统哲学、"学院哲学"的视角去理解马克思主义的资本批判,也不能从西方传统经济学、"学院经济学"的视角去理解马克思主义的资本批判。实际上,马克思主义的资本批判理论已经超出了经济学的边界,而到了哲学的"首府"——存在论或本体论。在马克思主义理论体系中,对资本主义的经济分析和对资本主义的哲学批判是高度统一的。正因为如此,《资本论》的副书名就是"政治经济学批判"。

科学社会主义是以马克思主义政治经济学,尤其是剩余价值理论为中心发展起来的。《资本论》以事实为根据,以唯物主义历史观为"指导",揭示出资本主义生产方式的内在矛盾、运行机制和发展规律及其趋势,指出了无产阶级和人类解放的途径。因此,恩格斯指出:《资本论》"所涉及的不是鼓动性的词句,而是严密的科学结论。任何人,不管他对社会主义采取什么态度,都不能不承认,社会主义在这里第一次得到科学的论述"[①]。正是在这个意义上,列宁认为,《资本论》就是"叙述科学社会主义的主要的和基本的著作"[②]。同时,科学社会主义的理论前提和根本原则又蕴含在马克思主义哲学中。"历史唯物主义最重要的任务是,对资本主义社会制度作出准确的判断,揭露资本主义社会制度的本质"[③],而每个人的全面而自由的发展既是马克思主义哲学的最高命题,又是科学社会主义的最高命题。所以,马克思认为,新唯物主义也就是"共产主义的唯物主义","实践的唯物主义者,即共产主义者"。

因此,马克思主义哲学的意义只有在同马克思主义政治经济学的关联中,才能显示出来;马克思主义政治经济学只有在马克思主义哲学这一概念背景中,才能得到深刻的理解;而马克思主义哲学、政治经济学只有在同科学社会主义的关联中,在无产阶级和人类解放这一更大的政治背景中,才能得到深入而全面的理解。只有这样,我们才能真正理解和把握统一的、完整的马克思主义。

当然,我注意到,人们对马克思主义的认识并非一致,而且存在着重大的分歧和争论。从历史上看,一个伟大的思想家逝世之后,对他的学说产生分歧

---

① 《马克思恩格斯全集》第16卷,人民出版社1964年版,第411—412页。
② 《列宁全集》第1卷,人民出版社1984年版,第154页。
③ [匈]卢卡奇:《历史与阶级意识》,杜章智等译,商务印书馆1999年版,第318页。

和争论,不乏先例。但是,像马克思主义这样在世界范围内引发如此持久而广泛的讨论,产生如此重大的分歧和争论,却是罕见的。米尔斯由此认为:"正如大多数复杂的思想家一样,马克思并没有得到人们统一的认识。我们根据他在不同的发展阶段写出的书籍、小册子、论文和书信对他的著述做出什么样的说明,取决于我们自己的观点,因此,这些说明中的任何一种都不能代表'真正的马克思'。""人们对马克思的确没有一个统一的认识;每一个研究者都必须通过自己的努力去认识马克思。"[1]

米尔斯描述的问题是真实的,但他对问题的回答却是错误的,即不存在一个客观意义上的、真正的马克思主义,存在的只是不同的人所理解的不同的马克思主义。从认识论的角度看,对马克思主义认识的分歧,是由认识者生活其中的特定的历史环境、既定的"认知图式""理解的前结构"决定的。人们总是生活在特定的历史环境中,并在特定的意识形态氛围中进行认识活动的。历史环境的不可复制性,历史进程的不可逆转性,历史事件的不可重复性,使认识者不可能完全"回到"被认识者生活的特定的历史情境;同时,任何一个认识者在研究理解某一著作、某一学说之前,都有一个包括知识结构、价值观念在内的既定的"认知图式""理解的前结构"在其头脑中存在着,并制约着认识者的认识活动,这就使认识者不可能完全"设身处地"地从被认识者的角度去理解被认识者的著作,因而也就不可能完全恢复和再现被认识者学说的"本来面目"。特定的历史环境、既定的"认知图式""理解的前结构"支配着认识者理解问题的维度、深度和广度,即使最没"定见"的认识者也不可能"毫无偏见"。人们的认识永远是具体的、历史的,它不可能超出认识者的历史环境,必然受到认识者的既定的"认知图式""理解的前结构"的制约。

但是,我们又能站在当代实践和科学的基础上,通过对马克思主义产生的时代背景的考察,通过对马克思主义著作的分析,通过对马克思主义历史的梳理,使作为认识者的我们的视界和作为被认识者的马克思的视界融合起来,从而不断走向马克思,走进马克思思想的深处,理解和把握马克思主义的本质特征,即理解和把握"本来如此"的马克思主义。就马克思主义的理论结构而言,"本来如此"的马克思主义就是由哲学、政治经济学和科学社会主义这"三个组

---

[1] [美]米尔斯:《马克思主义者》,商务印书馆编辑部译,商务印书馆1965年版,第39页。

成部分"构成的。无疑,马克思主义哲学、马克思主义政治经济学、科学社会主义都有各自的相对独立性,在今天的学科建制中属于不同的学科。但是,在马克思主义中,哲学、政治经济学、科学社会主义不仅相互依存,更重要的,是相互渗透,构成了一个完整的理论体系,把其中任何一个部分、任何一种学说同整体割裂开来,都会使其丧失原有的性质,并会导致对作为一个整体的马克思主义的误解、曲解甚至"肢解"。

海尔布隆纳的观点进一步证实了列宁观点的合理性。海尔布隆纳指出:"马克思主义思想一定存在可识别的同一性,或者,说得更准确一些是,受马克思著作启发而形成的、我们用混合词'马克思主义'描绘的思想具有可识别的同一性。这种同一性源于一组共有的前提,无论这些文献的作者所持的观点多么严格或多么有悖于传统或这些观点之间多么不一致,我们在所有的马克思主义文献中都能发现它们。换句话说,我认为存在一组界定马克思主义思想的前提,这样,包含了这些前提要素的任何分析都可以被合理地划归为'马克思主义'。"[1]并认为这种"共有的前提"以及"同一性"体现在四个方面:一是辩证法;二是历史唯物主义;三是对资本主义的看法;四是社会主义的信念。海尔布隆纳不仅提供了一个衡量是否是马克思主义的共同的、客观的标准,而且实际上表明,哲学、政治经济学和科学社会主义是马克思主义"三个组成部分",构成了马克思主义的理论结构。

正是由于由哲学、政治经济学、科学社会主义构成的理论结构正确反映了人与世界的总体关系,正确地反映了社会发展的一般规律、资本主义社会的特殊运动规律,正是由于这一理论结构深刻体现着无产阶级和"全世界的受苦人"的根本利益,所以,产生于19世纪中叶的马克思主义又超越了19世纪中叶这个特定的时代,并为人类思想史展示了一个新的思想地平线。福柯公正而深刻地指出:马克思主义"在政治经济学的基础上揭示了一个全新的话语实践","在现时,写历史而不使用一系列和马克思的思想直接或间接地相联系的思想,并把自己放在由马克思所定义和描写的思想地平线内,那是不可能的"。[2] 正因为如此,每当世界发生重大历史事件时,人们都不由自主地把目光

---

[1] [美] 海尔布隆纳:《马克思主义:赞成与反对》,马林梅译,东方出版社2016年版,第5—6页。

[2] Foucoult M., *The Order of Things: An Archaeology of the Humem Sciences*, New York, Pantheon Books, 1970, P.21.

转向马克思,"求助"马克思。在一定意义上说,在伦敦海格特公墓安息的马克思,比在伦敦大英博物馆埋头著述的马克思更加吸引世界的目光。马克思主义依然是我们时代的真理和良心,依然占据真理和道义的制高点。

本文原载《哲学研究》2023 年第 10 期

主要参考文献

[1] 马克思:《第179号"科伦日报"社论》,《马克思恩格斯全集》第1卷,人民出版社1956年版。

[2] 马克思:《论犹太人问题》,《马克思恩格斯全集》第1卷,人民出版社1956年版。

[3] 马克思:《〈黑格尔法哲学批判〉导言》,《马克思恩格斯全集》第1卷,人民出版社1956年版。

[4] 马克思:《1844年经济学哲学手稿》,《马克思恩格斯全集》第42卷,人民出版社1979年版。

[5] 马克思、恩格斯:《神圣家族》,《马克思恩格斯全集》第2卷,人民出版社1957年版。

[6] 马克思:《关于费尔巴哈的提纲》,《马克思恩格斯选集》第1卷,人民出版社1995年版。

[7] 马克思、恩格斯:《德意志意识形态》,《马克思恩格斯全集》第3卷,人民出版社1960年版。

[8] 马克思:《哲学的贫困》,《马克思恩格斯选集》第1卷,人民出版社1995年版。

[9] 马克思、恩格斯:《共产党宣言》,《马克思恩格斯选集》第1卷,人民出版社1995年版。

[10] 马克思:《〈政治经济学批判〉序言》,《马克思恩格斯选集》第2卷,人民出版社1995年版。

[11] 马克思:《经济学手稿(1857—1858年)》,《马克思恩格斯全集》第46卷上、下,人民出版社1979年版。

[12] 马克思:《经济学手稿(1861—1863年)》,《马克思恩格斯全集》第47卷,人民出版社1979年版。

[13] 马克思:《资本论》第 1—3 卷,《马克思恩格斯全集》第 23、24、25 卷,人民出版社,1972、1972、1974 年版。

[14] 马克思:《给"祖国纪事"杂志编辑部的信》,《马克思恩格斯全集》第 19 卷,人民出版社 1963 年版。

[15] 马克思:《给维·伊·查苏利奇的信及其手稿》,《马克思恩格斯全集》第 19 卷,人民出版社 1963 年版。

[16] 恩格斯:《反杜林论》,《马克思恩格斯选集》第 3 卷,人民出版社 1995 年版。

[17] 恩格斯:《路德维希·费尔巴哈和德国古典哲学的终结》,《马克思恩格斯选集》第 4 卷,人民出版社 1995 年版。

[18] 马克思、恩格斯:《自然辩证法》,《马克思恩格斯选集》第 4 卷,人民出版社 1995 年版。

[19] [德] 伯恩施坦:《社会主义的前提和社会民主党的任务》,《伯恩施坦文选》,殷叙彝编,人民出版社 2008 年版。

[20] [德] 考茨基:《唯物主义历史观》第 1—6 卷,《哲学研究》编辑部编译,上海人民出版社 1964 年版。

[21] [德] 库诺:《马克思的历史、社会和国家学说——马克思的社会学的基本要点》,袁志英译,上海译文出版社 2006 年版。

[22] [德] 梅林:《保卫马克思主义》,吉洪译,人民出版社 1982 年版。

[23] [意] 拉布里奥拉:《关于历史唯物主义》,杨启潾等译,人民出版社 1984 年版。

[24] [俄] 普列汉诺夫:《论一元论历史观之发展》,博古译,生活·读书·新知三联书店 1961 年版。

[25] [俄] 普列汉诺夫:《马克思主义的基本问题》,《普列汉诺夫哲学著作选集》第 3 卷,晏成书等译,生活·读书·新知三联书店 1962 年版。

[26] 列宁:《什么是"人民之友"以及他们如何攻击社会民主党人?》,《列宁全集》第 1 卷,人民出版社 1984 年版。

[27] 列宁:《唯物主义和经验批判主义》,《列宁全集》第 18 卷,人民出版社 1988 年版。

[28] 列宁:《哲学笔记》,《列宁全集》第 55 卷,人民出版社 1990 年版。

[29] 列宁:《马克思主义的三个来源和三个组成部分》,《列宁选集》第 2 卷,人民出版社 1995 年版。

[30] 列宁:《卡尔·马克思》,《列宁选集》第 2 卷,人民出版社 1995 年版。

[31] [苏] 布哈林:《历史唯物主义理论——马克思主义社会学通俗教材》,人民出版社 1983 年版。

[32] 斯大林:《论辩证唯物主义和历史唯物主义》,《斯大林选集》下卷,人民出版社 1979 年版。

[33] [苏] 西洛可夫:《辩证法唯物主义教程》,李达等译,笔耕堂书店 1932 年版。

[34] [苏]米丁等:《辩证唯物论与历史唯物论》上下册,沈志远译,商务印书馆 1936 年版。

[35] [苏]康斯坦丁诺夫:《马克思主义哲学原理》,中国人民出版社编译室译,人民出版社 1959 年版。

[36] [苏]康斯坦丁诺夫:《马克思列宁主义哲学原理》,袁仁达等译,生活·读书·新知三联书店 1976 年版。

[37] [苏]康斯坦丁诺夫:《马克思列宁主义历史过程理论(历史唯物主义)》,蔡振扬等译,上海人民出版社 1986 年版。

[38] [苏]斯坦尼斯:《辩证唯物主义概论》,陆齐华等译,河北人民出版社 1987 年版。

[39] [苏]苏联科学院哲学教研室:《历史唯物主义概论》,易杰雄等译,河北人民出版社 1987 年版。

[40] [苏]科普宁:《马克思主义认识论导论》,马迅等译,求实出版社 1982 年版。

[41] [苏]弗罗诺夫:《哲学导论》,贾泽林等译,北京师范大学出版社 2011 年版。

[42] [匈]卢卡奇:《历史与阶级意识》,杜章智等译,商务印书馆 1999 年版。

[43] [匈]卢卡奇:《关于社会存在的本体论·上卷——社会存在本体论引论》,白锡堃等译,重庆出版社 1993 年版。

[44] [匈]卢卡奇:《关于社会存在的本体论·下卷——若干最重要的综合问题》,白锡堃等译,重庆出版社 1993 年版。

[45] [德]柯尔施:《马克思主义和哲学》,王南湜等译,重庆出版社 1989 年版。

[46] [德]柯尔施:《卡尔·马克思——马克思主义的理论和阶级运动》,熊子云等译,重庆出版社 1993 年版。

[47] [意]葛兰西:《实践哲学》,徐崇温译,重庆出版社 1990 年版。

[48] [美]弗洛姆:《马克思关于人的概念》,《西方学者论〈1844 年经济学哲学手稿〉》,复旦大学哲学系现代西方哲学研究室编译,复旦大学出版社 1983 年版。

[49] [法]列斐伏尔:《辩证唯物主义》,《西方学者论〈1844 年经济学哲学手稿〉》,复旦大学哲学系现代西方哲学研究室编译,复旦大学出版社 1983 年版。

[50] [美]马尔库塞:《历史唯物主义的基础》,《西方学者论〈1844 年经济学哲学手稿〉》,复旦大学哲学系现代西方哲学研究室编译,复旦大学出版社 1983 年版。

[51] [美]马尔库塞:《苏联的马克思主义:一种批判性分析》,张翼星等译,中国人民大学出版社 2012 年版。

[52] [美]马尔库塞:《单向度的人——发达工业社会意识形态研究》,刘继译,上海译文出版社 2016 年版。

[53] [德]霍克海姆:《批判理论》,李小兵等译,重庆出版社 1989 年版。

[54] [德]阿多尔诺:《否定的辩证法》,张峰译,重庆出版社 1993 年版。

[55]［法］萨特：《存在主义是一种人道主义》，周煦良等译，上海译文出版社2012年版。

[56]［法］萨特：《辨证理性批判》，徐懋庸译，商务印书馆1963年版。

[57]［德］哈贝马斯：《交往行动理论》第一、二卷，洪佩郁等译，重庆出版社1994年版。

[58]［德］哈贝马斯：《重建历史唯物主义》，郭官义译，社会科学文献出版社2000年版。

[59]［法］阿尔都塞：《保卫马克思》，顾良译，商务印书馆2006年版。

[60]［法］阿尔都塞、巴里巴尔等：《读〈资本论〉》，李其庆等译，中央编译出版社2001年版。

[61]［德］施密特：《马克思的自然概念》，欧力同等译，商务印书馆1993年版。

[62]［法］梅洛-庞蒂：《辩证法的历险》，杨大春等译，上海译文出版社2009年版。

[63]［英］柯亨：《卡尔·马克思的历史理论：一个辩护》，岳长岭译，重庆出版社1989年版。

[64]［波］沙夫：《人的哲学——马克思主义与存在主义》，林波译，生活·读书·新知三联书店1963年版。

[65]［捷］科西克：《具体的辩证法——关于人与世界问题的研究》，傅小平译，社会科学文献出版社1989年版。

[66]［南］弗兰尼茨基：《马克思主义史》第一、二、三卷，胡文建等译，黑龙江大学出版社2015年版。

[67]［波］科拉科夫斯基：《马克思主义的主要流派》第一、二、三卷.唐少杰等译，黑龙江大学出版社2015年版。

[68]［奥］威特尔：《辩证唯物主义》，周辅成等译，商务印书馆1963年版。

[69]［瑞士］鲍亨斯基：《苏俄辩证唯物主义》，薛中平译，商务印书馆1965年版。

[70]［德］费彻尔：《马克思与马克思主义：从经济学批判到世界观》，赵玉兰译，北京师范大学出版社2009年版。

[71]吕贝尔：《吕贝尔马克思学文集》上，郑吉伟等译，北京师范大学出版社2009年版。

[72]［美］莱文：《不同的路径：马克思主义与恩格斯主义中的黑格尔》，臧峰宇译，北京师范大学出版社2009年版。

[73]［美］古尔德：《马克思的社会本体论：马克思社会实在理论中的个性与共同体》，王虎学译，北京师范大学出版社2009年版。

[74]［法］德里达：《马克思的幽灵——债务国家、哀悼活动和新国际》，何一译，中国人民大学出版社1999年版。

[75]［英］麦克莱伦：《马克思思想导论》，郑一明等译，中国人民大学出版社2008年版。

［76］［英］麦克莱伦：《马克思以后的马克思主义》，李智译，中国人民大学出版社2008年版。

［77］［美］埃尔斯特：《理解马克思》，何怀远等译，中国人民大学出版社2008年版。

［78］［德］黑格尔：《精神现象学》上、下卷，贺麟等译，商务印书馆1979年版。

［79］［德］黑格尔：《逻辑学》上、下卷，杨一之译，商务印书馆2003年版。

［80］［德］黑格尔：《历史哲学》，王造时译，上海书店出版社2006年版。

［81］［德］费尔巴哈：《关于哲学改造的临时纲要》，《费尔巴哈哲学著作选集》上卷，洪谦译，商务印书馆1984年版。

［82］［德］费尔巴哈：《未来哲学原理》，《费尔巴哈哲学著作选集》上卷，洪谦译，商务印书馆1984年版。

［83］［德］海德格尔：《面向思的事情》，陈小文等译，商务印书1999馆年版。

［84］［德］海德格尔：《形而上学导论》，熊伟等译，商务印书馆1996年版。

［85］［德］胡塞尔：《现象学的观念》，倪梁康译，上海译文出版社1986年版。

［86］［德］胡塞尔：《现象学的方法》，倪梁康译，上海译文出版社2005年版。

［87］［德］伽达默尔：《哲学解释学》，夏镇平等译，上海译文出版社2004年版。

［88］［德］卡西尔：《人论》，甘阳译，上海译文出版社2004年版。

［89］［瑞士］皮亚杰：《发生认识论原理》，王宪钿等译，商务印书馆1981年版。

［90］［英］波普尔：《历史决定论的贫困》，杜汝楫等译，上海人民出版社2009年版。

［91］［英］柯林伍德：《历史的观念》，何兆武等译，中国社会科学出版社1986年版。

［92］［意］克罗齐：《历史学的理论和实际》，傅任敢译，商务印书馆1982年版。

［93］李达：《社会学大纲》，笔耕堂书店1938年版。

［94］艾思奇：《辩证唯物主义 历史唯物主义》，人民出版社1961年版。

［95］高清海：《马克思主义哲学基础》上、下册，人民出版社1985年、1987年版。

［96］辛敬良：《马克思主义哲学导论——实践的唯物主义》，复旦大学出版社1991年版。

［97］肖前：《马克思主义哲学原理》上、下册，中国人民大学出版社1994年版。

［98］陈先达：《走向历史的深处》，上海人民出版社1987年版。

［99］孙正聿：《理论思维的前提批判：论辩证法的批判本性》，中国人民大学出版社2010年版。

［100］李秀林、王于、李淮春：《辩证唯物主义和历史唯物主义原理》（第六版），中国人民大学出版社2022年版。

后 记

呈现在读者面前的这部著作,是《马克思主义哲学体系研究:历史演变与基本问题》的第二版(以下简称"第二版")。

20世纪80年代末,随着马克思主义哲学研究的不断深化,我开始关注马克思主义哲学体系问题。1989年,我在《光明日报》发表了《"拒斥形而上学"是马克哲学的基本原则》;1990年,我在《未定稿》发表了《"两个主义"哲学模式评析》,分析、评价了苏联马克思主义哲学体系,即辩证唯物主义与历史唯物主义"二分结构"体系。这两篇文章标志着我开始思考、研究马克思主义哲学的体系问题。之后,我就马克思主义哲学体系的历史演变和基本问题发表了一系列具有内在关联的文章。2004年,我承担了教育部哲学社会科学重大课题攻关项目"马克思主义哲学体系创新研究",之后又承担了北京市哲学社会科学规划重大项目"马克思主义哲学体系研究"、国家出版基金项目"马克思主义哲学体系的历史演变",对马克思主义哲学体系的历史演变与基本问题作了较为深入而系统的研究。这部著作就是这些研究成果的总结、概括、升华和集中展示。所以,我把这部著作定名为《马克思主义哲学体系研究:历史演变与基本问题》。

同《马克思主义哲学体系研究:历史演变与基本问题》第一版(以下简称"第一版")相比,"第二版"有了较大的变化。

其一,改写了"第一版"序言,并把它调整为"第二版"的"导言",把"第一版"的"导论 论马克思主义哲学的理论主题和理论特征"调整为"第二版"的

"第十五章 马克思主义哲学的理论主题和理论特征",并把修改后的"第一版"第十八章的"一、'拒斥形而上学':马克思主义哲学的基本原则""以实践为基础重建马克思主义哲学的理论空间"调整为"第二版"第十五章的"三、'拒斥形而上学':马克思主义哲学的基本原则""六、重构马克思主义哲学的理论空间"。

其二,增加了"中国学者对马克思主义哲学体系的反思与重构""《马克思主义哲学原理》与马克思主义哲学体系"两章,即"第二版"的第十一章、第十四章,主要考察和分析刘丹岩、高清海、肖前等教授对苏联马克思主义哲学体系,即辩证唯物主义与历史唯物主义"二分结构"体系的反思,对马克思主义哲学体系的新探索和重构。增加了"附录 再论马克思主义的理论主题和理论结构",以便在整个马克思主义理论体系的背景下进一步理解和把握马克思主义哲学体系。

其三,对"第一版""第七章 中国马克思主义哲学体系的形成与演变"做了较大的修改,并把这一章的标题改为"辩证唯物主义与历史唯物主义体系在中国的形成与确立";对"第一版""第十三章 实践本体论的建构与主体性原则的确立"作了较大的修改,并把它调整为"第二版"第十六章。

其四,删去了"第一版""第十五章 重释唯物主义的辩证法"中的"六、辩证法的实践'原型'及其理论抽象""七、恢复自然辩证法的本来面目""八、作为思维方式的辩证法:逻辑起点与基本规律",增加了"六、重新理解恩格斯关于辩证法的三个定义及其关系""七、深入研究恩格斯关于主体和客体的辩证法的思想""八、重新理解恩格斯的《自然辩证法》及其当代价值",并将这一章调整为"第二版"的第十八章;删去了"第一版"的"第十八章'拒斥形而上学'与重建马克思主义哲学体系"。

其五,对"第一版"做了全面的技术性修订:一是对主要范畴作了全面修订,以使范畴的内涵更加明晰;二是对文字作了全面修订,以使文字的表述更加准确;三是对标点符号作了全面的修订,以使标点符号的使用更加规范;四是对引文作了全面核对,以使引文准确无误;五是增加了一些论据,以使论证更加充分。可以说,几乎在"第一版"的每一页都留下了修改的痕迹。

所以,我把这部著作定性为《马克思主义哲学体系研究:历史演变与基本问题》"第二版"。

感谢吉林大学孙正聿教授为"第二版"撰写了"第十八章 重释唯物主义

辩证法"中的第一至五节,他的兄弟情谊使我感动,他的深刻思想使"第二版"呈现异彩。

感谢华东师范大学出版社社长王焰编审不嫌浅陋,将《杨耕文集》以及"第二版"列入出版计划;责任编辑项目部主任朱华华副编审精心组织《杨耕文集》以及"第二版"的编辑、出版工作;北京师范大学出版集团杜丽娟副编审不辞辛劳,打印了"第二版"的全部书稿,并核对了全部引文。在此,一并表达我的深深的谢意。我深知,没有他们的辛勤劳动和无私帮助,"第二版"难以问世,我对马克思主义哲学体系的总体思考也难以从个人意识转化为社会意识。

以当代实践、科学以及哲学本身的发展为基础,以马克思、恩格斯的著作为理论依据,建构一个以人类解放为理论主题,以实践范畴为理论出发点,以概念运动反映现实运动的马克思主义哲学体系,是我的梦想,既让我寝食难安,又让我如醉如痴。当然,我也深知,梦想成真,难!这使我不禁想起了元代诗人唐琪的诗句:

> 醉后不知天在水,
> 满船清梦压星河。

杨 耕

2023年2月于北京世纪城时雨园